ERICH CARELL / UNTERNEHMERGEWINN UND ARBEITSLOHN

UNTERNEHMERGEWINN UND ARBEITSLOHN

Untersuchungen zur Theorie des wirtschaftlichen Wachstums

Von

DR. ERICH CARELL

o. Professor an der Universität Würzburg

Zweite, durch einen Anhang ergänzte Auflage

DUNCKER & HUMBLOT · BERLIN

Gedruckt 1968 bei Friedrich Pustet, Regensburg
Printed in Germany

INHALTSVERZEICHNIS

VORWORT ZUR ZWEITEN AUFLAGE

Mein Buch „Unternehmergewinn und Arbeitslohn“ erschien in erster Auflage Anfang 1950 beim Richard Pflaum Verlag in München. Seit vielen Jahren ist es vergriffen. Kollegen, aber auch Studenten haben mich immer wieder gedrängt, eine neue Auflage des Buches herauszubringen, so daß ich mich nun zu einer Neuauflage entschlossen habe.

Diese zweite Auflage ist — bis auf den „Anhang“ — eine unveränderte Auflage der ersten Auflage. Auf Seite 23 habe ich zur Vermeidung von Irrtümern einen Satz hinzugefügt. Die neue Auflage trägt den Untertitel „Untersuchungen zur Theorie des wirtschaftlichen Wachstums“.

Als das Buch 1950 erschien, bestand — abgesehen von der Auffassung der „Klassik“ über das wirtschaftliche Wachstum — lediglich eine Wachstumstheorie auf der Basis der keynesianischen Theorie in Form der Wachstumstheorie von Evsey D. *Domar*, Capital Expansion Rate of Growth, and Employment, Econometrica, Vol. 14, 1946, S. 137ff. und R. F. *Harrod*, Towards a Dynamic Economics, London 1948.

Mein Buch stellt eine Untersuchung der Auswirkungen des „reinen“ technischen Fortschritts, also einer Verbesserung der Realkapitalausstattung der Volkswirtschaft bei einem Nettosparen von Null, auf die Produktmenge (Sozialprodukt), die Preise der Produktionsfaktoren, den Unternehmergewinn usw. dar. Es vergleicht nicht lediglich zwei stationäre Zustände (totale Gleichgewichtszustände) der Volkswirtschaft miteinander, sondern untersucht auch den „dynamischen“ (evolutionären) Prozeß, der sich von der Aufhebung eines Gleichgewichtsausgangszustandes durch Verwendung eines produktionstechnischen Fortschritts bis zum Erreichen eines neuen totalen Gleichgewichtszustandes ergibt. Die Untersuchungen erfolgen auf der Grundlage der Grenzproduktivitätstheorie. Es wird davon ausgegangen, daß in der Volkswirtschaft, abgesehen von der Produktion einer einzigen Type von Kapitalgut, nur ein einziges (Konsum-)Gut produziert wird. Viele Autoren identifizieren die Annahme, daß nur ein einziges Gut produziert wird, mit der Annahme einer makroökonomischen Produktionsfunktion. Beide Annahmen sind jedoch voneinander streng zu unterscheiden. Mit der Annahme, daß nur ein einziges Gut produziert wird, wird vom Problem der Aggregatbildung für die gesamte volkswirtschaftliche Ausbringung abstrahiert, was bei der Annahme einer durch Aggregatbildung gewonnenen makroökonomischen Produktionsfunktion nicht möglich ist. Bei der Annahme der Produktion eines einzigen Gutes bleibt auch die Möglichkeit bestehen, anschließend zu untersuchen, wie sich der produktionstechnische Fortschritt bei der Produktion mehrerer Güter auswirkt. Mit der Annahme einer makroökonomischen Produktionsfunktion ist es nicht möglich, vorauszusetzen, daß das einzige Gut zu gleicher Zeit mit verschiedenen Produktionsfunktionen produziert wird, so daß man bei einer solchen Annahme genötigt ist, den einen totalen Gleichgewichtszustand unmittelbar in den nächsten totalen Gleichgewichtszustand übergehen zu lassen. Um die Entwicklung von einem totalen Gleichgewichtszustand zu einem anderen totalen Gleichgewichtszustand zu erfassen, nehmen wir an, daß die Produktion in zwei (bzw. mehreren) Betrieben stattfindet, von denen zunächst nur einer den produktionstechnischen Fortschritt verwendet.

Besonderen Wert habe ich in meinem Buch darauf gelegt, den produktionstechnischen Fortschritt klar von einer Veränderung der Kapital*menge*, also der Kapitalausstattung durch Sparen zu trennen. Um die Problembehandlung nicht mit der Problematik der Messung der Kapitalmenge zu belasten, bin ich methodisch in der Weise vorgegangen, daß keinerlei Zweifel daran bestehen kann, daß unter den gemachten Voraussetzungen die Kapitalmenge in der Volkswirtschaft unverändert bleibt. Ich habe das Problem unter der Voraussetzung untersucht, daß mit unverändert gegebener Arbeitsmenge und unverändert gegebener Kapitalmenge (gemessen in Geldeinheiten, aber auch gemessen in Lohneinheiten) produziert wird, also weder zur Einführung des produktionstechnischen Fortschritts noch während des „dynamischen" (evolutionären) Zustandes ein Nettosparen (natürlich auch nicht in der Form eines „Zwangssparens") oder Entsparen stattfindet. Diese Annahmen machen natürlich die Problembehandlung etwas „unhandlich", da man es sich dann nicht so bequem machen kann, in beliebiger Weise „entlang" einer durch den produktionstechnischen Fortschritt verschobenen Produktionsfunktion (Ertragskurve) zu „operieren". Seit Mitte der 1950er Jahre sind zahlreiche Untersuchungen über das wirtschaftliche Wachstum auf der Grundlage der Grenzproduktivitätstheorie, allerdings unter Verwendung einer makroökonomischen Produktionsfunktion und überwiegend ohne klare Trennung der Änderung der Kapitalausstattung durch produktionstechnischen Fortschritt und der Änderung durch Sparen erschienen. In der Regel begnügt man sich auch damit, lediglich eine Aneinanderreihung von verschiedenen Gleichgewichtszuständen unter Verwendung von Aggregatgrößen darzulegen. Erst in jüngster Zeit ist man bemüht, die der Analyse zugrundeliegenden Aggregatgrößen „aufzugliedern". Daß sich in den einige Jahre nach dem Erscheinen der ersten Auflage meines Buches erschienenen Schriften über wirtschaftliches Wachstum auf der Grundlage der Grenzproduktivitätstheorie manche Erkenntnisse finden, die — wenn auch in anderer Darstellungsform — bereits in meinem Buch ausführlich dargelegt worden sind, wird der Leser, der die Wachstumsliteratur auf der Grundlage der Grenzproduktivitätstheorie kennt, leicht feststellen können.

Würzburg, im November 1967.

Erich Carell.

VORWORT ZUR ERSTEN AUFLAGE

In der Wirtschaftspraxis und in der Wirtschaftspolitik ist der Unternehmergewinn eine der Erscheinungen, die einem steigenden Interesse begegnen. Vor allem die Frage, in welcher Höhe ein Unternehmergewinn „berechtigt“ sei, wird immer leidenschaftlicher diskutiert.

Gewiß unterliegt der Unternehmergewinn – wie jede Erscheinung des Wirtschaftslebens – auch einer ethischen Beurteilung. Aber das ethische Wollen und die wirtschaftspolitischen Zielsetzungen im Hinblick auf den Unternehmergewinn müssen solange Willkür oder gar sinnloses und wirtschaftlich oder sozial schädliches Tun bleiben, solange die Erscheinung des Unternehmergewinns nicht klar und systematisch in ihren ökonomischen Bezügen und in ihrer quantitativen Bestimmtheit erfaßt ist. Leider ist jedoch – worüber in der Wirtschaftswissenschaft weitgehend Einigkeit besteht – der Unternehmergewinn diejenige ökonomische Kategorie, die die Wissenschaft bis heute weder in ihren Zusammenhängen mit dem Preisbildungsprozeß noch in ihrer quantitativen Bestimmtheit mit der sonst in der Wirtschaftstheorie erreichten Präzision und Exaktheit erfaßt hat.

Wie die wirtschaftliche Dynamik, so ist auch der zu ihr gehörende Prozeß der Bildung des Unternehmergewinns ein sehr komplexer Gegenstand. Wir können den realen Prozeß der Bildung des Unternehmergewinns nur durch isolierende Abstraktion, d. h. nur durch Untersuchung des „reinen Falles“ erkennend erfassen. Wir müssen von den unendlich mannigfaltigen Kombinationen, die der Prozeß der „Gewinnbildung“ mit anderen Vorgängen der wirtschaftlichen Dynamik „eingehen“ kann und die den „reinen Fall“ der „Gewinnbildung“ verdecken, abstrahieren. Was wir jedoch als für den „reinen Fall“ geltend erkennend erfassen, das ist das allgemeine Gesetz des Prozesses „Bildung des Unternehmergewinns“.

Zur erkennenden Erfassung der Bildung des Unternehmergewinns verhilft uns freilich keine Wesensschau irgendwelcher Art, sie ist nur möglich unter Verwendung der Gesamtheit der von uns in der Wirtschaftstheorie in jahrhundertelanger Forschung erarbeiteten Erkenntnisse, d. h. sie gelingt nicht ohne die Mühe des diskursiven Denkens.

Die großen Fortschritte, die der Wirtschaftstheorie in den letzten Jahrzehnten auf vielen Gebieten gelungen sind, beruhen darauf, daß es ihr möglich war, von der bloß qualitativen Erfassung zur quantitativen Erfassung fortzuschreiten. Es ist an der Zeit, auch die Erscheinung des Unternehmergewinns mit der Präzision und Exaktheit erkennend zu erfassen, mit der die Wirtschaftstheorie andere wichtige Probleme des Wirtschaftslebens geistig bewältigt hat. Die vorliegende Schrift macht mit der quantitativen Erfassung des Vorgangs „Bildung des Unternehmergewinns" Ernst.

Die Darstellung bedient sich nur elementarer Darstellungsmethoden. Soll dem Leser nicht nur Kenntnis von einer „Meinung" gegeben werden, sondern sollen ihm die bei der Bildung des Unternehmergewinns bestehenden Zusammenhänge durchschaubar aufgezeigt werden, dann kann man ihn freilich der Mühe des Mitdenkens nicht entheben.

Würzburg, im Januar 1950.

Erich Carell.

EINLEITUNG

1. Vom Wesen des Unternehmergewinns

I

Der Unternehmer kombiniert die Produktionsmittel und ist bestrebt, bei und mit seiner Produktion einen Überschuß über die Produktionskosten, also einen *Gewinn* zu erzielen. Zu seinen Produktionskosten rechnen zunächst die Ausgaben, die er für die Durchführung der Produktion machen muß, also die Ausgaben für die Verwendung fremder Arbeit, für die Inanspruchnahme fremden Kapitals und fremden Bodens, für Halbfabrikate, Rohstoffe usw. Der Überschuß des Bruttoerlöses über die von ihm *gezahlten* Entgelte für die Verwendung fremder Arbeit, fremden Kapitals usw. ist jedoch noch kein Überschuß des Bruttoerlöses über die Kosten der Produktion, d. h. noch kein Gewinn des Unternehmers. Denn der Unternehmer muß von seinem Gewinn auch noch ein Entgelt für die Nutzung seines *eigenen* Kapitals, seines *eigenen* Bodens und seiner *eigenen* Arbeit abziehen, ehe von einem Gewinn gesprochen werden kann. Auch die Mitwirkung seines eigenen Kapitals, seines eigenen Bodens und seiner eigenen Arbeit ist ein Kostenaufwand im wirtschaftlichen Sinne. Der Unternehmer könnte ja für sein eigenes Kapital jederzeit den am Markt bezahlten Zins erzielen, für die Nutzung seines eigenen Bodens einen Pachtpreis erhalten und für seine Arbeit bei wirtschaftlich unselbständiger Tätigkeit einen Lohn beziehen. Zu den Produktionskosten des Unternehmers muß also noch ein Entgelt für die Nutzung des eigenen Kapitals, der eigenen Arbeit und des eigenen Bodens gerechnet werden. Und ebenso wird man für die Risikoübernahme des Unternehmers eine Risikoprämie als Kostenfaktor zu rechnen haben[1]). Erst der Teil des Bruttoerlöses des Unternehmers, der *alle* seine Produktionskosten überschreitet, ist *Unternehmergewinn*. Der Unternehmergewinn ist also der in Geldeinheiten ausgedrückte marktwirtschaftliche Wertüberschuß über die Produktionskosten des Unternehmers.

Das Entgelt für die eigene Arbeit des Unternehmers wird Unternehmerlohn genannt. Unternehmerlohn, Unternehmergewinn, das Zinseinkommen aus dem Eigenkapital des Unternehmers, die Grundrente aus dem eigenen Boden des Unternehmers und die Risikoprämie pflegt man zusammen als *Unternehmereinkommen* zu bezeichnen. Wenn sich auch bei einem (selbständigen) Unternehmer die Höhe des *Unternehmerlohns* nicht immer exakt bestimmen läßt, so entspricht der Unternehmerlohn doch dem, was für gleiche oder annähernd

---

[1]) Siehe dazu vor allem F. B. *Hawley*, Enterprise and the Productive Process, 1907. F. H. *Knight*, Risk, Uncertainty, and Profit, Boston und New York, 1921.

gleiche Arbeit als Gehalt – also als ausbedungener Lohn – an einen Direktor oder Leiter eines Gesellschaftsunternehmens bezahlt zu werden pflegt[2]).

Daß ein Unternehmer einen in Geldeinheiten auszudrückenden Wertüberschuß über seine Produktionskosten erzielt, kann darauf beruhen, daß er am Markt eine Monopolstellung besitzt, so daß er den Preis des von ihm erzeugten Produkts über seine Stückkosten setzen kann. In diesem Fall sprechen wir von *Monopolgewinn*. Auch dann, wenn wir keine vollkommene Konkurrenz haben, sondern die Unternehmer eine *monopolähnliche* Stellung am Markt einnehmen, also unter den Voraussetzungen der unvollkommenen Konkurrenz (monopolistischen Konkurrenz) am Markt anbieten, können sie den Preis über ihre Produktionskosten setzen und so einen Gewinn erzielen. Wenn wir von *Unternehmergewinn* schlechthin sprechen, dann meinen wir damit jedoch nicht Gewinne der Unternehmer auf Grund von Monopolstellungen oder monopolähnlicher Stellungen, sondern den Gewinn, der sich für den Unternehmer bei vollkommener Konkurrenz ergibt. Und wenn wir in unseren folgenden Darlegungen von Unternehmergewinn sprechen, dann verstehen wir darunter den Gewinn des Unternehmers, den er bei vollkommener Konkurrenz erzielen kann.

II

Von einer Theorie des Unternehmergewinns im strengen Sinne des Wortes kann bisher kaum gesprochen werden. Über die schon bei *Thünen*[3]) sich findende Feststellung, daß das Einkommen des Unternehmers ein komplexes Einkommen ist, d. h. daß es ein Einkommen ist, das sich aus dem Entgelt für die leitende Arbeit des Unternehmers (Unternehmerlohn), dem Preiseinkommen für die Verwendung des eigenen Kapitals (Zins für das Eigenkapital), einer Risikoprämie und dem Unternehmergewinn im eigentlichen Sinne zusammensetzt, ist die nationalökonomische Theorie kaum hinausgekommen. Seit *Walras* haben wir den exakten Nachweis, daß es in der Statik keinen Unternehmergewinn geben kann, d. h. daß hier der Unternehmergewinn gleich Null wird[4]). Da sich die Wirtschaft aber dauernd im dynamischen Zustand befindet, so sind auch dauernd Unternehmergewinne in der Wirklichkeit anzutreffen. So sehr die Theorie des Monopolgewinns und der Gewinne aus unvollkommener (monopolistischer) Konkurrenz seit *Cournot*[5]) vertieft und verfeinert worden ist, so wenig ist es bis heute gelungen, die Bildung des Unternehmergewinns in der Wirtschaft der vollkommenen Konkurrenz zu erfassen und in das System der Wirtschaftstheorie einzuordnen. Seit Francis A. *Walker* geht man von dem empirisch vorfindbaren Tatbestand aus, daß in der Dynamik die Kosten-

[2]) Siehe dazu vor allem Alfred *Marshall*, Handbuch der Volkswirtschaftslehre, Stuttgart und Berlin 1905, S. 582 ff. und D. H. *Mac Gregor*, Bemerkungen zur Theorie des Profits, Wirtschaftstheorie der Gegenwart, III. Bd., Wien 1928, S. 271 ff.

[3]) Siehe J. H. *v. Thünen*, Der isolierte Staat (1826), Sammlung sozialwissenschaftlicher Meister, Bd. 14, Jena 1921, S. 478 ff.

[4]) Léon *Walras*, Eléments d'économie politique pure, 4. Aufl., Lausanne 1900, S. 196 ff.

[5]) A. *Cournot*, Récherches sur les principes mathématiques de la théorie de la richesse, 1838. Deutsch: Untersuchungen über die mathematischen Grundlagen der Theorie des Reichtums, Jena 1924.

struktur der Betriebe eines Wirtschaftszweiges verschieden ist, und begnügt sich damit, daraus die Folgerung zu ziehen, daß sich demgemäß bei gleichem Produktpreis am Markt Differentialgewinne für alle *die* Unternehmer eines Wirtschaftszweiges ergeben, deren Betriebe mit niedrigeren Kosten als der Grenzbetrieb arbeiten[6]). Leider haben die wertvollen Untersuchungen von J. B. *Clark*[7]) und von Alfred *Marshall*, die sich ernsthaft bemühen, den Unternehmergewinn *aus der Marktgestaltung* zu erklären und damit eine eigentliche Theorie des Unternehmergewinns zu geben, keinen entscheidenden Fortschritt in der Problembehandlung gebracht. Das ist wohl dadurch zu erklären, daß Marshall Unternehmerlohn und Unternehmergewinn nicht scharf trennt und von vornherein darauf ausgeht, den „Gewinn" in enge Verbindung mit der „Rente" zu bringen und so im Unternehmergewinn eine „Rente" auf kurze Sicht, eine „Quasirente" sieht[8]). Es bleibt verwunderlich, daß unsere Wissenschaft seit *Marshall* immer mehr davon abgekommen ist, das Problem des Unternehmergewinns durch analytische Untersuchung der Marktgestaltung zu klären. Die auf *Marshall* folgende Literatur stellt gegenüber Marshall einen erheblichen Rückschritt in der Problembehandlung dar, denn sie erschöpft sich in der Darlegung von einzelnen, mehr oder minder vagen Erwägungen die nach einer Leistung beim Unternehmer suchen, für die der Unternehmer einen Gewinn erhält[9]). An die Stelle einer exakten Analyse treten Meinungen, die in mehr oder minder krassem Widerspruch zu allgemein anerkannten Ergebnissen der Kosten- und Preistheorie stehen, die Problembehandlung ist nicht mehr analytisch, sondern wird postulatorisch: Es muß eine besondere Fähigkeit des Unternehmers geben, da es einen Unternehmergewinn gibt! Daß die Theorie des Unternehmergewinns nicht mit der Kosten- und Preistheorie in Widerspruch stehen kann, wird kaum beachtet. Die heute am meisten verbreitete Auffassung sieht in dem Unternehmergewinn eine Art „Mehrwert", den der besonders tüchtige Unternehmer erzielt. Derjenige Unternehmer, der kraft seiner besonderen Fähigkeiten „besser" als die anderen über die Produktionsfaktoren „disponieren" kann, erhält nach dieser heute vorherrschenden Auffassung einen Unternehmergewinn[10]).

---

[6]) Siehe Francis A. *Walker*, The Wages Question, 1876.

[7]) J. B. *Clark*, The Distribution of Wealth, 1900. – *Derselbe*, Essentials of Economic Theory, 1907. – *J. B. Clark* hat besonders auf den engen Zusammenhang zwischen technischem Fortschritt und Unternehmergewinn hingewiesen: „An invention makes it possible to produce something more cheaply. It first gives a profit to entrepreneurs and then ... adds something to wages and interest." (J. B. *Clark*, The Distribution of Wealth, S. 405.)

[8]) Alfred *Marshall*, a. a. O., S. 412 ff. und S. 605–611.

[9]) Das in seiner Art verdienstvolle Werk von Frank H. *Knight*, Risk, Uncertainty, and Profit, Series of Reprints of Scarce Tracts in Economic and Political Science, No. 16, Seventh Impression, London 1948, untersucht nicht den Unternehmergewinn im eigentlichen Sinne, sondern befaßt sich mit den Entgelten, die sich sowohl aus dem abschätzbaren Risiko als auch aus dem vorher völlig unbestimmten Risiko des Unternehmers ergeben. Auf Grund des für den Unternehmer bestehenden Risikos bezieht der Unternehmer seiner Ansicht nach ein Residualeinkommen.

[10]) Da wir im Rahmen unserer Untersuchungen keine Darstellung der Geschichte der Lehre vom Unternehmergewinn geben, so seien die wichtigsten Werke genannt, in denen der Leser die Geschichte der Lehre vom Unternehmergewinn mehr oder minder eingehend behandelt findet: H. v. *Mangoldt*, Die Lehre vom Unternehmergewinn, Leipzig 1855; J. *Pierstorff*, Die Lehre vom Unternehmergewinn, Berlin 1885; V. *Mataja*, Der Unternehmergewinn, Wien 1884; Frank H. *Knight*, Risk, Uncertainty, and Profit, Boston und New York, 1921.

Aus einer solchen Auffassung folgt natürlich, daß über die Bildung des Unternehmergewinns überhaupt nichts auszusagen ist. Denn da nach dieser Meinung der Unternehmergewinn auf der Individualität der Unternehmerleistung beruht – der eine Unternehmer disponiert über die Produktionsmittel besser als ein anderer –, da nach ihr jeder einzelne Unternehmer auf Grund seiner individuellen Fähigkeiten anders als alle anderen disponiert, so bildet sich jeder Unternehmergewinn nach einmaligen, grundsätzlich unwiederholbaren Voraussetzungen. „Der Unternehmergewinn kann beliebig hoch sein, nicht nur in dem Sinne, daß seine Höhe im allgemeinen durch nichts bestimmt oder begrenzt ist, sondern auch in dem Sinne, daß er beliebig verschieden oder ungleich sein kann in den verschiedenen Unternehmungen. Es kann keine Ausgleichstendenz für den Unternehmergewinn geben, weil die Unternehmerleistung eine prinzipiell unvertretbare Leistung ist, in jeder Unternehmung verschieden ist und ein verschiedenes Ergebnis hat“[11]). Die Preistheorie zeigt, wie der Preisbildungsprozeß bei vollkommener Konkurrenz determiniert ist. Der Unternehmergewinn könnte daher nur dann etwas völlig Undeterminiertes sein, wenn er sich außerhalb des Preisbildungsprozesses bilden würde. Wohin die Auffassung von der Undeterminiertheit des Unternehmergewinns bei konsequentem Weiterdenken führen muß, sehen wir bei einem Autor der jüngsten Zeit. „Er (sc. der Unternehmergewinn) ist das eigentliche Residualeinkommen der Verkehrswirtschaft und fällt dem Unternehmer kraft seiner besonderen Leistung zu[12]). .... Es ist nämlich zu beachten, daß die optimale Betriebsgröße keineswegs objektiv gegeben ist, sondern von der jeweiligen Leistungsfähigkeit des betreffenden Unternehmers abhängt. Die überoptimal dimensionierten Betriebe der intramarginalen Unternehmer produzieren immer noch wirtschaftlicher als die optimale Betriebsgröße des Grenzproduzenten. Denn sie ermöglichen bei gleichen Preisen die Bildung eines Unternehmergewinns, was beim Grenzbetrieb nicht der Fall ist.“[13])

Wenn die soeben kurz skizzierte Auffassung zutreffend wäre, dann wären die allgemein anerkannten Ergebnisse der Kosten- und Preistheorie unhaltbar. Es wird uns mit der kurz gekennzeichneten Auffassung nämlich gesagt, daß es gar keine optimale Betriebsgröße im objektiven Sinne gebe, sondern daß bei einem tüchtigen Unternehmer die überoptimale Betriebsgröße optimaler als die optimale Betriebsgröße sei. Nach dieser Auffassung ist die optimale Kombination der Produktionsfaktoren und damit die optimale Betriebsgröße nicht durch die Kosten- und Preisverhältnisse (d. h. nicht durch die Marktgestaltung) bestimmt, sondern das Kostenminimum hängt bei der Kombination der Produktionsfaktoren von der individuellen „Tüchtigkeit“ des Unternehmers ab. Nach dieser Ansicht erreicht der Unternehmer die optimale Kombination der Produktionsfaktoren nicht dann, wenn die letzte Geldeinheit, die für jedes Produktionsmittel ausgegeben wird, überall den gleichen Grenzertrag bringt, sondern das Kostenminimum ist je nach der individuellen Leistungsfähigkeit des Unternehmers verschieden. Die Kosten sind nach dieser

---

[11]) Alfred *Amonn*, Der Unternehmergewinn, Wirtschaftstheorie der Gegenwart, III. Bd., Wien, 1928, S. 270.

[12]) Heinrich v. *Stackelberg*, Grundlagen der theoretischen Nationalökonomie, Bern 1948, S. 323.

[13]) Heinrich v. *Stackelberg*, a. a. O., S. 326.

Auffassung eben desto niedriger, je tüchtiger der Unternehmer ist. Bei gegebenem Produktpreis und gegebenen Preisen der Kostengüter wird dieser Meinung nach die optimale Betriebsgröße um so größer, je tüchtiger der Unternehmer ist. In einem Wirtschaftszweig hat dann bei vollkommener Konkurrenz der individuelle Unternehmer Müller eine andere optimale Betriebsgröße als der individuelle Unternehmer Meier, und der Unternehmer Schulze arbeitet mit einer anderen optimalen Betriebsgröße als der Unternehmer Schmidt. Da nach dieser Ansicht jeder Unternehmer seine eigene optimale Betriebsgröße hat, so muß vom Standpunkt dieser Lehre die ganze Theorie vom ökonomischen Maximumzustand sinnlos werden. Denn wir können ja nicht wissen, wie tüchtig der individuelle Unternehmer Müller ist, was also bei ihm als optimale Kombination der Produktionsfaktoren herauskommen wird, es gibt ja nach dieser Auffassung keine objektiven Gegebenheiten, mit deren Hilfe wir entscheiden können, ob und wann ein Unternehmer die optimale Betriebsgröße erreicht. Von einer Entwicklung zur optimalen Betriebsgröße bei vollkommener Konkurrenz kann natürlich dann auch keine Rede mehr sein, denn die „Grenzbetriebe mit ihrer optimalen Betriebsgröße" werden ja durch die „überoptimal" (optimaler als optimal) dimensionierten Betriebe verdrängt. Im statischen Zustand können nach dieser Auffassung auch nicht alle Betriebe eines Wirtschaftszweiges ein und dieselbe, nämlich die optimale Betriebsgröße haben, da ja jeder Unternehmer seine eigene, individuell bestimmte optimale Betriebsgröße hat. Ein statischer Zustand ist demgemäß überhaupt nicht denkbar, da ja bei dieser Annahme keine Kostengleichheit bei den Betrieben möglich ist. Bei Konkurrenzwirtschaft könnte, wäre diese Auffassung zutreffend, also auch keine Tendenz zum „statischen Gleichgewicht" bestehen. Vielleicht ist gegenüber der kurz skizzierten Heraushebung der Individualität des Unternehmers auch noch zu sagen, daß die Unternehmer auch etwas Gemeinsames aufweisen. Gewiß gibt es nicht zwei Unternehmer, die einander völlig gleich sind. Aber es sind auch nicht zwei Unternehmer denkbar, welche nichts Gemeinsames haben.

Nach den allgemein anerkannten Erkenntnissen der Kosten- und Preistheorie ist die optimale Betriebsgröße nicht subjektiv durch den einzelnen Unternehmer bestimmt, sondern der Unternehmer erreicht die optimale Kombination der Produktionsmittel, wenn die letzte Geldeinheit, die für jedes Produktionsmittel ausgegeben wird, überall den gleichen Grenzertrag bringt. Oder anders ausgedrückt: Der Unternehmer macht seine Produktionskosten zu einem Minimum, wenn er die Produktionsmittel so verwendet, daß sich die Grenzerträge der Produktionsmittel wie die Preise der Produktionsmittel verhalten. Die optimale Kombination der Produktionsfaktoren und damit die optimale Betriebsgröße sind bei gegebenen Preisen der Kostengüter und gegebenem Produktpreis eindeutig bestimmt, d. h. kein Unternehmer kann die Produktionsfaktoren „besser" kombinieren. Entweder gelingt dem Unternehmer die optimale Kombination der Produktionsfaktoren óder sie gelingt ihm nicht. Der Unternehmer muß also ganz bestimmte Bedingungen erfüllen, um die optimale Kombination der Produktionsfaktoren zu erreichen. Mag er noch so tüchtig sein, mag er der „genialste" Unternehmer sein, er kann die Produktionsfaktoren nicht besser kombinieren. Die optimale Kombination der Produktionsfaktoren ist also objektiv bestimmt. Von der Tüchtigkeit des

Unternehmers hängt es ab, ob er die optimale Kombination der Produktionsfaktoren erreicht oder ob er von ihr mehr oder minder weit entfernt ist. Natürlich ist die optimale Kombination der Produktionsfaktoren nicht *unveränderlich* gegeben. Wird ein produktionstechnischer Fortschritt gemacht, verschiebt sich das Verhältnis der Preise der Kostengüter, dann wird natürlich eine andere Kombination der Produktionsfaktoren die optimale, nämlich die, bei der bei den nun *neu* gegebenen Preisen der Kostengüter die für jedes Produktionsmittel zuletzt ausgegebene Geldeinheit überall den gleichen Grenzertrag bringt.

III

Der Unternehmer kombiniert die Produktionsfaktoren Arbeit, Boden und Kapital in technisch-organisatorischen Gebilden, die wir als Betriebe zu bezeichnen pflegen. Unternehmung und Betrieb sind nichts Identisches. Das ist schon daraus zu ersehen, daß eine Unternehmung mehrere Betriebe („Werke") eines und desselben Wirtschaftszweiges oder verschiedener Wirtschaftszweige haben kann, die dazu örtlich weit voneinander getrennt sein können.

Unter der Voraussetzung der vollkommenen Konkurrenz kann bei jedem einzelnen mehrerer Betriebe, die alle zu ein- und demselben Unternehmen gehören, nicht anders verfahren werden als in dem Fall verfahren werden würde, wenn jeder dieser Betriebe einem eigenen Unternehmen mit nur einem Betrieb gehören würde. Nehmen wir an, ein Unternehmen der eisenerzeugenden Industrie, in der annahmegemäß vollkommene Konkurrenz herrscht, besitze zwei ,,Eisenwerke", einer dieser beiden Betriebe sei ein „ganz modernes Werk", der andere Betrieb dagegen sei ein „technisch veralteter Betrieb", ein Grenzbetrieb. Dann wird unser Unternehmen, um den maximalen Gewinn zu erreichen, in jedem der beiden Betriebe die Ausbringung so gestalten, daß in jedem Betrieb die Grenzkosten gleich dem Eisenpreis werden. In dem „modernen Betrieb" wird der Punkt, bei dem die Grenzkosten gleich dem Eisenpreis werden, über dem optimalen Punkt (Punkt der niedrigsten Stückkosten) liegen, beim Grenzbetrieb dagegen wird dieser Punkt, bei dem die Grenzkosten gleich dem Eisenpreis werden, unter dem optimalen Punkt des Grenzbetriebs liegen. Im „modernen Betrieb" wird ein Differentialgewinn erzielt werden, im „technisch veralteten Betrieb" dagegen ein Verlust eintreten. In jedem der beiden Betriebe, die zu ein- und demselben Unternehmen gehören, wird also die Ausbringung genau so gestaltet werden als wenn für jeden der beiden Betriebe ein eigenes Unternehmen bestehen würde. Die Kostengestaltung ist in beiden Betrieben betriebsbedingt und die Bildung des Eisenpreises ist bei vollkommener Konkurrenz vom Unternehmen unabhängig. Wir müssen daher bei der Untersuchung der Preis- und Kostengestaltung, sofern wir es mit vollkommener Konkurrenz zu tun haben, von den Betrieben, nicht aber von den Unternehmungen ausgehen, die einen oder mehrere Betriebe haben können[14]). Steht ein Unternehmen mit mehreren

[14]) Besitzt dagegen ein Monopolist oder ein Unternehmer bei unvollkommener Konkurrenz (monopolistischer Konkurrenz) mehrere Betriebe, so kann das Unternehmen die Betriebe im Hinblick auf den Markt als Einheit auffassen. Ein Unternehmen der Radioapparateindustrie beispielsweise, das mehrere Werke besitzt, setzt den Preis. Es wird

Betrieben vor der Frage, wie es die Produktion der „von ihm" absetzbaren Menge auf seine Betriebe „verteilen" soll, ob es ein Werk oder mehrere Werke vorübergehend stillegen soll, um seine „anderen Werke" voll ausnutzen zu können, so haben wir es am Absatzmarkt nicht mehr mit vollkommener Konkurrenz zu tun. Denn bei vollkommener Konkurrenz ist die absetzbare Menge eines Unternehmens keine „gegebene Größe", sondern der Absatz jedes Unternehmens ist zu dem am Markt sich jeweils bildenden Preis unbeschränkt.

2. Zins und Unternehmergewinn

Im Unternehmergewinn sahen die älteren nationalökonomischen Autoren — z. B. J. St. *Mill* und *Schäffle* — ein „Einkommen aus dem Kapital", d. h. ein Einkommen, das in erster Linie aus Zinseinkommen und *daneben* noch aus Unternehmerlohn und einer Risikoprämie besteht. Erst im Laufe der geschichtlichen Entwicklung der Volkswirtschaftslehre hat man den Zins vom Unternehmergewinn getrennt, wenngleich noch bei manchen späteren Autoren — z. B. bei *Marshall* — die Grenzlinie zwischen Zins und Unternehmergewinn nicht eindeutig und klar gezogen wird. *Marshall* spricht vom Unternehmergewinn als von der „Quasirente oder dem Ertrag aus einem schon früher vom Menschen verfertigten Produktionsinstrument"[15]). Will man bei einer Untersuchung des Unternehmergewinns nicht in die Irre gehen, so ist es notwendig, sich zunächst den Unterschied zwischen dem Zins und dem Unternehmergewinn zu verdeutlichen.

Der Zins als *Markterscheinung* ist ein Preis für die leihweise (zeitweise) Überlassung von Kaufkraft in Geldform (Geldkapital). Für die leihweise Überlassung von Geldkapital wird deshalb ein Preis, Zins genannt, bezahlt, weil man mit Hilfe von Geldkapital über Kapitalgüter (Realkapital) verfügen kann, die wertproduktiv sind, d. h. die einen Wertüberschuß bringen. Diesen Wertüberschuß bezeichnen wir als „ursprünglichen Zins". Der Leihzins verdankt sein Dasein dem „ursprünglischen Zins", er wird bezahlt, weil man mit Hilfe von Geldkapital über Kapitalgüter verfügen kann, die einen „ursprünglichen Zins" bringen. Das Kapitalgut bringt einen Wertüberschuß, d. h. es besteht zwischen dem Preis (Tauschwert) des Kapitalgutes und dem Preis (Tauschwert) des Ertrages des betreffenden Kapitalgutes eine Differenz in der Art, daß der Tauschwert (Preis) des Ertrages des Kapitalgutes den Tauschwert (Preis) des Kapitalgutes übersteigt[16]).

---

nicht in allen seinen Werken die Ausbringung so gestalten, daß sich für jeden einzelnen Betrieb ein Maximalgewinn ergibt, sondern es wird bei dem gesetzten Preis einzelne Werke stärker als die anderen Werke ausnutzen, um die bei dem zu dem gesetzten Preis bestehende Nachfrage zu befriedigen. Geht der Absatz zurück, dann wird es ein Werk oder mehrere Werke vorübergehend stillegen, selbst dann, wenn die Werke alle die gleiche Kostenstruktur haben, um die anderen Werke desto besser ausnützen zu können. Bei der Untersuchung der Kosten- und Preisbildung unter der Voraussetzung der unvollkommenen Konkurrenz ist also nicht gleichgültig, ob ein Unternehmen einen oder mehrere Betriebe besitzt.

[15]) Siehe Alfred *Marshall*, a. a. O., S. 412 ff.

[16]) Siehe dazu Erich *Carell*, Allgemeine Volkswirtschaftslehre, 4. Aufl., München 1949, S. 230 ff.

Unbestritten ist, daß die Arbeit durch die Ausstattung mit Kapitalgütern (vor allem Werkzeugen und Maschinen) physisch ergiebiger wird. Kann man die Arbeit mit Kapitalgütern „unterstützen“, so kann man weitaus mehr Güter produzieren als ohne eine solche Kapitalausrüstung. Die physische Mehrergiebigkeit der Kapitalgüter hat jedoch eine Wertproduktivität der Kapitalgüter zur Folge, d. h. die Kapitalgüter „liefern“ mehr Tauschwert als sie selbst haben. Der vor allem seit *Böhm-Bawerk*[17]) üblich gewordene Hinweis, daß man „physische Produktivität“ und „Wertproduktivität“ wohl zu unterscheiden habe, ist gewiß zutreffend, er bedeutet jedoch nicht, daß keinerlei Zusammenhang zwischen der physischen Produktivität und einer Wertproduktivität bestehen könne.

Daß die Kapitalgüter wertproduktiv sind, daß also der Tauschwert des Ertrages eines Kapitalgutes den Tauschwert des Kapitalgutes übersteigt, können wir uns an einem einfachen „Fall“ verdeutlichen. Nehmen wir an, mit Hilfe von fünf Arbeitsstunden können sechs Fische gefangen oder eine Angel angefertigt werden. Die Angel macht die Arbeit physisch ertragreicher, es können beispielsweise mit fünf Arbeitsstunden, wenn sie mit einer Angel „ausgerüstet“ werden, fünfzehn Fische gefangen werden.

Die Angel kostet annahmegemäß fünf Arbeitsstunden. Da mit fünf Arbeitsstunden entweder sechs Fische gefangen werden können oder eine Angel angefertigt werden kann, so können wir die Kosten der Angel auch negativ berechnen: Die Angel kostet den Verzicht auf sechs Fische und ihren gegenwärtigen Konsum, da sich ja der Betreffende, wenn er die fünf Arbeitsstunden nicht zur Anfertigung einer Angel aufwenden würde, mit Hilfe dieser fünf Arbeitsstunden sechs Fische (einschließlich ihres „sofortigen“ Konsums) verschaffen könnte.

Da mit Hilfe von fünf Arbeitsstunden entweder sechs Fische gefangen oder eine Angel hergestellt werden kann, so muß — da unter statischen Voraussetzungen mit einem gleichen Kostenaufwand hergestellte Güter auch einen gleichen Tauschwert (Preis) haben müssen — der Tauschwert (Preis) einer Angel gleich dem Tauschwert (Preis) von fünf Arbeitsstunden oder gleich dem Tauschwert (Preis) von sechs Fischen sein. Nun bringen aber fünf Arbeitsstunden, wenn sie mit einer Angel ausgestattet werden, fünfzehn Fische. Da fünf Arbeitsstunden ohne Angel nur einen Ertrag von sechs Fischen bringen, so liefert also die Angel einen Ertrag von neun Fischen, obgleich sie nur fünf Arbeitsstunden oder sechs Fische kostet und demgemäß auch nur einen Tauschwert (Preis) von fünf Arbeitsstunden oder sechs Fischen hat.

Der Tauschwert (Preis) einer Angel, die fünf Arbeitsstunden oder sechs Fische kostet, kann unter statischen Voraussetzungen nicht über den Tauschwert (Preis) von fünf Arbeitsstunden oder sechs Fischen steigen, gleichgültig, ob der Tauschwert ihres Ertrages mehr oder minder hoch über ihren Kosten liegt. Der Tauschwert (Preis) unserer Angel beträgt fünf Arbeitsstunden oder sechs Fische, obgleich sie einen Ertrag und damit einen Tauschwert von neun Fischen „einbringt“. Würde der Tauschwert (Preis) unserer Angel über den Tauschwert von sechs Fischen oder von fünf Arbeitsstunden steigen, würde er beispielsweise neun Fische betragen, so würden in unserer Volks-

[17]) E. v. *Böhm-Bawerk*, Kapital und Kapitalzins, 4. Aufl., Jena 1921.

wirtschaft nur noch Angeln — also nur noch Kapitalgüter, aber keine Konsumgüter mehr — hergestellt werden. Denn jeder würde sich mit Recht sagen: Mit fünf Arbeitsstunden kann ich sechs Fische fangen oder eine Angel herstellen. Da ich jedoch für eine Angel neun Fische eintauschen kann, so fange ich keine Fische, sondern stelle Angeln her, mit denen ich mir dann die benötigten Fische eintausche. Auf diese indirekte Weise, nämlich durch Tausch, kann ich mir weit mehr Fische beschaffen.

Würde der Preis eines Kapitalgutes unter statischen Voraussetzungen den Tauschwert der aufgewendeten Kosten übersteigen, so würde nicht mehr der Satz gelten, daß mit gleichem Kostenaufwand hergestellte Güter unter statischen Voraussetzungen den gleichen Tauschwert haben. In einer Volkswirtschaft würde dann die Produktion von Konsumgütern restlos eingestellt werden, da man sich ja dann durch eine Produktion von Kapitalgütern und eine tauschweise Hingabe der Kapitalgüter gegen Konsumgüter mehr Konsumgüter als durch eine Produktion von Konsumgütern beschaffen könnte. Der Tauschwert (Preis) eines Kapitalgutes muß also unter statischen Voraussetzungen gleich seinen Kosten sein, er kann aber nicht gleich dem Wert seines Ertrages sein.

Wird nun aber nicht durch den Tatbestand, daß man mit Hilfe von fünf Arbeitsstunden (die einen Tauschwert von sechs Fischen oder einer Angel haben) plus einer Angel (die einen Tauschwert von sechs Fischen hat) fünfzehn Fische beschaffen kann, der Sachverhalt aufgehoben, daß man unter statischen Voraussetzungen mit gleichem Kostenaufwand nur Güter mit gleichem Tauschwert (Preis) erstellen kann und daß der Tauschwert eines produzierten Gutes gleich seinen Kosten ist? Diese Frage ist zu verneinen. Eine Angel muß „sich" unter unseren Voraussetzungen immer gegen sechs Fische oder fünf Arbeitsstunden „tauschen", obgleich sie einen Ertrag von neun Fischen bringt. Aber dieser Ertrag (d. h. diese neun Fische) sind nicht zu dem gleichen Zeitpunkt verfügbar, in dem man für sechs Fische oder fünf Arbeitsstunden eine Angel eintauscht. Denn ein Kapitalgut (in unserem Fall die Angel) gibt ihren Ertrag nicht „sofort" ab, sondern es liefert seinen Ertrag nur in Form einer Aufeinanderfolge von Nutzungen, also immer erst in und durch einen sich über mehr oder minder lange Zeit erstreckenden Produktionsprozeß. Der Tauschwert (Preis) eines Kapitalgutes ist „gegenwärtig" gegeben, der Ertrag eines Kapitalgutes ist dagegen immer erst „zukünftig" gegeben. Es besteht also zwischen dem Tauschwert (Preis) des Kapitalgutes und dem Tauschwert des Ertrages des Kapitalgutes nicht nur eine Wertdifferenz, sondern auch eine Zeitdifferenz. Würde man in dem *gleichen* Zeitpunkt, an dem man die Angel gegen sechs Fische oder fünf Arbeitsstunden eintauscht, auch schon „sofort" über den Ertrag des Kapitalgutes, also über neun Fische verfügen können, so würde natürlich niemand eine Angel für sechs Fische oder fünf Arbeitsstunden hergeben, und das Kostengesetz (d. h. der Tatbestand, daß der Preis eines Gutes unter statischen Voraussetzungen gleich seinen Kosten ist) wäre aufgehoben. Wer jedoch sechs Fische für eine Angel im Tausch hingibt, um seine Arbeit beim Fischfang mit einer Angel ausstatten zu können, muß auf den gegenwärtigen Genuß von sechs Fischen verzichten, er muß also sparen, d. h. er kann nicht „sofort" über die neun Fische, die den Ertrag des Kapitalgutes darstellen, verfügen.

Würden die Kosten des Kapitalgutes, der Preis des Kapitalgutes und der Tauschwert (Preis) des zukünftig zur Verfügung stehenden Ertrages des Kapitalgutes unter statischen Voraussetzungen gleich sein, dann wäre eine Herstellung von Kapitalgütern unter statischen Voraussetzungen sinnlos. Denn dann könnte auch keine physische Produktivität der Kapitalgüter gegeben sein, d. h. dann könnte eine Angel, die sechs Fische oder fünf Arbeitsstunden kostet, auch nur einen Ertrag von sechs Fischen bringen. Die Herstellung einer Angel wäre dann nicht nur überflüssig, sondern sogar ökonomisch nachteilig. Denn mit Hilfe von fünf Arbeitsstunden, die sofort sechs Fische einbringen, könnte nur ein Instrument geschaffen werden, das ebenfalls nur sechs Fische einbringt, aber erst nach Ablauf einer bestimmten Zeit in Form von Nutzungen.

Auch in der Statik kann der Tauschwert (Preis) eines Kapitalgutes nicht gleich der Summe alles dessen sein, was es wertmäßig an Ertrag bringt[18]). Der Satz, daß der Tauschwert (Preis) der Produktionsfaktoren durch ihre Grenzproduktivität bestimmt ist, trifft für die Produktionsfaktoren Arbeit und Boden uneingeschränkt zu, für den Produktionsfaktor Realkapital (Kapitalgüter) gilt er jedoch nicht. Arbeit und Boden sind keine produzierten Güter, sondern „von Natur aus" gegebene Produktionsfaktoren. Für sie kann daher das Kostengesetz, d. h. der Sachverhalt, daß unter statischen Voraussetzungen die produzierten Güter einen Preis haben, der ihren Produktionskosten entspricht, nicht gelten. Sowohl der Preis der Arbeit als auch der Preis des Bodens können in keiner Weise von Produktionskosten abhängig sein. Bei einem Kapitalgut dagegen haben wir es mit einem produzierten Gut, d. h. mit einem unter Aufwand von Kosten erstellten Gut zu tun. Und für jedes Kapitalgut trifft daher unter statischen Voraussetzungen der Sachverhalt zu, der unter statischen Voraussetzungen für jedes reproduzierbare Gut zutrifft: Der Preis eines Gutes ist gleich seinen Produktionskosten.

Würde der Tauschwert (Preis) eines Kapitalgutes als Güterpreis durch das Grenzprodukt des Kapitalgutes bestimmt sein, d. h. gleich dem Wert dessen sein, was das Kapitalgut an Ertrag einbringt, so müßten unter statischen Voraussetzungen die Produktionskosten eines Kapitalgutes gleich dem Wert aller abgegebenen Nutzungen des Kapitalgutes sein. Die Produktion des Ka-

---

[18]) Im dynamischen Zustand der Volkswirtschaft, in dem die Betriebe eines Wirtschaftszweiges mit mannigfaltig verschiedenen Produktionsanlagen produzieren, wird der Preis einer bereits im Produktionsprozeß verwendeten Produktionsanlage durch Kapitalisierung des Ertrages der betreffenden Produktionsanlage gebildet. Es darf aus diesem Tatbestand aber nicht der falsche Schluß gezogen werden, daß in diesem Fall der Tauschwert (Preis) der Produktionsanlage gleich dem Tauschwert (Preis) des Ertrages der Produktionsanlage sei. Denn bei einer solchen Kapitalisierung des Ertrages wird ja das Bestehen des Zinses in der Volkswirtschaft bereits *vorausgesetzt*. Der Tauschwert (Preis) der Produktionsanlage wird in diesem Fall also unter Zugrundelegung des Tatbestandes gebildet, daß das Kapitalgut einen Zins einbringt, d. h. daß der Tauschwert (Preis) eines Kapitalgutes geringer als der Tauschwert (Preis) des Ertrages des betreffenden Kapitalgutes ist. Der Käufer einer Produktionsanlage bezahlt für sie einen solchen Kaufpreis, der es ihm gestattet, den Kaufbetrag durch den Ertrag des Kapitalgutes zum „landesüblichen Zinssatz" verzinst zu erhalten. Die erwarteten zukünftigen Erträge einer solchen Anlage werden also unter Zugrundelegung des Tatbestandes, daß sich ein „angelegter Geldbetrag" zum „landesüblichen Zinssatz" verzinsen muß, auf den „heutigen" Wert reduziert.

pitalgutes müßte dann genau so viel kosten, wie es an Ertrag wertmäßig einbringt. Es würde dann genau so viel nutzen, wie es kostet, d. h. sein Nutzen würde dann genau so hoch sein wie der Nutzen der Arbeitseinheiten und Bodeneinheiten, die zu seiner Herstellung aufgewendet wurden. Da man Kapitalgüter nicht um ihrer selbst willen herstellt, so würde die Herstellung von Kapitalgütern sinnlos werden, da dann die Kapitalgüter ökonomisch nutzlos (ohne Nutzen) sein würden. Würde der Tauschwert (Preis) eines Kapitalgutes unter statischen Voraussetzungen gleich dem Wert seines Ertrages sein, dann müßte eine Produktion unter statischen Voraussetzungen notwendigerweise zugleich auch eine kapitallose Produktion (Produktion ohne Verwendung von Kapitalgütern) sein.

Wir haben bei der Darstellung des Sachverhalts, daß der Tauschwert des Ertrages eines Kapitalgutes höher als der Tauschwert des betreffenden Kapitalgutes ist, die Tauschwerte (Preise) durch Güter (Fische oder Arbeitsstunden) ausgedrückt. Bekanntlich ändert sich an Tauschwertbeziehungen nichts, wenn die Tauschwerte nicht durch Güter, sondern durch Geldeinheiten ausgedrückt werden. Ein „Geldpreis“ ist ja weiter nichts als ein zahlenmäßiger Ausdruck für den „Tauschwert“. (Wenn man die Kaufkraft des Geldes nicht kennt, ist der Geldpreis nicht mehr als eine bloße Zahl.)

Wir kamen zu dem Ergebnis, daß der Tauschwert einer Angel, die einen Ertrag von neun Fischen liefert, gleich ihren Kosten, d. h. gleich dem Tauschwert von fünf Arbeitsstunden oder sechs Fischen sein muß. Setzen wir nun für den Tauschwert eines Fisches einen beliebigen Geldausdruck, nehmen wir beispielsweise an, ein Fisch habe einen Geldpreis von 2 Mark, dann muß unter statischen Voraussetzungen der Geldpreis einer Angel 12 Mark (gleich sechs Fische), der Geldpreis von fünf Arbeitsstunden gleich 12 Mark (gleich sechs Fische) betragen, während sich der Ertrag der Angel auf 18 Mark beläuft. Die Wertdifferenz zwischen dem Geldpreis der Angel und dem Ertrag der Angel beläuft sich dann also auf 6 Mark, d. h. sie ist gleich dem Geldpreis von drei Fischen. Da fünf Arbeitsstunden den gleichen Tauschwert wie sechs Fische oder eine Angel haben, so kosten unter statischen Voraussetzungen, wenn ein Fisch einen Geldpreis von 2 Mark erlangt, fünf Arbeitsstunden 12 Mark, sechs Fische 12 Mark und eine Angel ebenfalls 12 Mark. Wir sehen, daß die Verwendung von Geldausdrücken (oder anders formuliert: die Einführung der „Geldrechnung“) die von uns dargelegten Tauschwertrelationen natürlich in keiner Weise verändert.

Der Zins ist ein Preis, der sich auch im statischen Zustand der Volkswirtschaft findet, der Unternehmergewinn dagegen ist ein Einkommen, das nur im dynamischen Zustand der Volkswirtschaft anzutreffen ist. Während der Zins ein Entgelt für die Mitwirkung eines Produktionsfaktors und demgemäß auch ein Kostenfaktor bei der Produktion ist, ist der Unternehmergewinn kein Kostenfaktor bei der Produktion, da er kein Entgelt für einen Produktionsfaktor darstellt.

ERSTER TEIL

Die Differentialgewinnbildung und die Preisbildung der Produktionsfaktoren Arbeit und Kapital bei produktionstechnischen Fortschritten

1. Die Gleichheit der gesamten Differentialgewinne und der gesamten Verluste im dynamischen Zustand der Volkswirtschaft

I

Wir gehen davon aus, daß sich die Wirtschaft im statischen Gleichgewicht befindet, daß also in *allen* Betrieben der Volkswirtschaft die Grenzkosten gleich den Stückkosten (gesamten Durchschnittskosten) und gleich dem Preis sind. Es gibt dann in der Volkswirtschaft nirgends einen Differentialgewinn („Differentialrente"), da in jedem Wirtschaftszweig alle Betriebe mit den gleichen Stückkosten produzieren und die Stückkosten eines Gutes überall gleich dem Preis des betreffenden Gutes sind.

Zur Vereinfachung der Darstellung wollen wir die Annahme machen, daß die Volkswirtschaft nur einen einzigen Wirtschaftszweig besitzt, d. h. daß in ihr nur ein einziges Gut angeboten und nachgefragt wird. Wir nehmen einen Wirtschaftszweig mit einer Anzahl von Betrieben an, die es sich zur wirtschaftlichen Aufgabe machen, Holzscheite zu Brennholz zu zersägen. Das in unserer Volkswirtschaft angebotene Gut ist also „das Sägen der Holzscheite zu Brennholz". Jeder Betrieb verwendet die gleiche Säge, deren Amortisation und Verzinsung in der Produktionsperiode 20 Mark kosten. Die Kapitalkosten, die bei jedem Betrieb gleich seinen „fixen Kosten" sind, betragen also bei jedem Betrieb in der Produktionsperiode 20 Mark. Weiterhin nehmen wir an, daß in der Produktionsperiode in jedem Betrieb 110 Arbeitstage von Arbeit ein und derselben Art aufgewendet werden. Der Lohnpreis je Arbeitstag beträgt 0,909 Mark, so daß in jedem Betrieb in der Produktionsperiode 100 Mark Lohnkosten entstehen. Mit dem Aufwand von 100 Mark Lohnkosten und 20 Mark Kapitalkosten sägt jeder Betrieb in der Produktionsperiode 120 Ster Holz. Die Gesamtkosten jedes Betriebes belaufen sich demgemäß auf 120 Mark bei einer Ausbringung von 120 Ster Holz. In dem von uns vorausgesetzten „statischen Zustand" erzielt dann das „Sägen eines Sters Holz," einen Preis von 1 Mark, die Stückkosten (gesamten Durchschnittskosten) betragen 1 Mark je Ster.

Da unter statischen Voraussetzungen der Lohnpreis je Arbeitstag gleich dem Wert des Grenzprodukts des Arbeitstages wird und da in unserer Volkswirtschaft der Lohnpreis 0,909 Mark je Arbeitstag beträgt, so beträgt der Wert des Grenzprodukts des Arbeitstages in unserer Volkswirtschaft 0,909 Mark. Bei einem Holzpreis (Preis für das Sägen eines Sters Holz) von 1 Mark je Ster sind für den Lohnpreis je Arbeitstag in Höhe von 0,909 Mark 0,909 Ster Holz (genauer „Sägeleistungen") zu kaufen. Das Grenzprodukt des Arbeitstages beläuft sich also auf 0,909 Mark oder 0,909 Ster Holz (genauer „Sägen von 0,909 Ster Holz"). Die variablen Kosten bestehen unter den von uns gemachten Voraussetzungen nur aus Lohnkosten[19]). Da das Grenzprodukt der Arbeit 0,909 Ster Holz oder 0,909 Mark beträgt, so ergibt sich für die Herstellung des „letzten" Sters Holz in jedem Betrieb ein Kostenzuwachs von 1 Mark. Das besagt jedoch nichts anderes, als daß die Grenzkosten in jedem Betrieb 1 Mark betragen.

In unserem Wirtschaftszweig, der das Sägen von Holzscheiten zu Brennholz vornimmt, ist also der statische Zustand erreicht. Die Stückkosten (1 Mark) sind gleich den Grenzkosten (1 Mark) und gleich dem Preis des Produkts (1 Mark). Es entstehen bei der Produktion weder Gewinne noch Verluste. Jeder Betrieb in unserer Volkswirtschaft, die nur aus einem Wirtschaftszweig besteht, produziert also in folgender Weise:

Tabelle 1

Kapitalkosten (Amortisation und Verzinsung)	:	20 Mark
Lohnkosten (für 110 Arbeitstage)	:	100 Mark
Gesamtkosten	:	120 Mark
Ausbringung	:	120 Ster Holz
Stückkosten	:	1 Mark
Preis je Ster Holz (Sägen eines Sters)	:	1 Mark
Gesamterlös	:	120 Mark
Variable Durchschnittskosten (Durchschnittliche Lohnkosten je Ster)	:	0,833 Mark
Lohnpreis je Arbeitstag in Mark	:	0,909 Mark
Grenzprodukt der Arbeit (in Ster Holz)	:	0,909 Ster
Grenzkosten	:	1 Mark

Unser Wirtschaftszweig soll annahmegemäß nur aus zwei Betrieben bestehen[20]). Die Gesamtkosten in unserer Volkswirtschaft betragen dann — da sie sich in einem Betrieb auf 120 Mark belaufen — 240 Mark. Und die gesamten Erlöse in der Volkswirtschaft betragen dann ebenfalls 240 Mark. Da die gesamte produzierte Warenmenge in unserer Volkswirtschaft 240 Ster Holz beträgt und wir einen Holzpreis von 1 Mark je Ster haben, wobei die Warenmenge nur einmal umgesetzt wird, so besagt das zugleich, daß die Größe „Handelsvolumen mal Durchschnittsstand der Preise" in unserer Volkswirtschaft 240 Mark beträgt. Demgemäß muß das Geldvolumen (die Größe „Geldmenge mal Umlaufgeschwindigkeit") in unserer Volkswirtschaft ebenfalls 240 Mark betragen.

[19]) Auf diese Weise brauchen wir die Darstellung durch eine Einbeziehung von Materialkosten nicht unnötigerweise komplizieren.

[20]) Um die im statischen Zustand unserer Volkswirtschaft bestehenden Kosten- und Preisverhältnisse anschaulich darzustellen, bringen wir das folgende schematische Kurvenbild:

Die „gesamten Produktionskosten in der Volkswirtschaft“ (S) sind gleich den „gesamten Brutto-Einkommen der Produktionsfaktoren“ (Y). Wir haben es bei den „gesamten Brutto-Einkommen der Produktionsfaktoren“ mit den gleichen Zahlungen wie bei den „gesamten Produktionskosten“ zu tun, nur betrachten wir diese Zahlungen dann vom Standpunkt des Empfängers. Es gilt also: Y = S.

Der Geldstrom, der zunächst in der Form von Produktionskosten auftritt, die von den Unternehmern an die Besitzer der Produktionsmittel (in unserer Volkswirtschaft für die Arbeit als Lohnkosten und für das Kapital als Kapitalkosten, nämlich für Amortisationskosten und für Verzinsung des Kapitals) bezahlt werden, tritt dann als Nachfrage auf dem Markt der produzierten Güter — d. h. der Waren — auf. Die Ausgaben der Einkommenbezieher sind also gleich dem gesamten Erlös der Unternehmer, die diesen „gesamten Erlös“ wieder als Produktionskosten auszahlen.

Nach der Quantitätsgleichung des Geldes ist:

$$„G“ \cdot „U“ = H \cdot P.$$

(„G“ = Geldmenge, „U“ = Umlaufsgeschwindigkeit des Geldes, H = Handelsvolumen, P = Durchschnittsstand der Preise, d. h. Preisniveau.)

Die gesamte Geldmenge (240 Mark) tritt in der Produktionsperiode den erzeugten Waren (der Holzmenge) nur einmal gegenüber, die Umlaufsgeschwin-

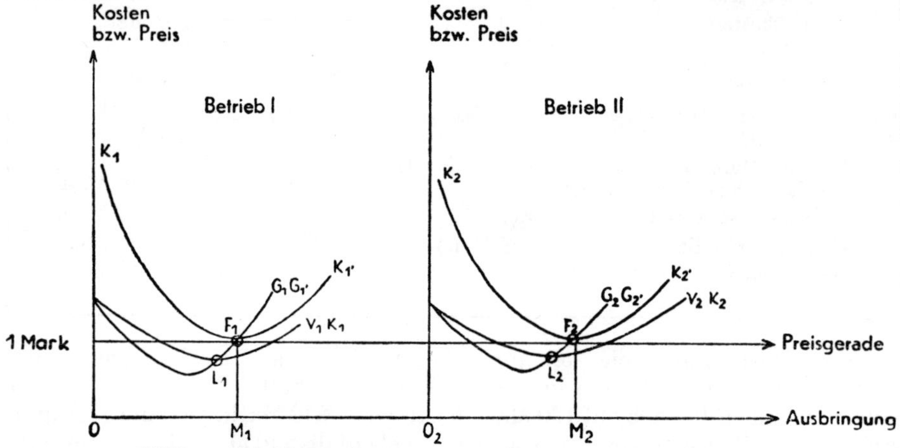

KK′ = Stückkostenkurven
GG′ = Grenzkostenkurven
VK = Kurven der variablen Durchschnittskosten
F = Punkte der niedrigsten Stückkosten (Optimalpunkte)
L = Punkte der niedrigsten variablen Stückkosten
$O_1M_1 = O_2M_2 = 120$ Ster
$F_1M_1 = F_2M_2 = 1$ Mark

Die Preisgerade geht durch die Optimalpunkte F_1 und F_2, so daß in beiden Betrieben die Grenzkosten gleich den Stückkosten und gleich dem Preis sind. Für $x = O_1M_1$ (bzw. gleich O_2M_2) ist die Steigung der Tangente gleich Null (d. h. $\frac{dy}{dx}$ wird gleich Null), hier erreicht die Stückkostenkurve ein Minimum. Für $x < O_1M_1$ wird die Steigung negativ, für $x > O_1M_1$ wird die Steigung positiv.

digkeit des Geldes ist also in unserer Volkswirtschaft gleich eins. Die Warenmenge wird nur einmal umgesetzt, d. h. das Handelsvolumen ist gleich der Menge der produzierten Waren.

Für die Volkswirtschaft unseres Beispiels ergibt sich demnach aus der Quantitätsgleichung:

$$240 \cdot 1 = 240 \cdot P.$$

Daraus folgt: P = 1 Mark.

In der Volkswirtschaft unseres Beispiels ist also „G“ · „U“ = 240 Mark · 1.

Da der Gesamterlös gleich den Gesamtkosten und gleich dem „gesamten Bruttoeinkommen der Volkswirtschaft“ ist, so gelten für unsere Volkswirtschaft die beiden Gleichungen:

(1) Y = „G“ · „U“.

(2) S = „G“ · „U“.

In unserer Volkswirtschaft werden zwar keine Nettoersparnisse gemacht, die Kapitalausstattung der Volkswirtschaft wird aber intakt gehalten. Das besagt, daß nicht das ganze Brutto-Einkommen (die gesamte produzierte Holzmenge) der Volkswirtschaft konsumiert wird, sondern der Teil des Brutto-Einkommens, der den Amortisationskosten entspricht, zur Erneuerung der Kapitalausrüstung verwendet wird. Dieser Prozeß der Erneuerung der Kapitalausrüstung wird in die Darstellung der Zusammenhänge bei uns nicht einbezogen. Eine solche Einbeziehung würde die Darstellung ungemein komplizieren, aber an den für unsere Analyse wichtigen *Relationen* nichts ändern. Wir können daher die Erneuerung der Kapitalausstattung bei unserer Darstellung „einklammern“. Bei Einbeziehung der Kapitalgüterproduktion ist der Wert der Brutto-Produktion an „Sägeleistungen“ gleich dem Netto-Volkseinkommen.

Das gesamte Einkommen der Volkswirtschaft ist gleich dem Betrag des Einkommens, der aus der Holzproduktion (Sägen des Holzes) abgeleitet ist. Die Einkommen aus den beiden Produktionsfaktoren (Arbeit und Kapital), die beim Sägen des Holzes beteiligt sind, werden zur Gänze ausgegeben.

II

Was geschieht nun, wenn ein produktionstechnischer Fortschritt eintritt, der es gestattet, eine bessere Säge für den gleichen Preis herzustellen (und zu verkaufen). Dann kann das Sägewerk bei 20 Mark Amortisationskosten und Verzinsung in der Produktionsperiode eine bessere Säge beim Sägen des Holzes verwenden, also eine Säge, mit der man bei einem gleichen Arbeitsaufwand in der Produktionsperiode eine größere Holzmenge als bisher (mit der alten Säge) sägen kann. Bei gleichen nominellen Kapitalkosten (20 Mark) ist also die Ergiebigkeit der Arbeit durch die Verwendung der „neuen Säge“ größer, d. h. das Grenzprodukt der Arbeit erhöht sich (in gesägtem Holz ausgedrückt) bei Verwendung der „neuen Säge“. Da die Arbeit bei einer Verwendung der „neuen Säge“ produktiver (ergiebiger) wird, so bringt derjenige Betrieb, der die neue Säge verwendet, mit dem gleichen (bisherigen) Aufwand von Arbeitstagen in der Produktionsperiode eine größere Menge Holz aus, als ein Betrieb, der (zunächst) noch mit der „alten Säge“ weiterarbeitet.

Nehmen wir an, einer unserer Betriebe hat seine „alte Säge“ restlos abgenutzt und amortisiert und verwendet nun eine „neue Säge“, während die anderen Betriebe der Sägeindustrie ihre alten Sägen noch nicht amortisiert haben und mit der „alten Säge“ weiter produzieren. Der mit der „neuen Säge“ arbeitende Betrieb bringt dann mit dem gleichen Gesamtaufwand an Lohnkosten und den gleichen (nominellen) Kapitalkosten eine größere Produktmenge aus als ein „Betrieb mit der alten Säge“. Er produziert also mit niedrigeren Stückkosten als jeder der anderen Betriebe, so daß er — bei einheitlichem Produktpreis am Markt — einen Differentialgewinn erzielen kann.

Ist beispielsweise die „neue Säge“ um 20% ergiebiger, dann ergibt sich, wenn das Sägewerk, das die „neue Säge“ verwendet, mit dem gleichen Arbeitsaufwand (Aufwand an Arbeitstagen) wie bisher arbeitet, eine Erhöhung der Angebotsmenge an Holz (genauer: an Sägeleistungen). Das Angebot des Betriebes, der mit der „neuen Säge“ arbeitet, steigt dann um 20% der bisher von *ihm* ausgebrachten Produktmenge. Die prozentuale Erhöhung des *gesamten* Angebots an gesägtem Holz in der Volkswirtschaft ist natürlich weitaus geringer; sie hängt davon ab, einen wie großen Anteil der einzelne Betrieb, der den produktionstechnischen Fortschritt verwendet, am Gesamtangebot hatte. Beträgt beispielsweise dieser Anteil am gesamten Holzangebot nur 2%, dann erhöht sich das Gesamtangebot in der Volkswirtschaft nur um $2 \cdot 0{,}2 = 0{,}4\%$, wenn *ein* Betrieb die — um 20% ergiebigere — „neue Säge“ verwendet.

Auch dann, wenn in der Volkswirtschaft nicht nur Holz gesägt wird, sondern viele Arten von Gütern hergestellt werden, muß, da sich durch die Verwendung der „neuen Säge“ eine Angebotserhöhung an Holz ergibt, ein Sinken des Holzpreises (genauer: des Preises für das Sägen von Holz) eintreten. Führt die Erhöhung des Holzangebotes (genauer: der Sägeleistungen) zu einem prozentual stärkeren Sinken des Holzpreises — das ist dann der Fall, wenn **die Nachfrageelastizität kleiner als eins ist —, dann muß sich ein Teil der Kauf**kraft (Gesamtgeldmenge, die dem Holz kaufend gegenübertritt) vom „Sägen des Holzes“ abwenden und sich anderen Gütern zuwenden. Im Augenblick der Verschiebung der kaufkräftigen Nachfrage vom „Sägen des Holzes“ auf andere Waren ergibt sich ein Steigen der Preise der verstärkt nachgefragten Waren. Dadurch übersteigt bei den verstärkt nachgefragten Waren der Preis die Kosten, so daß Differentialgewinne in den Wirtschaftszweigen entstehen, die die verstärkt nachgefragten Güter produzieren. In diesem Fall *kann* die durch die Verwendung des produktionstechnischen Fortschritts bedingte Angebotserhöhung beim Holz zu einem solchen Sinken des Holzpreises führen, daß der „Betrieb mit der neuen Säge“ nur noch einen „sehr kleinen“ oder in einem denkbaren Grenzfall überhaupt keinen Differentialgewinn mehr erzielen kann. Aber dem „Kleinerwerden“ bzw. einem Verschwinden des Differentialgewinns in der Sägeindustrie steht dann ein „Größerwerden“ bzw. ein Entstehen von Differentialgewinnen in *anderen* Wirtschaftszweigen gegenüber. Der Geldbetrag, der in diesem Fall in der Volkswirtschaft weniger für das „Sägen des Holzes“ verausgabt wird, wird für ein anderes Gut oder mehrere andere Güter mehr ausgegeben. Die Nachfrageelastizität *allen* Gütern der Volkswirtschaft gegenüber ist also gleich eins. Um die Höhe der auf Grund eines produktionstechnischen Fortschritts entstehenden Differentialgewinne in der Volkswirtschaft exakt bestimmen und nachweisen zu können, dürfen wir daher die Annahme machen, daß in der Volkswirtschaft nur das *eine* Gut „Holz" (genauer: „Sägen des Holzes") produziert wird. Wir nehmen also an, daß in der gesamten Volkswirtschaft nur das Gut „Sägen des Holzes" nachgefragt und angeboten wird. Da die Nachfrageelastizität für *alle* Güter der Volkswirtschaft gleich eins ist, so ist unter der gemachten Annahme, daß in der Volkswirtschaft nur „Sägeleistungen" durch Sägewerke produziert werden, die Nachfrageelastizität beim Holz (genauer: Sägen des Holzes) ebenfalls gleich eins. Daß die Nachfrageelastizität gleich eins ist, besagt, daß bei einer Änderung des Preises die Gesamtausgaben für das betreffende Gut gleichbleiben. Das ist dann der Fall, wenn die prozentuale Änderung der gesamten gekauften Produktmenge gleich der prozentualen Änderung des Preises ist, wenn also beispielsweise bei einer Erhöhung der gesamten Angebotsmenge um 10% ein Sinken des Preises um 10% eintritt[21]).

Die gemachte Annahme, daß die Nachfrageelastizität allen Gütern gegenüber gleich eins ist, besagt nichts anderes, als daß wir bei unseren Darlegungen voraussetzen, daß die „Geldseite" (das Geldvolumen, d. h. die Größe „Geldmenge mal Umlaufsgeschwindigkeit des Geldes") unverändert bleibt, wenn in der Volkswirtschaft bei gleichbleibender Ausstattung mit produktiven Kräften (Arbeit, Boden und Kapital) eine Erhöhung der Produktmenge (des Sozialprodukts) durch einen produktionstechnischen Fortschritt eintritt. Wir setzen also mit unserer Annahme, daß die Nachfrageelastizität gleich eins ist, lediglich eine Neutralität des Geldes voraus[22]). Bei einer *intensiven* Produktionsausdehnung (Erhöhung der Produktmenge durch Verwendung eines produktionstechnischen Fortschritts[23]) bleibt das Geld bekanntlich nur dann neutral, wenn das Geldvolumen (die Größe „Geldmenge mal Umlaufsgeschwindigkeit des Geldes") keiner Veränderung unterliegt. Denn nur bei einem Gleichbleiben des Geldumlaufs beeinflußt das Geld bei einer intensiven Produktionsausweitung die relativen Güterpreise nicht, nur bei einem Gleichbleiben des Geldvolumens übt das Geld bei einer intensiven Produktionsausweitung

[21]) Wir setzen also voraus, daß die Nachfrageelastizität für alle Preise des erzeugten Produkts (Holz) gleich eins ist. Die Gesamtausgaben für Holz ändern sich also bei einer Veränderung des Produktpreises (Holzpreises) nicht. Die Nachfragekurve ist demgemäß eine rechtwinklige Hyperbel.

Der Preis (p) ist eine Funktion der gesamten Menge (m), also p = f (m). Die Gleichung für unsere Nachfragekurve, die überall die Nachfrageelastizität gleich eins hat, lautet

$$\frac{dm}{m} + 1 \cdot \frac{dp}{p} = 0, \text{ oder } m \cdot p = c.$$

Die Gleichung m . p = c besagt, daß die Gesamtmenge (m) multipliziert mit dem Preis (p) gleich einer Konstanten c ist. (Der Wert der Konstanten c ist in unserer Volkswirtschaft gleich den Gesamtausgaben in Höhe von 240 Mark.)

Da $m \cdot p = c$ ist, so ist $\frac{dm}{dp} = -\frac{c}{p^2}$.

[22]) Über die Neutralität des Geldes siehe vor allem Johan G. *Koopmans*, Zum Problem des „neutralen" Geldes. In: Beiträge zur Geldtheorie, Wien 1933, S. 211 ff. Vgl. ferner: Alexander *Mahr*, Neutrales oder wertstabiles Geld?, Weltw. Archiv, 38. Bd., Jena 1933, S. 16 ff., Knut *Wicksell*, Geldzins und Güterpreise, Jena 1898.

[23]) Eine *intensive* Produktionsausweitung liegt vor, wenn die Produktion in der Volkswirtschaft bei einer gleichbleibenden Ausstattung mit Produktionsfaktoren auf Grund eines produktionstechnischen Fortschritts erhöht wird. Wird die Produktion in einer Volkswirtschaft bei gleichbleibendem Stand der Produktionstechnik (gleichbleibendem technischen Horizont) durch einen Zuwachs an Produktionsfaktoren (z. B. an Arbeitskraft) ausgedehnt, so sprechen wir von *extensiver* Produktionsausweitung.

keinen Einfluß auf die Produktion und Verteilung der Güter aus[24]). Bleibt das Geldvolumen bei einer intensiven Produktionsausdehnung unverändert, dann bilden sich die Austauschverhältnisse und damit die relativen Preise der Güter in der Höhe, die auch in einer naturalen Tauschwirtschaft gegeben sein würde. Ändert sich bei einer intensiven Produktionsausweitung das Geldvolumen, dann entsprechen die Austauschverhältnisse und damit die relativen Preise der Güter nicht mehr den in einer naturalen Tauschwirtschaft unter sonst gleichen Umständen bestehenden Austauschverhältnissen und Güterpreisen, sondern die relativen Preise der Güter werden dann durch die „Geldseite" der Wirtschaft verändert, das Geld vermittelt dann nicht mehr lediglich den Austausch von Gütern und Leistungen, sondern es verändert ihn. Neutrales Geld ist nur dann gegeben, wenn die Tauschrelationen in der Wirtschaft nicht durch das Geld beeinflußt (verändert) werden.

III

Um die Wirkung des produktionstechnischen Fortschritts auf die Preisbildung zu erfassen, wollen wir die Annahme machen, daß ein Betrieb durch die Verwendung der „neuen Säge" mit dem gleichen (bisherigen) Aufwand von 20 Mark Kapitalkosten[25]) und 100 Mark Lohnkosten (für 110 Arbeitstage bei

[24]) Dieser Satz gilt unter der Voraussetzung, daß in der Volkswirtschaft keine Kreditbeziehungen bestehen. Bestehen Kreditbeziehungen, dann erhält der Kreditgeber nach einer intensiven Produktionsausweitung bei der Kreditrückzahlung an realen Gütern mehr zurück als er dem Kreditnehmer in Form des Geldbetrags vor der intensiven Produktionsausweitung geliehen hatte. Denn bei einer intensiven Produktionsausweitung kommt es bei einem Gleichbleiben des Geldvolumens zu einem Sinken des Preisniveaus und damit zu einem Steigen der Kaufkraft des Geldes. Ein Geldbetrag bestimmter Größe repräsentiert dann also nach einer intensiven Produktionsausdehnung eine größere Menge an realen Gütern als vorher. Ein produktionstechnischer Fortschritt bedeutet eine Verminderung der „realen Kosten", d. h. eine Erhöhung der Produktivität der Volkswirtschaft. Beim Neutralbleiben des Geldes erhält der Kreditgeber nach einer intensiven Produktionsausweitung nicht die *gleiche* Menge an realen Gütern zurück, die er dem Kreditgeber in Form eines Geldbetrages geliehen hatte, sondern er empfängt eine der prozentualen Steigerung der Produktivität der Volkswirtschaft entsprechend erhöhte Geldmenge zurück. Im Hinblick auf die Kreditbeziehungen bleibt also das „neutrale Geld" nicht in Gütermengen, sondern im Verhältnis zur Produktivität der Volkswirtschaft stabil, d. h. beim neutralen Geld repräsentiert die Geldeinheit immer einen gleichbleibenden *prozentualen* Anteil am Sozialprodukt.

[25]) Wir setzen voraus, daß sich die (neue) „bessere" Säge mit den gleichen Kosten wie die „alte Säge" erstellen läßt. Wenn wir die Voraussetzung machen, daß sich das neue Kapitalgut („neue Säge"), dessen Einführung einen produktionstechnischen Fortschritt bedeutet, mit den gleichen Kosten wie das ersetzte Kapitalgut („alte Säge") produzieren läßt, so können wir in voller Reinheit die Wirkungen der Einführung (Verwendung) eines produktionstechnischen Fortschritts isoliert für sich analysieren. Würden wir beispielsweise annehmen, daß die „neue Säge" mehr als die „alte Säge" kostet, so würde das zugleich besagen, daß zu ihrer Herstellung mehr produktive Kräfte als für die Herstellung einer „alten Säge" verwendet werden müßten. Unter statischen Voraussetzungen würde das zur Folge haben, daß nun weniger „neue Sägen" als bisher „alte Sägen" produziert werden könnten, oder, daß um die gleiche Anzahl von Sägen wie bisher produzieren zu können, produktive Kräfte aus anderen Verwendungen abgezogen werden müßten. Wir müßten dann also in unserem Gedankengang eine „dynamische Veränderung", die durch die Herstellung eines neuen Kapitalgutes („neue Säge") ausgelöst wird, also einen der Einführung (Verwendung) des produktionstechnischen Fortschritts vorausgehenden dy-

einem Lohnpreis von 0,909 Mark je Arbeitstag) nicht 120 Ster Holz, sondern 150 Ster sägen kann. Durch die Verwendung der „neuen Säge“ kann also bei gleichen Geldkosten eine Erhöhung der Ausbringung um 30 Ster Holz erreicht werden[26]). Vergleichen wir den Betrieb, der die „neue Säge“ verwendet, mit einem Betrieb, der noch mit der „alten Säge“ produziert, so ergeben sich folgende Produktionsverhältnisse:

Tabelle 2

	Betrieb I (mit neuer Produktionstechnik)	Betrieb II (mit alter Produktionstechnik)	Insgesamt
Kapitalkosten	20 Mark	20 Mark	40 Mark
Lohnkosten	100 Mark	100 Mark	200 Mark
Gesamtkosten	120 Mark	120 Mark	240 Mark
Ausbringung	150 Ster Holz	120 Ster Holz	270 Ster
Stückkosten	0,80 Mark	1 Mark	—

Besteht unser Wirtschaftszweig — die Sägeindustrie — aus nur zwei Betrieben, dann tritt durch die Verwendung der „neuen Säge“ in Betrieb I an die Stelle eines Gesamtangebots (Summe des Angebots von Betrieb I und Betrieb II) von 240 Ster ein Gesamtangebot von 270 Ster. Da nun nicht mehr wie vor der Verwendung der „neuen Säge“ in Betrieb I nur 240 Ster, sondern 270 Ster Holz für 240 Mark gekauft werden, so sinkt der Preis für das Sägen je Ster Holz von 1 Mark auf 0,889 Mark. Die Stückkosten des Betriebes I betragen jedoch nur 0,80 Mark je Ster, (es tritt also beim Betrieb I durch die Ver-

namischen Prozeß einbeziehen, könnten dann also nicht die Wirkungen isoliert für sich darstellen, die sich aus der Verwendung des neuen Kapitalgutes („neue Säge“) ergeben. Das aber würde eine unnötige Komplizierung der Darstellung zur Folge haben. Um die Wirkungen des „dynamischen Faktors“ Verwendung (Einführung) des produktionstechnischen Fortschritts („neue Säge“) zu betrachten, ist es nicht notwendig, auch noch die Wirkung eines anderen dynamischen Faktors „Herstellung eines neuen Kapitalgutes“ mit in die Betrachtung einzubeziehen. Oder anders ausgedrückt: Wenn wir voraussetzen würden, daß die „neue Säge“ mit größeren (bzw. mit niedrigeren) Kosten erstellt werden könnte, als die „alte Säge“, dann müßten wir zugleich noch ein zusätzliches Sparen (Bildung von Nettoersparnissen) — bzw. bei niedrigeren Kosten einen Kapitalverzehr — voraussetzen. Wir wollen jedoch die Wirkungen der Verwendung eines produktionstechnischen Fortschritts in voller Reinheit (d. h. isoliert für sich) erfassen und dürfen daher nicht auch noch ein mit der Verwendung des produktionstechnischen Fortschritts zugleich einhergehendes zusätzliches Sparen (bzw. einen Kapitalverzehr) voraussetzen.

Die Voraussetzung gleichbleibender Kapitalkosten besagt zugleich, daß die „neue Säge“ die gleiche Nutzungsdauer wie die „alte Säge“ hat.

Die Verwendung der „neuen Säge“ in einem Betrieb der Sägeindustrie wird in der Volkswirtschaft unseres Beispiels ohne zusätzliches Sparen dadurch ermöglicht, daß die durch die „alte Säge“ verdienten Amortisationsquoten zum Ankauf der „neuen Säge“ verwendet werden. Es werden also in unserer Volkswirtschaft keine neuen Ersparnisse (Nettoserparnisse) gemacht, sondern freiwerdende Amortisationsquoten werden unter Verwendung des produktionstechnischen Fortschritts reinvestiert.

[26]) Diese Erhöhung der Produktmenge ist am optimalen Punkt gemessen, d. h. sie ist gegeben, wenn der Betrieb, der sie verwendet, im optimalen Punkt (Punkt der niedrigsten Stückkosten) produziert. Näheres über diesen Sachverhalt wird später noch zu sagen sein.

wendung des produktionstechnischen Fortschritts eine Kostenersparnis von 0,20 Mark je Ster ein), er erzielt deshalb bei dem (gesunkenen) Preis von 0,889 Mark je Ster einen Differentialgewinn von 0,089 Mark je Ster, also bei den von ihm ausgebrachten 150 Ster einen Differentialgewinn von insgesamt 13,33 Mark[27]). Der Betrieb II dagegen kommt nicht mehr auf seine ursprünglich aufgewendeten (historischen) Kosten, er erleidet bei einem Verkaufspreis von 0,889 Mark je Ster Holz einen Verlust (gemessen an den ursprünglich aufgewendeten Kosten) von 0,111 Mark je Ster, bei den von ihm ausgebrachten 120 Ster also einen Verlust von insgesamt 13,33 Mark. Da die fixen Kosten (die Kapitalkosten) des Betriebes II 20 Mark betragen, so wird er bei einem Verlust von 13,33 Mark die Produktion fortsetzen. Denn auf diese Weise bringt er immer noch 6,67 Mark von seinen fixen Kosten ein. Erst wenn der Verlust bei Fort-

Tabelle 3

	Betrieb I (mit neuer Produktionstechnik)	Betrieb II (mit alter Produktionstechnik)	Insgesamt
Kapitalkosten:	20 Mark	20 Mark	40 Mark
Lohnkosten:	100 Mark	100 Mark	200 Mark
Gesamtkosten:	120 Mark	120 Mark	240 Mark
Ausbringung:	150 Ster Holz	120 Ster Holz	270 Ster Holz
Aufgewendete Arbeitstage:	110 Tage	110 Tage	220 Tage
Stückkosten[1]):	0,80 Mark	1 Mark	—
Preis je Ster Holz[2]):	0,889 Mark	0,889 Mark	—
Lohn je Arbeitstag in Mark:	0,909 Mark	0,909 Mark	—
Gesamterlös[3]):	133,33 Mark	106,67 Mark	240 Mark
Differentialgewinn[4]):	13,33 Mark	—	13,33 Mark
Verlust[5]):	—	13,33 Mark	13,33 Mark
Differentialgewinn je Produkteinheit[6]):	0,0888 Mark		
Verlust je Produkteinheit[7]):	—	0,111 Mark	
Geldvolumen:	—	—	240 Mark

Anmerkungen zu Tabelle 3: [1]) Die Stückkosten errechnen sich durch Division der Gesamtkosten (des betreffenden Betriebes) durch die Ausbringung (des betreffenden Betriebes). – [2]) Der Preis je Ster Holz (genauer: Preis für das Sägen eines Sters Holz) ergibt sich durch Division des Geldvolumens (240 Mark) durch die gesamte Ausbringung (270 Ster Holz). – [3]) Den Gesamterlös finden wir durch Multiplikation des Preises (je Ster Holz) mit der Ausbringung (des betreffenden Betriebes). – [4]) Der Differentialgewinn ist gleich der Differenz „Gesamterlös minus Gesamtkosten“ des betreffenden Betriebes. – [5]) Der Verlust ist gleich der Differenz „Gesamtkosten minus Gesamterlös“ des betreffenden Betriebes. – [6]) Der „Differentialgewinn je Produkteinheit“ ergibt sich durch Division des gesamten Differentialgewinns (13,33 Mark) durch die Ausbringung des betreffenden Betriebes. – [7]) Der Verlust je Produkteinheit ergibt sich durch Division des gesamten Verlustes durch die Ausbringung des betreffenden Betriebes.

[27]) Diese 13,33 Mark entsprechen 15 Ster Holz.

führung seiner Produktion seine fixen Kosten (20 Mark) übersteigt, oder, anders formuliert, wenn er nicht mehr auf seine variablen Kosten (in unserem Beispiel: auf seine Lohnkosten) kommt, wird die Produktion von ihm eingestellt und der Betrieb stillgelegt werden. Denn erst dann ist sein Verlust, der durch die Stillegung entsteht, kleiner als der bei einer Aufrechterhaltung der Produktion entstehende Verlust.

Tritt durch die Verwendung des produktionstechnischen Fortschritts in einem der beiden Betriebe unserer Volkswirtschaft an die Stelle des „statischen Zustands" der „dynamische Zustand", dann ergeben sich folgende Preis- und Produktionsverhältnisse in der Volkswirtschaft unseres Beispiels (siehe Tab. 3).

Der „gesamte Differentialgewinn" (in unserer Volkswirtschaft bei Betrieb I) beträgt 13,33 Mark, der „gesamte Verlust" (in unserer Volkswirtschaft bei Betrieb II) beläuft sich ebenfalls auf 13,33 Mark. Die gesamten Differentialgewinne, die sich durch produktionstechnische Fortschritte ergeben, sind also gleich den gesamten Verlusten der Grenzbetriebe (unter Grenzbetrieben verstehen wir hier alle Betriebe, die nicht mehr auf ihre ursprünglich für das Anlagekapital bezahlten Kosten — einschließlich Verzinsung des Anlagekapitals — kommen[28]).

IV

Den „gesamten Differentialgewinn" (G) finden wir, indem wir den „Differentialgewinn je Produkteinheit" (D) mit der „Ausbringung" (M_2), d. h. mit der Zahl der ausgebrachten Produkteinheiten, *bei deren Herstellung die neue Produktionstechnik verwendet wird*, multiplizieren. Der „gesamte Verlust" (U) errechnet sich durch Multiplikation der Größe „Verlust je Produkteinheit" (V) mit der „Zahl der noch mit der alten Produktionstechnik hergestellten Produkteinheiten" (M_1). $M_1 + M_2$ ist die *gesamte* Produktmenge. Da — wie wir gesehen haben — der „gesamte Differentialgewinn" gleich dem „gesamten Verlust" ist, so gilt:

$$(1) \qquad D \cdot M_2 = V \cdot M_1.$$

Daraus ergibt sich durch Umformung:

$$(2\,a) \qquad D = \frac{V \cdot M_1}{M_2}.$$

$$(2\,b) \qquad \frac{D}{V} = \frac{M_1}{M_2}.$$

Der „Differentialgewinn je Produkteinheit" (D) verhält sich also zum „Verlust je Produkteinheit" (V) wie die „Ausbringung mit alter Produktionsmethode" (M_1) zur „Ausbringung mit neuer Produktionsmethode" (M_2). Der „Differentialgewinn je Produkteinheit" (D) ist also um so höher, je kleiner

[28]) Wenn wir in Zukunft von Grenzbetrieben sprechen, dann verstehen wir darunter alle Betriebe, bei denen – vollkommene Konkurrenz vorausgesetzt – die Stückkosten den Marktpreis für die erzeugte Produkteinheit übersteigen.

die mit der neuen Produktionsmethode im Verhältnis zu der mit der alten Produktionsmethode ausgebrachte Produktmenge ist.

V

Wir haben den Sachverhalt der Gleichheit der Größen „gesamte Differentialgewinne“ und „gesamte Verluste“ in der Volkswirtschaft unter der Annahme des Vorhandenseins von nur zwei Betrieben (Unternehmungen) abgeleitet. Da nun vielfach die Neigung besteht, das Wesen der vollkommenen Konkurrenz in dem Vorhandensein einer „sehr großen Anzahl“ von Betrieben (genauer: Unternehmungen) in einem Wirtschaftszweig zu sehen, eine Auffassung, deren Richtigkeit im Rahmen unserer Untersuchungen nicht näher geprüft werden kann[29]), so erhebt sich die Frage, ob der abgeleitete Sachverhalt der Gleichheit von Differentialgewinnen und Verlusten auch unter der Voraussetzung des Vorhandenseins einer „sehr großen Anzahl“ von Betrieben (Unternehmungen) gilt. Diese Frage ist zu bejahen. Für den abgeleiteten Zusammenhang der Gleichheit von „Differentialgewinnen“ und „Verlusten“ in der Volkswirtschaft ist es gleichgültig, ob am Markt zehn oder hundert oder tausend oder eine Million Unternehmungen als Anbieter auftreten. Um die Unabhängigkeit dieses Sachverhalts von der Zahl der vorhandenen Betriebe (Unternehmungen) aufzuzeigen, wollen wir beispielsweise annehmen, daß sich in dem Wirtschaftszweig Sägeindustrie zehn Sägewerke befinden. Jedes dieser zehn Sägewerke bringt — wie wir das unter der Voraussetzung von nur zwei Betrieben gezeigt haben — 120 Ster Holz aus. Die Gesamtausbringung der zehn Sägewerke beträgt demgemäß 1200 Ster Holz. Die Kosten-, Preis- und Produktionsverhältnisse sind für jeden dieser zehn Betriebe die gleichen wie in der Volkswirtschaft unseres Beispiels mit nur zwei Betrieben. Im statischen Zustand beträgt der Preis je Ster Holz 1 Mark, die Stückkosten und die Grenzkosten belaufen sich in jedem Betrieb ebenfalls auf 1 Mark. Führt nun einer dieser zehn Betriebe den produktionstechnischen Fortschritt ein, so erhöht

[29]) Die Zahl der Anbieter (Produzenten) am Markt kann kein Wesensmerkmal für die vollkommene Konkurrenz sein. Befinden sich am Markt beispielsweise nur vier Anbieter (Produzenten) eines identischen Gutes, so wird es gewiß in aller Regel zu einer der mannigfaltigen Formen der oligopolistischen Preisbildung kommen, da die Anbieter kein Interesse daran haben werden, sich wie Produzenten unter vollkommener Konkurrenz zu verhalten. Es *kann* aber auch bei nur vier Anbietern am Markt vollkommene Konkurrenz herrschen, nämlich dann, wenn jeder der vier Anbieter bestrebt ist, zu dem jeweils am Markt gegebenen Preis möglichst viel abzusetzen, d. h. seine Grenzkosten gleich dem Preis zu machen und seine Stückkosten durch Erneuerung und Erweiterung seiner Anlage zu senken.

Wenn nur wenige Anbieter sich am Markt befinden, dann *muß* es zwar nicht zu einer Preisbildung der vollkommenen Konkurrenz kommen, es *kann* aber zu einer solchen Preisbildung kommen. Ist die Zahl der Anbieter (Produzenten) am Markt „sehr groß“, dann ist – selbstverständlich auch hier unter der Voraussetzung, daß die Anbieter den Wettbewerb unter sich nicht vertragsmäßig ausschließen – am Markt *notwendigerweise* die Preisbildung der vollkommenen Konkurrenz gegeben. Mit dem Vorhandensein einer „sehr großen“ Zahl von Anbietern ist also, wenn der Wettbewerb nicht vertragsmäßig oder durch staatliche Maßnahmen ausgeschlossen wird, – die Preisbildung der vollkommenen Konkurrenz zwangsläufig gegeben, bei nur „sehr wenigen“ Anbietern am Markt besteht eine solche Notwendigkeit nicht, wohl aber ist die *Möglichkeit* der Preisbildung der vollkommenen Konkurrenz gegeben.

sich seine Ausbringung von 120 Ster Holz auf 150 Ster Holz, also um 30 Ster Holz. Die gesamte Ausbringung in unserer Volkswirtschaft steigt dann von 1200 Ster Holz auf 1230 Ster Holz. Bleibt das Geld neutral (Konstantbleiben des Geldumlaufs), dann sinkt der Holzpreis von 1 Mark auf 0,9756 Mark. Der Betrieb, der den produktionstechnischen Fortschritt eingeführt hat und dessen Gesamtkosten 120 Mark betragen, erzielt bei einem Preis von 0,9756 Mark je Ster und einer Ausbringung von 150 Ster einen Gesamterlös von 146,34 Mark, so daß sich ein (gesamter) Differentialgewinn von 26,34 Mark ergibt. Die übrigen neun Sägewerke, die im statischen Zustand bei einem Holzpreis von 1 Mark je Ster auf ihre Kosten kamen (Gleichheit von Stückkosten, Grenzkosten und Preis), produzieren in unveränderter Weise und mit unveränderten Kosten weiter. Da der Preis je Ster Holz von 1 Mark auf 0,9756 Mark, also um 0,0244 Mark sinkt, so entsteht bei ihnen je Ster Holz ein Verlust von 0,0244 Mark. Da die neun Betriebe insgesamt $9 \cdot 120 = 1080$ Ster Holz ausbringen, so ergibt sich in der Volkswirtschaft ein gesamter Verlust von $1080 \cdot 0{,}0244 = 26{,}34$ Mark. Die gesamten Differentialgewinne (26,34 Mark) sind also gleich den gesamten Verlusten (26,34 Mark) in der Volkswirtschaft. Und dieser Sachverhalt der Gleichheit von Differentialgewinnen und Verlusten in der Volkswirtschaft trifft natürlich auch zu, wenn von den zehn Betrieben nicht nur einer, sondern mehrere den produktionstechnischen Fortschritt einführen.

VI

Befindet sich die Volkswirtschaft im statischen Zustand und geht sie aus diesem statischen Zustand durch die Verwendung eines produktionstechnischen Fortschritts in den dynamischen Zustand über, dann haben wir im Hinblick auf die verwendete Produktionstechnik nur Betriebe zweierlei Art in einem Wirtschaftszweig. Da in der Volkswirtschaft jedoch fortlaufend technische Fortschritte gemacht und eingeführt werden, so finden sich in der Wirklichkeit in einem Wirtschaftszweig in aller Regel Betriebe mit mannigfaltig verschiedener Produktionstechnik. Und daher erhebt sich die Frage, ob die Gleichheit von Differentialgewinnen und Verlusten in der Volkswirtschaft auch gegeben ist, wenn die in einem Wirtschaftszweig von den Betrieben verwendete Produktionstechnik mannigfaltig verschieden ist.

Nehmen wir an, in der Sägeindustrie sind drei Betriebe vorhanden. Im statischen Zustand der Volkswirtschaft entsprechen die Kosten-, Preis- und Produktionsverhältnisse jedes Betriebes denen, die wir unter der Voraussetzung des Vorhandenseins von nur zwei Betrieben angenommen haben. Die Produktion vollzieht sich dann in der Volkswirtschaft in folgender Weise:

Tabelle 4

	Betrieb I	Betrieb II	Betrieb III	Insgesamt
Kapitalkosten	20 Mark	20 Mark	20 Mark	60 Mark
Lohnkosten	100 Mark	100 Mark	100 Mark	300 Mark
Gesamtkosten	120 Mark	120 Mark	120 Mark	360 Mark
Ausbringung	120 Ster	120 Ster	120 Ster	360 Ster
Preis je Ster Holz	1 Mark	1 Mark	1 Mark	—
Stückkosten	1 Mark	1 Mark	1 Mark	—
Gesamterlös	120 Mark	120 Mark	120 Mark	360 Mark
Geldvolumen	—	—	—	360 Mark

Im Betrieb I wird nun ein produktionstechnischer Fortschritt (a) eingeführt, durch den bei gleichbleibenden Kapitalkosten die Produktmenge von 120 Ster auf 150 Ster erhöht werden kann. Nach einiger Zeit wird ein weiterer produktionstechnischer Fortschritt gemacht, der bei gleichbleibenden Kapitalkosten sogar eine Steigerung der Produktmenge von 120 Ster Holz auf 155 Ster Holz ermöglicht. Dieser produktionstechnische Fortschritt (b) wird im Betrieb II eingeführt. Der Betrieb III dagegen produziert noch mit der gleichen Produktionstechnik weiter, die er schon im statischen Zustand der Volkswirtschaft verwendet hat. Dann haben wir in unserem Wirtschaftszweig „Sägeindustrie" Betriebe mit dreierlei Art von Produktionstechnik. Die Kosten-, Preis- und Produktionsverhältnisse gestalten sich dann in unserer Volkswirtschaft in folgender Weise:

Tabelle 5

	Betrieb I (mit neuer Produktionstechnik a)	Betrieb II (mit neuer Produktionstechnik b)	Betrieb III (mit alter Produktionstechnik c)	Insgesamt
Kapitalkosten	20 Mark	20 Mark	20 Mark	60 Mark
Lohnkosten	100 Mark	100 Mark	100 Mark	300 Mark
Gesamtkosten	120 Mark	120 Mark	120 Mark	360 Mark
Ausbringung	150 Ster	155 Ster	120 Ster	425 Ster
Preis je Ster Holz[1])	0,847 Mark	0,847 Mark	0,847 Mark	—
Stückkosten[2])	0,80 Mark	0,774 Mark	1 Mark	—
Gesamterlös[3])	127,06 Mark	131,30 Mark	101,64 Mark	360 Mark
Differentialgewinn	7,06 Mark	11,30 Mark	—	18,36 Mark
Verlust	—	—	18,36 Mark	18,36 Mark
Geldvolumen	—	—	—	360 Mark

Anmerkungen zu Tabelle 5.: [1]) Den Preis finden wir durch Division des Geldvolumens (360 Mark) durch die gesamte Ausbringung in der Volkswirtschaft (425 Ster Holz). – [2]) Die Stückkosten errechnen sich durch Division der Gesamtkosten des betreffenden Betriebes durch die Ausbringung des betreffenden Betriebes. – [3]) Der Gesamterlös ergibt sich durch Multiplikation der Ausbringung des betreffenden Betriebes mit dem Produktpreis (Preis je Ster Holz).

Die gesamten Differentialgewinne in der Volkswirtschaft betragen dann — wie wir der obenstehenden Tabelle entnehmen können — 18,36 Mark, während sich die gesamten Verluste in der Volkswirtschaft auf 18,36 Mark belaufen. Die Gleichheit der gesamten Differentialgewinne mit den gesamten Verlusten ist in der Volkswirtschaft also auch dann gegeben, wenn die einzelnen Betriebe eines Wirtschaftszweiges mit mannigfaltig verschiedener Produktionstechnik produzieren.

2. Das Gesetz der Erhaltung der investierten Kapitalsumme in der Volkswirtschaft

Da die Summe der aus produktionstechnischen Fortschritten sich ergebenden Differentialgewinne in der Volkswirtschaft gleich der Summe der — aus den produktionstechnischen Fortschritten durch eine Preissenkung sich ergebenden — Verluste ist, so wird in der Volkswirtschaft die ursprünglich investierte Kapitalsumme (Geldbetrag des Realkapitals) voll amortisiert, wenn man zu den verdienten Amortisationsquoten in der Volkswirtschaft die Differentialgewinne hinzurechnet. Der Geldbetrag des investierten Kapitals bleibt also bei produktionstechnischen Fortschritten in voller Höhe erhalten, wenn man von den ursprünglich bezahlten Kapitalkosten nicht nur die entstandenen Verluste abzieht, sondern auch die entstandenen Differentialgewinne hinzuzählt. Amortisationsquoten (genauer verdiente Kapitalkosten) plus Differentialgewinne sind gleich der ursprünglich (d. h. vor der Verwendung des produktionstechnischen Fortschritts) investierten Kapitalsumme (ausgedrückt in Geldeinheiten) in der Volkswirtschaft. Unter Berücksichtigung der Differentialgewinne bleibt also die Geldkapitalsumme in der Volkswirtschaft bei produktionstechnischen Fortschritten voll erhalten, obgleich die Grenzbetriebe das in ihnen ursprünglich investierte Kapital nur noch zum Teil oder überhaupt nicht mehr amortisieren können. Ergibt sich durch produktionstechnische Fortschritte an einer Stelle der Volkswirtschaft ein Verlust, so entsteht an anderer Stelle ein entsprechend hoher Differentialgewinn. Den entstehenden Verlusten bei einigen Betrieben stehen bei anderen Betrieben Differentialgewinne in der Höhe der entstehenden Verluste gegenüber. Diesen Sachverhalt wollen wir als „Gesetz der Erhaltung der investierten Geldkapitalsumme in der Volkswirtschaft" bezeichnen[30]).

Ist die Nachfrageelastizität bei einem Gut gleich eins, dann sind die durch den produktionstechnischen Fortschritt bei einem oder einigen Betrieben *eines* Wirtschaftszweiges entstehenden Verluste gleich den in dem *gleichen* Wirtschaftszweig bei anderen Betrieben sich ergebenden Differentialgewinnen. Bei einer Nachfrageelastizität, die größer oder kleiner als eins ist, bleibt die ursprünglich investierte Kapitalsumme zwar nicht in dem betreffenden Wirtschaftszweig, wohl aber in der ganzen Volkswirtschaft erhalten. Denn für die Summe aller Güter in der Volkswirtschaft ist die Nachfrageelastizität gleich eins.

Wenn die Nachfrageelastizität kleiner als eins ist, dann ist die Gesamtgeldmenge, die der betreffenden Ware kaufend gegenübertritt, bei einem niedrigeren Preis kleiner als bei einem höheren Preis. In diesem Falle wendet sich also bei einem Sinken des Preises ein Teil der bisher für das betreffende Gut ausgegebenen Kaufkraft von diesem im Preis gesunkenen Gut ab und anderen Gütern zu. Bei einem produktionstechnischen Fortschritt, der zu einem Sinken des Preises führt, wird also bei einem Gut mit einer „Nachfrageelastizität kleiner als eins" der sich ergebende Differentialgewinn in dem betreffenden Wirtschaftszweig nicht so hoch, während der Verlust beim Grenzbetrieb des betreffenden Wirtschaftszweiges verstärkt wird. Da jedoch in diesem Fall bei dem betreffenden Gut Kaufkraft freigesetzt wird, die sich anderen Gütern zuwendet, so kommt es gleichzeitig zu einem Steigen anderer Güterpreise und damit zur Bildung von Differentialgewinnen in anderen Wirtschaftszweigen.

Ist die Nachfrageelastizität dagegen größer als eins, dann wird für das betreffende Gut bei einem niedrigeren Preis insgesamt mehr an Kaufkraft (d. h.

---

[30]) Die Frage des Geltungscharakters dieses Gesetzes werden wir in unseren späteren Darlegungen behandeln. Ebenso werden wir die Modifikationen dieses Gesetzes aufzeigen, die sich aus der Verzinsung des Kapitals ergeben.

ein größerer Geldbetrag) verausgabt als bei einem höheren Preis. In diesem Fall wendet sich also bei einem Sinken des Preises Kaufkraft von anderen Gütern ab und dem im Preis gesunkenen Gut zu. Die Folge ist, daß sich bei der Verwendung eines produktionstechnischen Fortschritts, der zu einem Sinken des Preises führt, der durch den produktionstechnischen Fortschritt sich ergebende Differentialgewinn in dem betreffenden Wirtschaftszweig erhöht, während der Verlust beim Grenzbetrieb des betreffenden Wirtschaftszweiges kleiner wird. Durch die „Abwendung“ von Kaufkraft bei anderen Gütern sinken die Preise dieser „anderen Güter“, so daß in anderen Wirtschaftszweigen Verluste entstehen, die der Erhöhung des Differentialgewinns in dem Wirtschaftszweig entsprechen, der den produktionstechnischen Fortschritt verwendet hat[31]).

Je größer der Elastizitätskoeffizient der Nachfrage ist, desto kleiner ist also für einen Betrieb die Gefahr, durch Verwendung produktionstechnischer Fortschritte in anderen Betrieben des gleichen Wirtschaftszweiges Verluste zu erleiden, desto langsamer vollzieht sich der Verdrängungsprozeß der Grenzbetriebe.

3. Produktionstechnischer Fortschritt, Differentialgewinnbildung und Lohnpreisbildung

I

Wir sind bei der Ableitung des Differentialgewinns davon ausgegangen, daß bei der Einführung des produktionstechnischen Fortschritts in der Volkswirtschaft die Zahl der aufgewendeten Arbeitsstunden unverändert bleibt (Konstantbleiben der Arbeitsausstattung der Volkswirtschaft). Diese Annahme entspricht unserem statischen Ausgangspunkt, da ja durch einen produktionstechnischen Fortschritt die Arbeitsausstattung der Volkswirtschaft weder vergrößert noch verkleinert wird. Wir haben ferner vorausgesetzt, daß der Betrieb II (Grenzbetrieb), der im „statischen Ausgangszustand“ „im optimalen Punkt“ (Punkt der Gleichheit von Grenzkosten und Stückkosten) produzierte, nach Einführung des produktionstechnischen Fortschritts in unveränderter Weise im optimalen Punkt weiter produziert. Er produziert weiterhin die gleiche Produktmenge, verwendet weiterhin die gleiche Zahl von Arbeitstagen, zahlt weiterhin den in der Volkswirtschaft in unveränderter Höhe gegebenen Geldlohn je Arbeitstag und rechnet auch weiterhin die gleichen Kapitalkosten, legt also für die Bewertung seines Anlagekapitals weiterhin die von ihm bei der Errichtung der Anlage bezahlten (ursprünglich aufgewendeten) Kosten zugrunde. Der produktionstechnische Fortschritt hat zur Folge, daß man mit der in der Volkswirtschaft zur Verfügung stehenden Arbeitskraft (Menge an Arbeitsstunden) ergiebiger als bisher produzieren kann, daß also die Produktion mit der gegebenen Menge von Arbeitsstunden vergrößert werden kann (oder — was dasselbe besagt — daß für die Erzeugung einer Produkteinheit weniger Arbeitskraft als bisher aufgewendet werden muß).

[31]) Siehe dazu unsere späteren Darlegungen über die Bildung von Differentialgewinnen auf Grund von Nachfrageverschiebungen

Der produktionstechnische Fortschritt führt also dort, wo er angewendet wird, zu einem Steigen der Grenzproduktivität der Arbeit. Nimmt die Grenzproduktivität der Arbeit zu, so erhöht sich der Reallohn (genauer: der Lohn, ausgedrückt in Einheiten des Produkts, bei dessen Herstellung die Arbeit ergiebiger geworden ist).

In der Volkswirtschaft unseres Beispiels sinkt der Preis je Ster Brennholz (Preis für das Sägen des Brennholzes) von 1 Mark auf 0,889 Mark je Ster. Da die Geldlohnkosten bei gleichem Arbeitsaufwand nach Einführung des produktionstechnischen Fortschritts unverändert bleiben, so ändert sich zwar der Geldlohn je Arbeitstag[32]) in unserem Wirtschaftszweig nicht, wohl aber erhöht sich der Reallohn wegen des Sinkens des Produktpreises (in unserem Beispiel des Holzpreises), ausgedrückt in Einheiten des erzeugten Produkts. In Einheiten des von ihnen erzeugten Produkts gerechnet werden also die Arbeiter in unserem Wirtschaftszweig, in dem der produktionstechnische Fortschritt verwendet wurde, höher entlohnt. Es führt die Verwendung des produktionstechnischen Fortschritts also dazu, daß sich die Differentialgewinne und die Verluste in der Volkswirtschaft „ausgleichen“ und der Reallohn (Lohn ausgedrückt in Einheiten des erstellten Produkts) steigt.

II

Soll es zu einem Sinken des Produktpreises und demgemäß zu einem Steigen des Reallohns kommen, dann muß das Gesamtangebot an Gütern durch die Verwendung des produktionstechnischen Fortschritts erhöht werden. Muß ein produktionstechnischer Fortschritt zu einer Erhöhung des Gesamtangebots an Gütern führen? Da die Ergiebigkeit der Arbeit durch den produktionstechnischen Fortschritt erhöht wird, so muß bei unveränderter Menge an Arbeitstagen eine Vergrößerung der Produktmenge eintreten. Bei einem produktionstechnischen Fortschritt ist ein Gleichbleiben des Gesamtangebots an Gütern nur möglich, wenn gleichzeitig in der Volkswirtschaft weniger Arbeitskraft (eine kleinere Anzahl an Arbeitstagen) als bisher zur Verwendung gelangt, wenn also der produktionstechnische Fortschritt ein Auftreten von Arbeitslosigkeit zur Folge hat. Dieser Fall ist denkbar, er ist in der Wirklichkeit jedoch höchst selten anzutreffen. Nehmen wir an, es führt ein Betrieb den produktionstechnischen Fortschritt ein, ohne daß er seine Ausbringung erhöhen muß. Dann besagt das zugleich, daß er nun mit weniger Arbeitstagen als bisher weiter die gleiche Produktmenge produziert. Er produziert nun also billiger, d. h. mit niedrigeren Stückkosten. Das Gesamtangebot des betreffenden Produkts sinkt dann zwar nicht, es kommt aber trotzdem zu einem Sinken des Produktpreises, da sich durch die Freisetzung von Arbeitstagen ein Nachfrageausfall in Höhe des Lohnausfalls ergibt. Die noch mit der „alten Produktionstechnik“ produzierenden Betriebe kommen also auch in diesem Fall nicht auf ihre Produktionskosten, d. h. es entstehen bei ihnen Verluste. Machen wir die Annahme, daß das neue Kapitalgut, das den technischen Fortschritt „repräsentiert“, mit den gleichen Kosten hergestellt werden kann wie das bisher verwendete „alte

[32]) Wir setzen bei unseren Darlegungen über die Lohnbildung selbstverständlich voraus, daß es sich um Arbeit ein- und derselben Art handelt.

Kapitalgut"[33]), so ändert sich die Höhe der Kapitalkosten für den Betrieb, der das „neue Kapitalgut" verwendet, nicht. Seine Kostenersparnis ist also gleich dem Lohneinkommen, das die von ihm „freigesetzten Arbeiter" bisher verdient hatten. Denn da in diesem Fall die Kapitalkosten des Betriebes unverändert bleiben, so ist bei dem Betrieb, der den produktionstechnischen Fortschritt verwendet, die Verminderung der Gesamtkosten bei gleichbleibender Ausbringung gleich dem Lohnausfall der „freigesetzten Arbeiter". Der Nachfragerückgang wird ebenfalls gleich dem Lohnausfall. Da der Betrieb, der den produktionstechnischen Fortschritt eingeführt hat, jedoch nur einen — mehr oder minder kleinen — Prozentsatz am Gesamtangebot des betreffenden Gutes hat, so ist der prozentuale Rückgang der Gesamtnachfrage und demgemäß das Sinken des Produktpreises geringer als das prozentuale Sinken der Kosten (bei dem mit der neuen Produktionstechnik arbeitenden Betrieb). Er erzielt also trotz des Sinkens des Produktpreises einen Differentialgewinn, der gleich dem an „andrer Stelle" der Volkswirtschaft entstehenden Verlust ist.

In dem dargelegten Fall der Verwendung eines produktionstechnischen Fortschritts ohne Erhöhung der Ausbringung ergibt sich also zunächst Arbeitslosigkeit. Diese Arbeitslosigkeit führt aber — wenn die Löhne nicht durch Tarife trotz der entstehenden Arbeitslosigkeit auf ihrem bisherigen Stand gehalten werden — zu einem Sinken des Geldlohnes. Das Sinken des Lohnes macht es rentabel, mehr Arbeitskraft zu verwenden, d. h. es kommt über ein Sinken des Geldlohns zu einer Ausdehnung der Produktion und damit auch zu einer Erhöhung des Gesamtangebots an Gütern in der Volkswirtschaft. Die Folge ist ein Sinken der Produktpreise und demgemäß ein Steigen des Reallohns. Der Sachverhalt, daß bei der Verwendung eines produktionstechnischen Fortschritts zunächst die Produktmenge gleichbleibt, ist also nur als mehr oder minder kurzer „Zwischenzustand" denkbar, wenn die durch einen *solchen* produktionstechnischen Fortschritt ausgelösten Vorgänge nicht durch ein starres Festhalten an tariflichen Geldlöhnen in ihrem Wirken aufgehalten werden. Aber auch während dieses „Zwischenzustandes" ist der gesamte Differentialgewinn gleich den gesamten Verlusten in der Volkswirtschaft.

4. Das durchschnittliche Grenzprodukt der Arbeit als Bestimmungsfaktor der Lohnhöhe im dynamischen Zustand der Volkswirtschaft

I

Wir sahen, daß die Einführung des produktionstechnischen Fortschritts zu einem Steigen des Reallohns führt. In der Volkswirtschaft unseres Beispiels, in der nur ein Wirtschaftszweig vorhanden ist, der das Sägen des Holzes vornimmt und der nur aus zwei Betrieben besteht, von denen einer den produktionstechnischen Fortschritt einführt, steigt der Reallohn in folgender Weise:

Nach Einführung des technischen Fortschritts in einem der beiden Betriebe unseres Wirtschaftszweiges werden an die Arbeiter unserer Volkswirtschaft weiterhin 200 Mark an Lohn ausbezahlt (Lohnkosten der beiden Betriebe un-

---

[33]) Siehe dazu die Anmerkung [25]) auf S. 26.

serer Volkswirtschaft in Mark ausgedrückt). Da die Menge der Arbeitseinheiten gleichbleibt (Konstantbleiben der volkswirtschaftlichen Arbeitsausstattung) und der Nominallohn je Arbeitseinheit in unserer Volkswirtschaft ebenfalls gleichbleibt, so ergibt sich durch das Sinken des Holzpreises (genauer: Preises für das Sägen des Holzes) sowohl ein Steigen des Reallohns je Arbeitseinheit als auch der Reallohnsumme. Der Preis je Ster Holz (Preis für das Sägen des Holzes) sinkt durch die bei einem der beiden Betriebe vorgenommene Einführung des technischen Fortschritts von 1 Mark je Ster auf 0,889 Mark je Ster, also — an der mittleren Größe gemessen — um 11,75%. Vor der Einführung des technischen Fortschritts konnten für die insgesamt an die Arbeiter als Lohn ausbezahlten 200 Mark 200 Ster Holz gekauft werden, während nach Einführung des technischen Fortschritts in einem der beiden Betriebe für die 200 Mark Lohn 225 Ster Holz zu erhalten sind. Die Lohnsumme steigt also bei der gleichbleibenden Menge von Arbeitseinheiten als Reallohnsumme von 200 Ster Holz auf 225 Ster Holz, also um 25 Ster Holz oder prozentual ausgedrückt, um 11,75% (an der mittleren Größe 212,5 gemessen). Da bei dem Steigen der Reallohnsumme die Menge der Arbeitseinheiten unverändert bleibt, so steigt der Lohn je Arbeitseinheit als Reallohn um den gleichen Prozentsatz, um den sich die Lohnsumme als Reallohnsumme erhöht. Der Reallohn je Arbeitseinheit steigt also ebenfalls um 11,75% (er erhöht sich von 0,909 Ster auf 1,0227 Ster).

II

Da die Nachfrageelastizität gleich eins ist (Konstantbleiben der den Gütern kaufend gegenübertretenden Geldsumme), so ist die prozentuale Preissenkung, die durch den technischen Fortschritt eintritt, gleich der prozentualen Mengensteigerung der *gesamten* Gütermenge (in der Volkswirtschaft unseres Beispiels also gleich dem prozentualen Steigen der von beiden Betrieben erstellten Holzmenge). Bleibt der Nominallohn je Arbeitseinheit (Arbeitsstunde oder Arbeitsstag) gleich, dann muß das prozentuale Steigen des Reallohns gleich der prozentualen Preissenkung oder gleich der prozentualen Mengensteigerung (gemessen an der gesamten Menge des Produkts, dessen Preis durch den produktionstechnischen Fortschritt sinkt) sein. Das prozentuale Steigen der Gesamtmenge ist also bei gleichbleibender Arbeitsausstattung der Volkswirtschaft der Ausdruck für das prozentuale Steigen des Reallohns und demgemäß auch für das Steigen der Produktivität der Arbeit in der Volkswirtschaft, das sich durch die Verwendung des produktionstechnischen Fortschritts ergibt.

Betrachten wir nur die Produktmenge, die unter Verwendung der neuen Produktionsmethode hergestellt wird, so ist hier die prozentuale Kostenersparnis gleich der prozentualen Mengensteigerung. In der Volkswirtschaft unseres Beispiels wird im Betrieb I vor Einführung des produktionstechnischen Fortschritts eine Menge von 120 Produkteinheiten, nach Einführung des produktionstechnischen Fortschritts dagegen eine Menge von 150 Produkteinheiten hergestellt. Vor Einführung des technischen Fortschritts war der Lohn in unserer statischen Volkswirtschaft durch das Grenzprodukt der Arbeit bestimmt, das mit der Anwendung der „alten Produktionsmethode“ erzielt werden konnte. Nach Einführung des produktionstechnischen Fortschritts steigt die Produktivität der Arbeit in dem Betrieb unseres Wirtschaftszweiges, der mit der neuen Produktionstechnik produziert. Der (Real-) Lohn je Arbeitseinheit (Arbeitsstunde oder Arbeitstag) in der Volkswirtschaft richtet sich jedoch nicht nach dem Grenzprodukt der Arbeit, das unter Verwendung der neuen Produktionstechnik erzielt werden kann, da ja ein Teil der Arbeiter während des „dynamischen Zustandes“ noch mit der alten Produktionstechnik arbeitet, dieser Teil der Arbeiter also nur *das* Grenzprodukt der Arbeit erarbeitet, das mit der alten Produktionstechnik erarbeitet werden kann. Erst wenn der neue „statische Zustand“ erreicht ist, d. h. erst wenn alle Betriebe des Wirtschaftszweiges mit der neuen Produktionstechnik arbeiten und der Preis überall gleich den (neuen) Stückkosten und gleich den (neuen) Grenzkosten wird und nirgends mehr ein Differentialgewinn erzielt wird, wird der (Real-) Lohn gleich *dem* Grenzprodukt der Arbeit, das unter Verwendung der neuen Produktionstechnik erarbeitet werden kann. Der (Real-) Lohn richtet sich aber während des „dynamischen Zustandes“ auch nicht — wie die überkommene Lehre annimmt — nach dem „Grenzbetrieb“, d. h. nicht nach demjenigen Grenzprodukt der Arbeit, das bei Verwendung der alten Produktionstechnik erarbeitet wird, sondern der (Real-) Lohn je Arbeitseinheit ist bestimmt durch die *durchschnittliche* Grenzproduktivität der Arbeit.

III

Wir wollen uns an der Volkswirtschaft unseres Beispiels verdeutlichen, wie der (Real-) Lohn durch die durchschnittliche Grenzproduktivität der Arbeit bestimmt wird:

Tabelle 6

	Betrieb I (mit neuer Produktionstechnik)	Betriebe II (mit alter Produktionstechnik)	Insgesamt
Kapitalkosten	20 Mark	20 Mark	40 Mark
Lohnkosten	100 Mark	100 Mark	200 Mark
Gesamtkosten	120 Mark	120 Mark	240 Mark
Ausbringung	150 Ster Holz	120 Ster Holz	270 Ster
Preis je Ster	0,889 Mark	0,889 Mark	—
Aufgewendete Arbeitstage	110	110	220
Geldvolumen	—	—	240 Mark

Vor Einführung des produktionstechnischen Fortschritts, als sich unsere Volkswirtschaft im „statischen Zustand“ befand, waren die Produktions- und Kostenverhältnisse beim Betrieb I die gleichen wie beim Betrieb II. Da im „statischen Zustand“ in jedem der beiden Betriebe 120 Ster Holz gesägt wurden, so betrug die gesamte Ausbringung 240 Ster Holz. Die gesamten Lohnkosten für die insgesamt aufgewendeten 220 Arbeitstage beliefen sich auf 200 Mark, der Preis eines Sters Holz betrug 1 Mark. Im „statischen Zustand“ vor Einführung des technischen Fortschritts in Betrieb I ergab sich also folgende Lohnbildung:

220 Arbeitstage = 200 Mark Lohn = 200 Ster Holz

1 Arbeitstag = 0,909 Mark Lohn = 0,909 Ster Holz.

Nach der Einführung des produktionstechnischen Fortschritts beim Betrieb I geht die Wirtschaft in den „dynamischen Zustand" über, der Preis je Ster Holz sinkt von 1 Mark auf 0,889 Mark. Da die Menge an aufgewendeten Arbeitstagen und der Nominallohn je Arbeitstag gleich bleiben, so werden weiterhin insgesamt 200 Mark für die 220 Arbeitstage an Lohn bezahlt. Da der Preis je Ster Holz jetzt jedoch nur 0,889 Mark beträgt, so können für die 200 Mark Lohn jetzt 225 Ster Holz gekauft werden. Im „dynamischen Zustand" nach Einführung des technischen Fortschritts im Betrieb I ergibt sich demgemäß folgende Lohnbildung:

220 Arbeitseinheiten = 200 Mark = 225 Ster Holz

1 Arbeitseinheit = 0,909 Mark = 1,0227 Ster Holz.

Gegenüber dem statischen Ausgangszustand steigt der (Real-) Lohn je Arbeitstag von 0,909 Ster Holz auf 1,0227 Ster Holz, also um 11,75% (gemessen an der mittleren Größe 0,96585).

Im Betrieb II hat sich die Grenzproduktivität der Arbeit gegenüber dem statischen Zustand nicht verändert. Das Grenzprodukt des Arbeitstages ist hier noch genau so hoch, wie es im statischen Zustand der Volkswirtschaft (d. h. vor Einführung des produktionstechnischen Fortschritts auch im Betrieb I) war. Das Grenzprodukt des Arbeitstages beträgt also im Betrieb II immer noch 0,909 Ster Holz, während der Lohn je Arbeitstag in der Volkswirtschaft einheitlich auf 1,0227 Ster Holz gestiegen ist. Der (Real-) Lohn je Arbeitstag liegt also im „dynamischen Zustand" über dem im Betrieb II erzielten Grenzprodukt des Arbeitstages.

Wie verändert sich das Grenzprodukt des Arbeitstages dort, wo der produktionstechnische Fortschritt Verwendung findet? Bei gleichbleibender Arbeitsausstattung der Volkswirtschaft (nämlich 220 Arbeitstage) steigt die Reallohnsumme von 200 Ster Holz auf 225 Ster Holz. Im Betrieb II, der mit 110 Arbeitstagen unter Verwendung der alten Produktionstechnik weiterproduziert, bleibt die Produktivität der Arbeit unverändert. Die Steigerung der (Real-) Lohnsumme um 25 Ster Holz ist also auf die Steigerung der Produktivität der Arbeit durch die Einführung des technischen Fortschritts beim Betrieb I zurückzuführen. Im Betrieb I, der mit der neuen Produktionstechnik produziert, steigt die Produktivität der Arbeit demgemäß in folgender Weise:

110 Arbeitseinheiten = 100 Mark Lohn = 125 Ster Holz

1 Arbeitseinheit = 0,909 Mark Lohn = 1,136 Ster Holz.

Wir können die Steigerung des Grenzprodukts der Arbeit dort, wo der produktionstechnische Fortschritt eingeführt wird, in exakter Weise auch bestimmen, wenn wir annehmen, daß (alle) beide Betriebe unseres Wirtschaftszweiges (der Sägeindustrie) den produktionstechnischen Fortschritt verwenden. Dann würde sich ein neuer statischer Zustand ergeben, in dem folgende Kosten-, Preis- und Produktionsverhältnisse bestehen:

Tabelle 7

	Betrieb I (mit neuer Produktionstechnik)	Betrieb II (mit neuer Produktionstechnik)	Insgesamt
Kapitalkosten	20 Mark	20 Mark	40 Mark
Lohnkosten	100 Mark	100 Mark	200 Mark
Gesamtkosten	120 Mark	120 Mark	240 Mark
Ausbringung	150 Ster	150 Ster	300 Ster
Stückkosten	0,80 Mark	0,80 Mark	—
Preis je Ster	0,80 Mark	0,80 Mark	—
Aufgewendete Arbeitstage	110	110	220
Lohn je Arbeitstag in Mark	0,909 Mark	0,909 Mark	—
Lohn je Arbeitstag in Ster Holz	1,136 Ster	1,136 Ster	—
Variable Stückkosten (Durchschnittliche Lohnkosten je Ster)	0,666 Mark	0,666 Mark	—
Grenzkosten	0,80 Mark	0,80 Mark	—
Gesamterlös	120 Mark	120 Mark	240 Mark
Geldvolumen	—	—	240 Mark

Hätte auch der Betrieb II den produktionstechnischen Fortschritt eingeführt, so daß der dann sich bildende neue Preis (0,80 Mark) je Ster gleich den neuen Stückkosten (0,80 Mark) je Ster und gleich den Grenzkosten des Sters Holz (0,80 Mark) wäre, dann würde der (Real-) Lohn je Arbeitstag auf 1,136 Ster steigen. Es wären demgemäß nirgends mehr Differentialgewinne vorhanden und ein neuer „statischer Zustand" wäre erreicht. Da der Lohnpreis unter statischen Voraussetzungen gleich dem Grenzprodukt der Arbeit ist, so müßte also das Grenzprodukt des Arbeitstages durch die Verwendung des produktionstechnischen Fortschritts von 0,909 Ster Holz auf 1,136 Ster Holz in der gesamten Volkswirtschaft steigen.

Durch die Einführung des produktionstechnischen Fortschritts im Betrieb I steigt der (Real-) Lohn je Arbeitstag in unserer Volkswirtschaft für alle Arbeiter (Prinzip des einheitlichen Lohnpreises) von 0,909 Ster Holz auf 1,0227 Ster Holz, also um 11,75% (gemessen an der mittleren Größe: 0,96585 Ster). Das Grenzprodukt des Arbeitstages steigt im Betrieb I, der den produktionstechnischen Fortschritt eingeführt hat, von 0,909 Ster Holz auf 1,136 Ster Holz, also um 23,5% (gemessen an der gleichen Größe: 0,96585 Ster). Das Grenzprodukt des Arbeitstages liegt also im Betrieb I, der mit der neuen Produktionstechnik produziert, über dem (Real-) Lohn je Arbeitstag, der sich in der Volkswirtschaft während des „dynamischen Zustandes" bildet.

Um die gewonnenen Ergebnisse besser überblicken zu können, fassen wir sie in einer Tabelle zusammen:

Tabelle 8

	Betrieb I (mit neuer Produktionstechnik)	Betrieb II (mit alter Produktionstechnik)	Insgesamt
Kapitalkosten	20 Mark	20 Mark	40 Mark
Lohnkosten	100 Mark	100 Mark	200 Mark
Gesamtkosten	120 Mark	120 Mark	240 Mark
Aufgewendete Arbeitstage	110	110	220
Ausbringung	150 Ster	120 Ster	270 Ster
Preis je Ster	0,889 Mark	0,889 Mark	—
Lohn je Arbeitstag in Mark	0,909 Mark	0,909 Mark	—
Lohn je Arbeitstag in Ster Holz	1,0227 Ster	1,0227 Ster	—
Grenzprodukt des Arbeitstages in Ster Holz	1,136 Ster	0,909 Ster	—

IV

Das Grenzprodukt des Arbeitstages beläuft sich in dem noch mit der alten Produktionstechnik arbeitenden Betrieb II, in dem 110 Arbeitstage aufgewendet werden, auf 0,909 Ster Holz, während es in dem mit der neuen Produktionstechnik arbeitenden Betrieb I, in dem ebenfalls 110 Arbeitstage aufgewendet werden, 1,136 Ster Holz erreicht. Der sich bildende (Real-) Lohn je Arbeitstag in Höhe von 1,0227 Ster Holz entspricht somit dem mit der Gesamtmenge an Arbeitstagen erreichten *durchschnittlichen Grenzprodukt des Arbeitstages*, das wir in folgender Weise berechnen können:

In der Volkswirtschaft unseres Beispiels werden 110 Arbeitstage bei einer „alten" Produktionstechnik (Produktionstechnik 1) verwendet, mit der ein Grenzprodukt des Arbeitstages von 0,909 Ster Holz erarbeitet wird. Durch Multiplikation der „Menge der bei der Produktionstechnik 1 verwendeten Arbeitstage" (A_1) mit dem „bei der Produktionstechnik 1 erarbeiteten Grenzprodukt des Arbeitstages" (G_{p1}) finden wir die Lohnsumme, die dieser Produktionstechnik 1 entsprechen würde: $A_1 \cdot G_{p1} = 100$ Ster. Die weiteren 110 Arbeitstage unseres Wirtschaftszweiges werden bei einer „neuen Produktionstechnik (Produktionstechnik 2)" verwendet, mit der ein Grenzprodukt des Arbeitstages von 1,136 Ster Holz erarbeitet wird. Durch Multiplikation der „Menge der bei der Produktionstechnik 2 verwendeten Arbeitstage" (A_2) mit dem „bei der Produktionstechnik 2 erzielten Grenzprodukt des Arbeitstages" (G_{p2}) finden wir die Lohnsumme, die dieser Produktionstechnik 2 entsprechen würde: $A_2 \cdot G_{p2} = 125$ Ster. Das durchschnittliche Grenzprodukt des Arbeitstages, das für den Lohn bestimmend ist (wenn ein Gut in einer Volkswirtschaft nicht mit ein und derselben Produktionstechnik, sondern mit von Betrieb zu Betrieb verschiedener Produktionstechnik produziert wird), finden wir, indem wir die Lohnsummen addieren und die aus ihnen gewonnene Summe durch die Gesamtzahl der aufgewendeten Arbeitstage dividieren. Es gilt also für den (Real-) Lohn je Arbeitstag (R_L):

$$R_L = \frac{A_1 \cdot G_{p1} + A_2 \cdot G_{p2}}{A_1 + A_2}$$

Für die Volkswirtschaft unseres Beispiels ergibt sich demgemäß:

$$R_L = \frac{110 \cdot 0{,}909 + 110 \cdot 1{,}136}{110 + 110}$$

$$R_L = \frac{100 + 125}{220} = \frac{225}{220}$$

$$R_L = 1{,}0227 \text{ Ster.}$$

Da in der Wirklichkeit in aller Regel in einem Wirtschaftszweig nicht nur mit zweierlei Art von Produktionstechnik, sondern mit sehr mannigfaltiger Produktionstechnik produziert wird, so gilt für die Bildung des (Real-) Lohns je Arbeitstag (bei Arbeit gleicher Art) bei n Produktionsmethoden:

$$R_L = \frac{A_1 \cdot G_{p1} + A_2 \cdot G_{p2} + A_3 \cdot G_{p3} + \ldots\ldots + A_n \cdot G_{pn}}{A_1 + A_2 + A_3 + \ldots\ldots + A_n}.$$

V

In der Volkswirtschaft unseres Beispiels steigt das Grenzprodukt der Arbeit bei Verwendung der neuen Produktionstechnik um 23,5%. Da jedoch nur die Hälfte der Arbeitstage (nämlich 110 Arbeitstage) bei der neuen Produktionstechnik Verwendung findet, während die andere Hälfte der Arbeitstage bei einer Produktionstechnik Verwendung findet, bei der das Grenzprodukt des Arbeitstages um 23,5% unter dem mit der neuen Produktionstechnik zu erzielenden Grenzprodukt des Arbeitstages liegt, so steigt das Grenzprodukt der Arbeit während des „dynamischen Zustandes" in unserer Volkswirtschaft durchschnittlich nur um die Hälfte des Satzes von 23,5%, nämlich um 11,75%. Demgemäß steigt auch der Lohn als Reallohn in ihr nur um 11,75%, nämlich von 0,909 Ster Holz auf 1,0227 Ster Holz. Die prozentuale Steigerung des Reallohns je Arbeitstag (um 11,75%) entspricht der prozentualen Preissenkung (um 11,75%; der Preis je Ster Holz sinkt — wie wir sahen — von 1 Mark je Ster auf 0,889 Mark je Ster).

VI

Unter statischen Voraussetzungen wird das Grenzprodukt der Arbeit gleicher Art überall gleich, in allen Verwendungen erzielt der Arbeitstag (bei Arbeit gleicher Art) ein Grenzprodukt, für das am Markt der gleiche Preis vom Unternehmer erlöst wird. Und ebenso ist unter statischen Voraussetzungen überall das Grenzprodukt des Arbeitstages gleich dem Lohnpreis je Arbeitstag.

Daß unter statischen Voraussetzungen der Lohnpreis je Arbeitstag gleich dem Grenzprodukt des Arbeitstages wird, können wir auch auf einfache Weise aus unserer für den „dynamischen Zustand" der Volkswirtschaft geltenden Lohnformel ableiten. Wir fanden für den (Real-) Lohn (R_L) je Arbeitstag:

$$(1)\quad R_L = \frac{A_1 \cdot G_{p1} + A_2 \cdot G_{p2} + A_3 \cdot G_{p3} + \ldots\ldots + A_n \cdot G_{pn}}{A_1 + A_2 + A_3 + \ldots\ldots + A_n}.$$

Unter statischen Voraussetzungen wird das Grenzprodukt des Arbeitstages (bei Arbeit gleicher Art) überall gleich. Bezeichnen wir das Grenzprodukt des Arbeitstages, das unter statischen Voraussetzungen überall die gleiche Höhe hat, mit G_p, so gilt demgemäß:

$$G_{p1} = G_p$$

$$G_{p2} = G_p$$

$$G_{p3} = G_p$$

$$\cdot = \cdot$$

$$\cdot = \cdot$$

$$\cdot = \cdot$$

$$\cdot = \cdot$$

$$G_{pn} = G_p$$

Demgemäß lautet die Gleichung (1) unter statischen Voraussetzungen:

$$R_L = \frac{A_1 \cdot G_p + A_2 \cdot G_p + A_3 \cdot G_p + \ldots\ldots + A_n \cdot G_p}{A_1 + A_2 + A_3 + \ldots\ldots + A_n}\,.$$

Daraus folgt:

$$(2)\quad R_L = \frac{(A_1 + A_2 + A_3 + \ldots\ldots + A_n) \cdot G_p}{A_1 + A_2 + A_3 + \ldots\ldots + A_n}$$

$$(3)\quad R_L = G_p$$

Der (Real-) Lohn je Arbeitstag ist also unter statischen Voraussetzungen gleich dem Grenzprodukt des Arbeitstages. Unter statischen Voraussetzungen gibt es kein *durchschnittliches* Grenzprodukt des Arbeitstages (bei Arbeit gleicher Art), da das Grenzprodukt des Arbeitstages (bei Arbeit gleicher Art) überall (in allen Betrieben) gleich hoch ist. Das durchschnittliche Grenzprodukt des Arbeitstages (bei Arbeit gleicher Art) wird unter statischen Voraussetzungen — wenn man so sagen darf — mit dem überall gleich hohen Grenzprodukt des Arbeitstages (bei Arbeit gleicher Art) identisch.

Da unter statischen Voraussetzungen jeder Produktionsfaktor so verwendet wird, daß in jedem Betrieb bei jedem Produktionsfaktor das Grenzprodukt des betreffenden Produktionsfaktors gleich seinem Preis wird, so kann es unter statischen Voraussetzungen nirgends (d. h. in keinem Betrieb) einen Differentialgewinn oder einen Verlust geben. Arbeiten die Betriebe eines Wirtschaftszweiges jedoch mit verschiedener technischer Ausrüstung, dann erreicht das Grenzprodukt des Arbeitstages in jedem Betrieb beim Punkt der optimalen Ausnutzung des Betriebes eine andere Höhe, es nimmt also bei optimaler Ausnutzung der Betriebe in jedem Betrieb eine andere Größe an. Und in diesem Fall bestimmt sich der Lohnpreis nach dem *durchschnittlichen* Grenzprodukt des Arbeitstages (im oben dargelegten Sinne). Bei dem einheitlichen Lohnpreis je Arbeitstag können also diejenigen Betriebe einen Differentialgewinn erzielen, bei denen das Grenzprodukt des Arbeitstages über dem durchschnittlichen Grenzprodukt des Arbeitstages liegt, diejenigen Betriebe dagegen, bei denen es unter dem durchschnittlichen Grenzprodukt des Arbeitstages liegt, erleiden einen Verlust.

Wird die Wettbewerbspreisbildung und die Lohnpreisbildung nicht durch geldpolitische Maßnahmen, die die Neutralität des Geldes aufheben, oder durch andere wirtschaftspolitische oder machtmäßige Einflüsse verfälscht bzw. einer „Korrektur" unterzogen, dann ist der Lohnpreis nicht, wie die überkommene Lehre annimmt, in der „Dynamik" durch das Grenzprodukt der Arbeit im Grenzbetrieb bestimmt. Es ist in der Dynamik das durchschnittliche Grenzprodukt der Arbeit für die Lohnhöhe (Höhe des Lohnpreises) bestimmend.

VII

Da in der Volkswirtschaft unseres Beispiels nur ein einziges Gut (Sägen des Holzes) erstellt wird, so drückt jede Veränderung des Preises dieses Gutes auch die Veränderung des Geldwertes (d. h. der Kaufkraft des Geldes) aus. Der Preis dieses Gutes stelle also das „Preisniveau" unserer Volkswirtschaft dar. Das prozentuale Sinken des Preises dieses Gutes ist daher gleich dem prozentualen Steigen der Kaufkraft des Geldes in der Volkswirtschaft unseres Beispiels. Bei gleichbleibendem Nominallohn muß daher das prozentuale Steigen des Reallohns gleich dem prozentualen Sinken des Preises oder gleich dem prozentualen Steigen der Kaufkraft des Geldes sein.

Werden — wie es der Wirklichkeit entspricht — in einer Volkswirtschaft viele Güter produziert und ist die Nachfrageelastizität desjenigen Gutes, bei dessen Herstellung ein produktionstechnischer Fortschritt eingeführt wird, gleich eins, dann sinkt nur der Preis der unter Verwendung des produktionstechnischen Fortschritts produzierten Ware, während alle anderen Warenpreise unverändert bleiben. Bezeichnen wir das Gut, bei dessen Herstellung ein produktionstechnischer Fortschritt Verwendung findet, als Ware A, dann steigt bei gleichbleibenden Nominallöhnen in der Volkswirtschaft der Reallohn aller Arbeiter, wenn wir ihn in Einheiten der Ware A ausdrücken, um den gleichen Prozentsatz, um den der Preis der Ware A durch die Einführung des produktionstechnischen Fortschritts sinkt. Um welchen Prozentsatz in diesem Fall der Reallohn aller Arbeiter gemessen am allgemeinen Preisniveau, also an den Preisen aller Waren, steigt, das hängt davon ab, welche Bedeutung der Preis der Ware A für das „allgemeine Preisniveau" hat.

Der Tatbestand, daß in einer Volkswirtschaft nicht nur ein einziges Produkt erzeugt wird, sondern daß in ihr zahlreiche Güter produziert werden, ändert also an unserem Ergebnis grundsätzlich nichts. Er bedeutet, daß wir das Steigen des Reallohns nicht an der Preissenkung des Holzes allein messen können, sondern daß wir den Stand der Preise aller Güter berücksichtigen müssen. Da der produktionstechnische Fortschritt zur Folge hat, daß mindestens *ein* Preis der zahlreichen Güterpreise sinkt, so bewirkt er in jedem Fall ein Sinken des allgemeinen Preisniveaus und damit auch ein Steigen des Reallohns.

VIII

Berücksichtigen wir die über die Lohnpreis- und Reallohnbildung gewonnenen Ergebnisse, dann ergeben sich in der Volkswirtschaft unseres Beispiels folgende Preis-, Kosten- und Produktionsverhältnisse:

Tabelle 9

	Betrieb I (mit neuer Produktionstechnik)	Betrieb II (mit alter Produktionstechnik)	Insgesamt
Kapitalkosten	20 Mark	20 Mark	40 Mark
Lohnkosten	100 Mark	100 Mark	200 Mark
Gesamtkosten	120 Mark	120 Mark	240 Mark
Ausbringung	150 Ster	120 Ster	270 Ster
AufgewendeteArbeitstage	110	110	220
Stückkosten[1])	0,80 Mark	1 Mark	—
Preis je Ster Holz[2])	0,889 Mark	0,889 Mark	—
Lohn je Arbeitstag in Mark[3])	0,909 Mark	0,909 Mark	—
Lohn je Arbeitstag in Ster Holz[4])	1,022 Ster	1,022 Ster	—
Grenzprodukt des Arbeitstages in Ster Holz[5])	1,136 Ster	0,909 Ster	—
Grenzprodukt des Arbeitstages in Mark[6])	1,009 Mark	0,808 Mark	—
Grenzkosten[7])	0,80 Mark	1 Mark	—
Gesamterlös	133,33 Mark	106,67 Mark	240 Mark
Differentialgewinn	13,33 Mark	—	13,33 Mark
Verlust	—	13,33 Mark	13,33 Mark
Geldvolumen	—	—	240 Mark

Anmerkungen zu Tabelle 9: [1]) Die Stückkosten errechnen sich durch Division der Gesamtkosten des betreffenden Betriebes durch die Ausbringung des betreffenden Betriebes. – [2]) Der Preis je Ster Holz ergibt sich durch Division des Geldvolumens (240 Mark) durch die gesamte Ausbringung in der Volkswirtschaft (270 Ster Holz). – [3]) Der Lohn je Arbeitstag errechnet sich durch Division der Lohnkosten durch die Zahl der Arbeitstage. – [4]) Der Lohn je Arbeitstag in Ster Holz errechnet sich durch Division des Geldlohns je Arbeitstag durch den Preis je Ster Holz. – [5]) Ableitung siehe S. 39 ff. – [6]) Das Grenzprodukt des Arbeitstages in Mark finden wir, indem wir das „Grenzprodukt des Arbeitstages in Ster Holz“ mit dem (einheitlichen) Preis je Ster Holz multiplizieren. – [7]) Die Grenzkosten des Sters Holz errechnen sich für Betrieb I in folgender Weise: Das „Grenzprodukt des Arbeitstages“ beträgt hier 1,136 Ster Holz; für dieses „Grenzprodukt des Arbeitstages“ hat der Unternehmer den (einheitlichen) Lohnpreis von 0,909 Mark zu zahlen. Da also für die „zuletzt“ hergestellten 1,136 Ster Holz (Grenzprodukt des Arbeitstages) 0,909 Mark Kostenzuwachs entstehen, so entsteht für den „zuletzt“ erzeugten Ster Holz ein Kostenzuwachs von 0,80 Mark. Die Grenzkosten betragen hier im Betrieb I also 0,80 Mark. – Die Grenzkosten des Betriebes II errechnen sich analog.

Die Stückkosten des Betriebes I in Höhe von 0,80 Mark sind gleich den Grenzkosten des Betriebes I, und die Stückkosten des Betriebes II in Höhe von 1 Mark sind gleich seinen Grenzkosten (1 Mark) [34]). Da in beiden Betrieben die Stückkosten gleich den Grenzkosten werden, so produzieren beide Betriebe im optimalen Punkt (Punkt der niedrigsten Stückkosten).

Wie wir schon sahen, entspricht der Lohnpreis dem durchschnittlichen

---

[34]) Die Grenzkosten des Sters Holz errechnen sich für Betrieb I in folgender Weise: Das „Grenzprodukt des Arbeitstages“ beträgt hier 1,136 Ster Holz; für dieses „Grenzprodukt des Arbeitstages“ hat der Unternehmer den (einheitlichen) Lohnpreis von 0,909 Mark zu zahlen. Da also für die „zuletzt“ hergestellten 1,136 Ster Holz (Grenzprodukt des Arbeitstages) 0,909 Mark Kostenzuwachs entstehen, so entsteht für den „zuletzt“ erzeugten Ster Holz ein Kostenzuwachs von 0,80 Mark. Die Grenzkosten betragen hier im Betrieb I also 0,80 Mark. – Die Grenzkosten des Betriebes II errechnen sich analog.

Grenzprodukt der Arbeit. Der Wert des Grenzprodukts der Arbeit beträgt im Betrieb I 1,009 Mark, im Betrieb II (Grenzbetrieb) beläuft sich der Wert des Grenzprodukts auf 0,808 Mark. Unter Berücksichtigung der Zahl der aufgewendeten Arbeitstage ergibt sich durchschnittlich als Wert des Grenzprodukts des Arbeitstages: 0,909 Mark.

5. Das Steigen des Reallohns und die Kosten der Kapitalverwendung bei intensiven Produktionsausweitungen

I

Die Kapitalkosten bestehen aus der „Abnutzung der Kapitalanlage" und der Verzinsung des in der Kapitalanlage investierten Kapitalbetrages. In und mit dem Preis des erzeugten Produkts wird die Abnutzung der Kapitalanlage (also sozusagen die Teile der Kapitalanlage, die jeweils in die erstellten Produkteinheiten eingehen) und die Verzinsung der Kapitalanlage von den Käufern der erzeugten Produkte bezahlt. Die Abnutzung der Kapitalanlage und die Verzinsung der Kapitalanlage bilden also zusammen die Kapitalkosten, die in den Preis des hergestellten Produktes eingehen. Die Verwendung der Kapitalanlage besteht in der Benutzung und Abnutzung der Kapitalanlage, es muß also die Benutzung und Abnutzung der Kapitalanlage von den Käufern des erzeugten Produkts in bzw. mit dem Preis des erzeugten Produkts bezahlt werden. Vom Standpunkt des Produzenten bilden daher Amortisation und Verzinsung des Kapitals eine Einheit. Auch vom Standpunkt des Nachfragers nach erzeugten Gütern bilden die Amortisation und Verzinsung des Kapitals eine Einheit, die er im Preis des erzeugten Produkts zu vergüten hat. Wir bezeichnen die Summe der Kosten für die Abnutzung des Kapitals (Amortisationskosten) und für die Verzinsung des Kapitals als die Kosten für die „Verwendung des Kapitals".

II

Bedeutet nun das Steigen des Reallohnes, das durch die Einführung des produktionstechnischen Fortschritts eintritt, nicht zugleich ein Sinken der Kosten für die Verwendung des Kapitals bzw. des Zinses? Der Satz „Steigt der Lohn, dann sinkt der Zins", der sich aus dem Gesetz des abnehmenden Ertrages ableiten läßt, gilt nur unter der Voraussetzung eines gleichbleibenden Standes der Produktionstechnik (Gleichbleiben des technischen Horizontes). Nimmt die Kapitalausstattung einer Volkswirtschaft bei einem Gleichbleiben der Arbeitsausstattung (Arbeit als konstanter Faktor!) zu, dann sinkt die Grenzwertproduktivität des Kapitals und demgemäß der Zins, während die Grenzwertproduktivität der Arbeit und demgemäß der Lohn steigt. Dieser Sachverhalt gilt jedoch nur unter der Voraussetzung *gleichbleibender* Produktionstechnik. Denn nur unter dieser Voraussetzung müssen bei einer Zunahme des Kapitals schlechtere Verwendungsmöglichkeiten als bisher für das Kapital herangezogen werden. In unserem Fall steigt der Lohn (Reallohn) jedoch auf Grund der Einführung eines produktionstechnischen Fortschritts. Die Voraussetzung „gleichbleibender Stand der Technik", unter der der Sachverhalt „Ein Steigen des Lohnes bedeutet ein Sinken des Zinses" gilt, trifft also in unserem Fall nicht zu. Wir können daher nicht sagen, daß in unserem Fall das Steigen des Lohnes mit einem Sinken des Zinses einhergeht.

III

Welche Folgen hat nun die Einführung des produktionstechnischen Fortschrittes für die Höhe der Kosten der Verwendung des Kapitals bzw. für die Höhe des Zinses? Um die bestehenden Zusammenhänge klar analysieren zu können, gehen wir von der Volkswirtschaft unseres Beispiels aus. Im statischen Zustand vor Einführung des produktionstechnischen Fortschritts vollzieht sich die Produktion in folgender Weise:

Tabelle 10

	Betrieb I (mit alter Produktionstechnik)	Betrieb II (mit alter Produktionstechnik)	Insgesamt
Kapitalkosten	20 Mark	20 Mark	40 Mark
Lohnkosten	100 Mark	100 Mark	200 Mark
Gesamtkosten	120 Mark	120 Mark	240 Mark
Ausbringung	120 Ster	120 Ster	240 Ster
Preis je Ster Holz	1 Mark	1 Mark	—
Stückkosten	1 Mark	1 Mark	—
Aufgewendete Arbeitstage	110	110	220
Variable Stückkosten (Durchschnittliche Lohnkosten je Ster)	0,833 Mark	0,833 Mark	—
Grenzprodukt des Arbeitstages in Ster Holz	0,909 Ster	0,909 Ster	—
Grenzprodukt des Arbeitstages in Mark und demgemäß Lohnpreis je Arbeitstag	0,909 Mark	0,909 Mark	—
Grenzkosten	1 Mark	1 Mark	—
Grenzprodukt der Verwendung der Kapitaleinheit	1 Mark	1 Mark	—
Grenzprodukt der Verwendung der Kapitaleinheit in Ster Holz	1 Ster	1 Ster	—
Geldvolumen	—	—	240 Mark

Nehmen wir an, daß die „alte Säge" 16 Mark kostet und sich in der Produktionsperiode (innerhalb eines Jahres) abnutzt und amortisiert, dann entfallen von diesen 20 Mark Kapitalkosten 16 Mark auf Amortisation und 4 Mark auf Verzinsung. Der Zinssatz beträgt dann also in unserer Volkswirtschaft 25%.

Die Kosten der Verwendung des Kapitals betragen in jedem Betrieb 20 Mark. Da der Preis je Ster Holz 1 Mark beträgt, so entsprechen diesen 20 Mark Kapitalkosten 20 Ster Holz. Die Kosten der Kapitalverwendung je Einheit (1 Mark) betragen also 1 Ster Holz. Da unter statischen Voraussetzungen das Grenzprodukt der Kapitalverwendung gleich dem Preis der Kapitalverwendung wird, so muß das Grenzprodukt der Kapitalverwendung gleich 1 Ster Holz oder 1 Mark sein. Die „letzte" für Kapitalverwendung (Amortisation und Verzinsung) angelegte Mark bringt also ein Grenzprodukt von 1 Ster Holz oder eine Mark.

Es mag auf den ersten Blick verwunderlich scheinen, daß wir unseren Darlegungen ein „Grenzprodukt der Verwendung des Kapitals" zugrundelegen, also Amortisation und Zins zusammenfassen. Das Grenzprodukt der „Verwendung des Kapitals" ist der Ertragszuwachs, der sich durch die „letzte" für den Einsatz von Kapital ausgegebene Mark ergibt. Diese „letzte" für den Einsatz von Kapital ausgegebene Mark muß einen Ertragszuwachs (Grenzprodukt) bringen, der nicht nur die Verzinsung deckt, sondern zugleich auch die Amortisation einbringt.

Unter statischen Voraussetzungen müssen sich die Grenzproduktivitäten der Produktionsfaktoren wie deren Preise verhalten. Die Grenzproduktivität „Verwendung des Kapitals" ist 1 Ster Holz, die Grenzproduktivität des Arbeitstages beträgt 0,909 Ster Holz. Der Preis für die „Verwendung des Kapitals" beträgt 1 Mark, der Preis des Arbeitstages 0,909 Mark. In der Volkswirtschaft unseres Beispiels verhalten sich also die Grenzproduktivitäten der beiden Produktionsfaktoren wie deren Preise. Die Bedingungen, die unter statischen Voraussetzungen erfüllt sein müssen, sind also gegeben, die „zuletzt" für jeden Produktionsfaktor ausgegebene Mark bringt bei allen Verwendungen des betreffenden Produktionsfaktors den gleichen Ertrag. Der Wert des Grenzprodukts der Arbeit ist gleich dem Preis der Arbeit, der Wert des Grenzprodukts der Kapitalverwendung (Amortisation plus Verzinsung) ist gleich dem Preis der Kapitalverwendung.

IV

Nun führt der Betrieb I den produktionstechnischen Fortschritt ein, so daß unsere Volkswirtschaft aus dem „statischen Zustand" in den „dynamischen Zustand" übergeht. Die Produktions- und Preisverhältnisse werden dann folgende:

Tabelle 11

	Betrieb I (mit neuer Produktionstechnik)	Betrieb II (mit alter Produktionstechnik)	Insgesamt
Kapitalkosten	20 Mark	20 Mark	40 Mark
Davon Verzinsung	4 Mark	4 Mark	8 Mark
Davon Amortisation	16 Mark	16 Mark	32 Mark
Lohnkosten	100 Mark	100 Mark	200 Mark
Gesamtkosten	120 Mark	120 Mark	240 Mark
Ausbringung	150 Ster	120 Ster	270 Ster
Preis je Ster	0,889 Mark	0,889 Mark	—
Stückkosten	0,80 Mark	1 Mark	—
Lohn je Arbeitstag	0,909 Mark	0,909 Mark	—
Grenzprodukt des Arbeitstages in Ster Holz	1,136 Ster	0,909 Ster	—
Grenzprodukt des Arbeitstages in Mark	1,009 Mark	0,808 Mark	—
Grenzkosten	0,80 Mark	1 Mark	—
Grenzprodukt der Kapitalverwendung in Ster Holz	1,25 Ster	1 Ster	—
Grenzprodukt der Kapitalverwendung in Mark	1,111 Mark	0,889 Mark	—
Preis der Kapitalverwendung je Einheit	1 Mark	1 Mark	—

Durch die Einführung des produktionstechnischen Fortschritts im Betrieb I werden in unserer Volkswirtschaft weiterhin 40 Mark (d. h. 40 Einheiten „Verwendung des Kapitals") ausgegeben. Da die Kapitalausstattung unserer Volkswirtschaft in Geldeinheiten gerechnet unverändert bleibt, so ergibt sich durch das Sinken des Holzpreises von 1 Mark auf 0,889 Mark (also — an der mittleren Größe gemessen — um 11,75%) ein Steigen der aus der „Verwendung des Kapitals" erzielten Vergütung, wenn wir sie in Einheiten des erzeugten Produkts (Ster Holz) rechnen. Vor der Einführung des produktionstechnischen Fortschritts waren die 40 Mark Kapitalkosten 40 Ster Holz wert, nach Einführung des produktionstechnischen Fortschritts im Betrieb I entsprechen diesen 40 Mark Kapitalkosten 45 Ster Holz. Demgemäß steigt der Erlös aus der Kapitalverwendung bei 20 Mark von 20 Ster Holz auf 22,5 Ster Holz, das ist — an der mittleren Größe 21,25 gemessen — um 11,75%. Die Vergütung für die Kapitalverwendung, in Produkteinheiten gemessen, steigt also in unserer Volkswirtschaft um 11,75%. Die Vergütung für die 40 Mark Kapitalkosten beträgt also 45 Ster Holz, d. h. für eine Einheit „Kapitalverwendung" (1 Mark) 1,125 Ster Holz. Die Einheit „Kapitalverwendung" (1 Mark) erzielt in der gesamten Volkswirtschaft also 1,125 Ster Holz, während sie vor Einführung des produktionstechnischen Fortschritts im Betrieb I in der gesamten Volkswirtschaft nur 1 Ster Holz erzielte. An der mittleren Größe (1,0625) gemessen ergibt sich demgemäß ein Steigen um 11,75%.

Durch die Einführung des produktionstechnischen Fortschritts im Betrieb I wird an der Produktivität der Kapitalverwendung im Betrieb II (Grenzbetrieb), in Einheiten des erzeugten Produkts gerechnet, nichts geändert[35]). Da der Preis je Ster Holz jedoch von 1 Mark auf 0,889 Mark sinkt, so beträgt der Wert des hier erzielten Grenzprodukts der Kapitalverwendung nicht mehr 1 Mark, sondern nur noch 0,889 Mark. Der Verlust, der bei der „Verwendung des Kapitals" im Grenzbetrieb entsteht, beträgt also je Kapitaleinheit (Einheit „Verwendung des Kapitals") 0,1111 Mark, für die im Betrieb II (Grenzbetrieb) verwendeten 20 Einheiten (20 Mark) also insgesamt 2,22 Mark. In Ster Holz gerechnet erlöst er noch 20 Ster Holz, denn 20 Ster kosten bei einem Preis von 0,889 Mark je Ster 17,78 Mark.

Der Betrieb II erzielt also für die Kapitaleinheit (Einheit „Verwendung des Kapitals") von 1 Mark nur noch ein Grenzprodukt der Verwendung des Kapitals in Höhe von 0,889 Mark. In Einheiten des erzeugten Produkts gerechnet bleibt bei ihm jedoch das Grenzprodukt der Kapitalverwendung unverändert.

Wie verändert sich nun das Grenzprodukt der Kapitalverwendung dort, wo der produktionstechnische Fortschritt Verwendung findet? Bei gleichbleibender nominaler Kapitalausstattung (gleichbleibenden Geldkosten für die Kapitalverwendung in Höhe von 40 Mark) steigt die Vergütung für die Kapitalverwendung von 40 Ster Holz auf 45 Ster Holz. Da die Produktivität der Kapitalverwendung im Betrieb II (Grenzbetrieb) unverändert bleibt, so ist diese Steigerung auf die Verwendung des produktionstechnischen Fortschritts im

[35]) Der Betrieb II (Grenzbetrieb), der im statischen Zustand im optimalen Punkt produzierte, produziert nach der Verwendung des produktionstechnischen Fortschritts im Betrieb I in dem Sinne in unveränderter Weise weiter, daß er den gleichen Lohnpreis weiter bezahlt und auch weiterhin mit den gleichen Kapitalkosten rechnet, also für die Bewertung des Realkapitals weiterhin die von ihm bezahlten (ursprünglich aufgewendeten) Kosten zugrundelegt.

Betrieb I zurückzuführen. Im Betrieb I steigt die Produktivität der Kapitalverwendung demgemäß von 20 auf 25 Ster Holz.

Wir können die Steigerung des Grenzprodukts der Kapitalverwendung exakt feststellen, wenn wir den neuen statischen Zustand, der der Verwendung des produktionstechnischen Fortschritts entspricht, voraussetzen, d. h. wenn wir annehmen, daß der produktionstechnische Fortschritt zugleich in allen Betrieben des betreffenden Wirtschaftszweiges, also in unserer Volkswirtschaft auch beim Betrieb II eingeführt wird. Unter dieser Voraussetzung sind folgende Produktions- und Preisverhältnisse gegeben:

Tabelle 12

	Betrieb I (mit neuer Produktionstechnik)	Betrieb II (mit neuer Produktionstechnik)	Insgesamt
Kapitalkosten	20 Mark	20 Mark	40 Mark
Lohnkosten	100 Mark	100 Mark	200 Mark
Gesamtkosten	120 Mark	120 Mark	240 Mark
Ausbringung	150 Ster Holz	150 Ster Holz	300 Ster Holz
Stückkosten	0,80 Mark	0,80 Mark	—
Preis je Ster	0,80 Mark	0,80 Mark	—
Lohn je Arbeitstag in Mark	0,909 Mark	0,909 Mark	—
Lohn je Arbeitstag in Ster Holz	1,136 Ster	1,136 Ster	—
Grenzkosten je Ster	0,80 Mark	0,80 Mark	—
Grenzprodukt der Verwendung der Kapitaleinheit in Ster Holz	1,25 Ster	1,25 Ster	—
Grenzprodukt der Verwendung der Kapitaleinheit in Mark	1 Mark	1 Mark	—
Kosten (Preis) der Verwendung der Kapitaleinheit	1 Mark	1 Mark	—

Im „neuen“ (d. h. dem der neuen Produktionstechnik entsprechenden) statischen Zustand beträgt der Preis je Ster Holz 0,80 Mark. Der neue Preis (0,80 Mark) ist gleich den neuen Stückkosten (0,80 Mark) und gleich den neuen Grenzkosten (0,80 Mark). Nirgends gibt es Differentialgewinne oder Verluste. Der Wert (Preis) der Gesamtproduktion in Höhe von 240 Mark ist gleich der Summe der gesamten Kosten in Höhe von 240 Mark und gleich der Summe der gesamten Einkommen in Höhe von 240 Mark. Das Grenzprodukt der Kapitalverwendung beträgt in beiden Betrieben (der gesamten Volkswirtschaft) 1,25 Ster. Der Wert dieser 1,25 Ster ist gleich 1 Mark, da der Preis je Ster Holz 0,80 Mark beträgt. Eine Einheit Kapitalverwendung, d. h. 1 Mark Kapitalkosten bringen also bei ihrer Verwendung ein Grenzprodukt von 1 Mark (Amortisation und Verzinsung). Da das Kapital — abgesehen von der Messung in den von ihm erzeugten Produkteinheiten — nicht in anderen Einheiten als in Geldeinheiten gemessen werden kann, während die Arbeit in Arbeitstagen, Arbeitsstunden, der Boden in Flächeneinheiten gerechnet werden kann, so können wir immer nur sagen, es werden so und soviel Geldeinheiten (z. B. Mark) an Kapital aufgewendet. Und das Grenzprodukt der Verwendung des Kapitals (Amortisation und Verzinsung) muß unter statischen Voraussetzungen immer gleich dem Preis sein, der für die Verwendung des Kapitals zu zahlen ist. Für 1000 Mark „Kapital einschließlich Verzinsung" sind unter statischen Voraussetzungen also 1000 Mark zu bezahlen und das Grenzprodukt der Verwendung von 1000 Mark „Kapital einschließlich Verzinsung" ist gleich 1000 Mark Amortisation und Verzinsung[36]). Das Grenzprodukt der Arbeit beträgt 1,136 Ster Holz, das Grenzprodukt der Verwendung des Kapitals dagegen 1,25 Ster Holz. Der Lohnpreis beträgt in Geld 0,909 Mark, der Preis für die Kapitalverwendung je Einheit 1 Mark. Die Grenzproduktivitäten verhalten sich also beim „neuen" statischen Zustand wie deren Preise. Und der Wert des Grenzprodukts der Arbeit ist gleich dem Preis der Arbeit, der Wert des Grenzprodukts der Verwendung des Kapitals gleich dem Preis, der für die Verwendung des Kapitals (Amortisation und Verzinsung) zu zahlen ist. Alle Bedingungen für das „statische Gleichgewicht" sind also erfüllt.

Durch die Einführung des produktionstechnischen Fortschritts steigt das Grenzprodukt der Verwendung des Kapitals dort, wo mit dem produktionstechnischen Fortschritt gearbeitet wird, also im Betrieb I von 1 Ster Holz auf 1,25 Ster Holz, also an der gleichen Größe (1,0625) wie die Steigerung in der gesamten Volkswirtschaft gemessen, um 23,5%. Im Betrieb II (Grenzbetrieb) beträgt es im „dynamischen Zustand" unverändert weiterhin 1 Ster Holz. In der gesamten Volkswirtschaft erhält jedoch die Einheit Kapitalverwendung eine Vergütung von 1,125 Ster. Diese Vergütung entspricht dem durchschnittlichen Grenzprodukt der Kapitalverwendung in unserer Volkswirtschaft, das wir in folgender Weise errechnen können:

In unserer Volkswirtschaft werden mit der alten Produktionstechnik (Produktionstechnik 1) 20 Einheiten „Kapitalverwendung" (20 Mark Kapitalkosten) im Betrieb II (Grenzbetrieb) eingesetzt, das erwirtschaftete Grenzprodukt der Einheit „Kapitalverwendung" beträgt hier 1 Ster Holz. Durch Multiplikation der „Menge der Einheiten Kapitalverwendung bei Produktionstechnik 1" (K_1) mit dem „bei der Produktionstechnik 1 erwirtschafteten Grenzprodukt der Einheit Kapitalverwendung", das wir mit $G_{p1}^{\times}$ bezeichnen wollen, finden wir die Erlössumme für die (ausgedrückt in Produkteinheiten, also die Real-Erlössumme) Kapitalverwendung mit der alten Produktionstechnik: $K_1 \cdot G_{p1}^{\times} = 20$ Ster. Beim Einsatz der weiteren 20 Einheiten Kapitalverwendung (20 Mark Kapitalkosten) unseres Wirtschaftszweiges wird mit der neuen Produktionstechnik (Produktionstechnik 2) gearbeitet. Durch Multiplikation der „Menge der Einheiten Kapitalverwendung bei der Produktionstechnik 2" (K_2) mit dem „bei der Produktionstechnik 2 erzielten Grenzprodukt der Kapitalverwendung" ($G_{p2}^{\times}$) finden wir die Real-Erlössumme für die Kapitalverwendung, die dieser Produktionstechnik 2 entspricht:

$$K_2 \cdot G_{p2}^{\times} = 20 \cdot 1{,}25 = 25 \text{ Ster.}$$

Das durchschnittliche Grenzprodukt der Einheit „Kapitalverwendung", das den Real-Erlös der Einheit Kapitalverwendung bestimmt, finden wir, indem wir die Real-Erlössummen addieren und die aus ihnen gewonnene Summe durch die Gesamtzahl der aufgewendeten Einheiten „Kapitalverwendung" dividieren. Es gilt also für den „Real-Erlös der Einheit ‚Kapitalverwendung'" (E_K):

[36]) Es bringen also 1000 Mark Kapitalkosten an der Grenze der Produktion auch 1000 Mark an Verzinsung und Amortisation ein.

$$E_K = \frac{K_1 \cdot G_{p1}^{\times} + K_2 \cdot G_{p2}^{\times}}{K_1 + K_2}.$$

Für die Volkswirtschaft unseres Beispiels ergibt sich demgemäß:

$$E_K = \frac{20 \cdot 1 + 20 \cdot 1{,}25}{20 + 20}.$$

$$E_K = \frac{20 + 25}{40} = \frac{45}{40}$$

$$E_K = 1{,}125 \text{ Ster}$$

V

Da in der Wirklichkeit in aller Regel in einem Wirtschaftszweig nicht nur mit zweierlei Art von Produktionstechnik, sondern mit sehr mannigfaltigen Produktionstechniken produziert wird, so gilt für die Bildung des Erlöses der Einheit „Kapitalverwendung", in Produkteinheiten gerechnet, bei n Produktionsmethoden:

$$E_K = \frac{K_1 \cdot G_{p1}^{\times} + K_2 \cdot G_{p2}^{\times} + K_3 \cdot G_{p3}^{\times} + \ldots\ldots + K_n \cdot G_{pn}^{\times}}{K_1 + K_2 + K_3 + \ldots\ldots + K_n}.$$

VI

In der Volkswirtschaft unseres Beispiels steigt das Grenzprodukt der Kapitalverwendung bei Benutzung der neuen Produktionstechnik um 23,5%. Da jedoch die Hälfte der Einheiten „Kapitalverwendung" (nämlich 20 Mark) bei der neuen Produktionstechnik eingesetzt wird, während die andere Hälfte der Einheiten „Kapitalverwendung" noch an eine Produktionstechnik gebunden bleibt, bei der das Grenzprodukt der Kapitalverwendung um 23,5% unter dem mit der neuen Produktionstechnik erwirtschafteten Grenzprodukt der Kapitalverwendung liegt, so steigt das Grenzprodukt der Kapitalverwendung während des „dynamischen Zustandes" unserer Volkswirtschaft durchschnittlich nur um die Hälfte, nämlich um 11,75%. Demgemäß steigt auch der Erlös als Realerlös bei der Kapitalverwendung je Einheit nur um 11,75%, nämlich von 1 Ster auf 1,125 Ster Holz. Die prozentuale Steigerung des Realerlöses der Kapitalverwendung (um 11,75%) entspricht dem prozentualen Sinken des Preises (um 11,75%; der Preis je Ster Holz sinkt — wie wir sahen — von 1 Mark auf 0,889 Mark je Ster).

6. Das Gleichbleiben der geldmäßigen Verzinsung des Kapitals bei intensiven Produktionsausweitungen

Wir haben in unseren Darlegungen die „Verwendung des Kapitals", also die Abnutzung (Amortisation) und Verzinsung des Kapitals als Einheit behandelt. An unseren Erkenntnissen ändert sich nichts, wenn wir die Abnutzung (Amortisation) für sich und die Verzinsung für sich betrachten. Um Wiederholungen zu vermeiden, setzen wir in den folgenden Ausführungen die grundlegenden Erkenntnisse, die wir bei der Ableitung der Lohnpreisbildung und der Preisbildung der Kapitalverwendung gewonnen haben, voraus.

Nehmen wir beispielsweise für den statischen Ausgangszustand an, daß von den Kapitalkosten in Höhe von 20 Mark (20 Ster Holz) in jedem der beiden Betriebe unserer Volkswirtschaft 16 Mark (16 Ster Holz) auf Abnutzung (Amortisation) und 4 Mark (4 Ster Holz) auf Verzinsung des Anlagekapitals entfallen. Nehmen wir zur Vereinfachung weiterhin an, daß sich die Säge in einem Jahr (d. h. hier in einer Produktionsperiode) amortisiert, daß also die 16 Mark das Entgelt für die gesamte Abnutzung der Säge ausmachen. Dann muß unter statischen Voraussetzungen der Preis der Säge gleich 16 Mark (16 Ster Holz) sein. Unter den von uns gemachten Voraussetzungen beträgt das Anlagekapital jedes Betriebes 16 Mark und auf 4 Mark beläuft sich die Verzinsung des Anlagekapitals. Wir haben also in unserer Volkswirtschaft einen Zinssatz von 25% ; das gesamte Anlagekapital unserer Volkswirtschaft beträgt 32 Mark und bringt insgesamt 8 Mark Zins. Für 0,80 Mark Kapital, das sich zu 25 % verzinst, sind also unter Berücksichtigung der Verzinsung 1 Mark zu zahlen, d. h. die Kapitalkosten in Höhe von 1 Mark setzen sich aus 0,80 Mark Amortisationskosten und 0,20 Mark Verzinsung zusammen.

Im „dynamischen Zustand“ unserer Volkswirtschaft ändert sich an der Produktivität des Kapitals im Betrieb II (Grenzbetrieb) in Produkteinheiten gerechnet nichts[37]). Das Kapital verzinst sich hier weiterhin mit 4 Ster Holz und die Säge amortisiert sich weiterhin im Betrieb II (Grenzbetrieb) mit 16 Ster Holz. Sowohl die Amortisation als auch die Verzinsung des Kapitals bleiben im Grenzbetrieb (Betrieb II) in Produkteinheiten gerechnet unverändert. Da aber der Holzpreis je Ster von 1 Mark auf 0,889 Mark sinkt, also 4 Ster Holz nicht mehr einen Wert von 4 Mark haben, so verzinst sich das Anlagekapital des Grenzbetriebes, in Geldeinheiten gerechnet, nicht mehr mit 4 Mark, sondern nur noch mit 3,56 Mark. In gleicher Weise sinkt auch die hereingebrachte Vergütung für die Abnutzung, in Geldeinheiten gerechnet, von 16 Mark auf 14,22 Mark.

Im Betrieb I, der den produktionstechnischen Fortschritt einführt, entfallen auf die Abnutzung 16 Mark und — da der Zinssatz 25% beträgt — auf Verzinsung 4 Mark. Da das im Betrieb I erwirtschaftete Grenzprodukt der Kapitalverwendung 1,25 Ster Holz beträgt, so steigt hier die Verzinsung bei einem Holzpreis von 0,889 Mark je Ster auf 4,44 Mark. Da jedoch dementsprechend auch die in Geld hereingebrachte Vergütung für die Abnutzung auf 17,78 Mark steigt, so bezieht sich die Verzinsung von 4,44 Mark auf 17,78 Mark, beträgt also weiterhin 25%.

Die in unserer Volkswirtschaft insgesamt investierten 32 Mark Kapital amortisieren sich weiterhin und bringen weiterhin 8 Mark Zins. In Geldeinheiten gerechnet bleiben also die Kapitalausstattung der Volkswirtschaft und die Verzinsung des angelegten Kapitals unverändert. Daher ändert sich auch der Zinssatz nicht. Da sich aber das Kapital im Grenzbetrieb (Betrieb II) in Geldeinheiten gerechnet unterdurchschnittlich verzinst und unterdurchschnittlich amortisiert, so entsteht hier ein Verlust. Die Verzinsung sinkt von 4 Mark auf 3,56 Mark, die Amortisation von 16 Mark auf 14,22 Mark. Der Verlust aus Verzinsung und Amortisation beträgt also hier im Grenzbetrieb (Betrieb II) 0,44 Mark plus 1,78 Mark, also insgesamt 2,22 Mark. Im Betrieb I dagegen verzinst und amortisiert sich das Kapital überdurchschnittlich, so daß hier

[37]) S. dazu S. 49 ff.

ein Gewinn entsteht. Die Verzinsung steigt von 4 Mark auf 4,44 Mark, also um 0,44 Mark, die Amortisation steigt von 16 Mark auf 17,78 Mark, der Gewinn aus Verzinsung und Amortisation 0,44 Mark plus 1,78 Mark, beträgt also insgesamt 2,22 Mark.

Für 0,80 Mark Kapital, das sich mit 25% verzinst, sind in unserer Volkswirtschaft weiterhin 0,20 Mark Zins zu zahlen, d. h. für 0,80 Mark aufgewendetes Kapital entstehen in unserer Volkswirtschaft weiterhin Kapitalkosten (Amortisationskosten und Verzinsung) in Höhe von 1 Mark. Der Zinspreis richtet sich also nicht nach dem im Betrieb II (Grenzbetrieb) erreichten Grenzprodukt des Kapitals, er richtet sich auch nicht nach dem im Betrieb I (der den produktionstechnischen Fortschritt eingeführt hat) erzielten Grenzprodukt des Kapitals, sondern er richtet sich nach dem durchschnittlich erreichten Grenzprodukt des Kapitals, durchschnittlich in dem Sinne, wie wir es bei der Bildung des Lohnpreises und des Preises für die „Verwendung des Kapitals" abgeleitet haben.

Daß die Verzinsung des Kapitals durch die Einführung des produktionstechnischen Fortschritts in Geldeinheiten gerechnet unverändert bleibt und dem Wert des durchschnittlich erzielten Grenzprodukts des Kapitals entspricht, läßt sich vor allem auch durch folgenden Sachverhalt nachweisen:

Nehmen wir an, eine Volkswirtschaft mit vielen Wirtschaftszweigen befindet sich im statischen Gleichgewicht. Dann ist der Wert des Grenzprodukts des Kapitals in allen Wirtschaftszweigen und in allen Betrieben gleich hoch, überall wird die gleiche Verzinsung des Kapitals erzielt und der Zins ist gleich dem Wert des Grenzprodukts des Kapitals. Wird nun in einem der vielen Wirtschaftszweige unserer Volkswirtschaft, beispielsweise der Sägeindustrie, ein produktionstechnischer Fortschritt in einem Betrieb eingeführt, während alles andere in der Volkswirtschaft unverändert bleibt, so sinkt der Preis für das Sägen des Holzes (weiterhin kurz als „Holzpreis" bezeichnet). Bleibt in unserer Volkswirtschaft der Zins in Geldeinheiten unverändert, dann muß er gleich dem Wert des in der Sägeindustrie durchschnittlich erzielten Grenzprodukts des Kapitals sein. Und eine Veränderung des Zinspreises in Geldeinheiten gerechnet wird in der Tat in unserer Volkswirtschaft nicht eintreten.

In der Sägeindustrie entstehen durch die Einführung des produktionstechnischen Fortschritts Differentialgewinne, es entstehen aber auch Verluste in Höhe der Differentialgewinne (wir setzen zur Vereinfachung der Darstellung voraus, daß die Nachfrageelastizität bei den „Sägeleistungen" gleich eins ist). Der Wirtschaftszweig „Sägeindustrie" befindet sich also als Ganzes gesehen nicht in einer „besseren" wirtschaftlichen Lage als die anderen Wirtschaftszweige der Volkswirtschaft, in denen die Produktion genau so wie im statischen Zustand weiter vor sich geht. Sollte jedoch jemand auf den Gedanken kommen, einen neuen Betrieb in der Sägeindustrie zu errichten, um sich Differentialgewinne zu verschaffen, so kann er — bei gleichbleibender Arbeitsausstattung der Volkswirtschaft und Nichtvorhandensein von neuen Ersparnissen — den neuen Betrieb nur dann betreiben, wenn er Arbeitskräfte aus anderen Wirtschaftszweigen in die Sägeindustrie abzieht und ebenfalls in anderen Wirtschaftszweigen freiwerdende („verdiente") Amortisationsquoten in der Sägeindustrie zur Anlage bringt. Er müßte also sowohl den bestehenden Zinspreis als auch den bestehenden Geldlohnpreis überbieten. Ein solches Abziehen von

Arbeitskräften und freiwerdenden Amortisationsquoten aus anderen Wirtschaftszweigen bedeutet aber gleichzeitig eine Verminderung des Angebots der von den anderen Wirtschaftszweigen erzeugten Güter und damit auch ein Steigen der Preise der betreffenden Güter. Es würde also auf Grund des Steigens der Preise zu gleicher Zeit rentabel werden, die Amortisationsquoten zu einem höheren Zinssatz in diesen „anderen Wirtschaftszweigen" zu reinvestieren und ebenso die Arbeitskräfte zu einem höheren Geldlohnpreis in diesen „anderen Wirtschaftszweigen" zu beschäftigen. Gleichzeitig würde aber durch die Errichtung neuer Betriebe in der Sägeindustrie das Angebot an Sägeleistungen steigen und den durch die Einführung des produktionstechnischen Fortschritts schon gesunkenen Holzpreis weiter senken. Es kann also bei einer solchen Überbietung solange nicht zur Bildung eines Konkurrenzzinspreises, der Angebot und Nachfrage nach Kapital ins Gleichgewicht bringt, und eines Konkurrenzlohnpreises, bei dem das Angebot an Arbeit gleich der Nachfrage nach Arbeit wird, kommen, bis die Unternehmer, die die Errichtung neuer Betriebe in der Sägeindustrie vornehmen wollen, ihre Absicht aufgeben und der Zinspreis wieder dem Wert des durchschnittlich erzielten Grenzprodukts des Kapitals und der Lohnpreis wieder dem Wert des durchschnittlich erzielten Grenzprodukts der Arbeit entspricht. Der Überbietungsprozeß kommt also erst zur Ruhe, d. h. es kommt erst dann zur Bildung eines Zinspreises und Lohnpreises, wenn die Überbieter dieser Preise ihre Absicht, Betriebe in der Sägeindustrie zu errichten, aufgeben, so daß sich der Zinspreis und der Lohnpreis in der alten Höhe bilden[38]). Ihre Absicht, neue Betriebe in der Sägeindustrie zu errichten, müssen sie aber bei ökonomischem Handeln aufgeben, das sie ja bei dem Überbieten feststellen können, daß die Verwendung von Amortisationsquoten und von Arbeitskräften aus anderen Wirtschaftszweigen in der Sägeindustrie unrentabler als eine Weiterverwendung in den „anderen Wirtschaftszweigen" sein würde, also dazu führen würde, daß sie bei einem gestiegenen Geldlohnpreis, einem gestiegenen Zins und einem sinkenden Holzpreis mit Verlust arbeiten müßten. Die Errichtung eines neuen Betriebes in der Sägeindustrie wäre also nur möglich, wenn die Unternehmer bei der Verwendung des Kapitals und der Arbeit nicht mehr das ökonomische Prinzip beachten würden. Würde eine solche Entwicklung eintreten, dann würden während des „dynamischen Zustandes" der Volkswirtschaft auch keine Kräfte am Werk sein, die auf die Bildung eines neuen statischen Zustandes hindrängen, sondern die Entwicklung würde von dem zukünftigen statischen Zustand immer weiter abführen. Der Preisbildungsprozeß würde in der Dynamik jede Ordnungsfunktion verlieren.

Da der Zins jedoch in Geldeinheiten gerechnet in der vor Einführung des technischen Fortschritts bestehenden Höhe bestehen bleibt, also dem Wert des in der Sägeindustrie durchschnittlich erzielten Grenzprodukts entspricht, so wirken die Kräfte des Marktes unmittelbar auf die Herstellung des neuen Gleichgewichts hin. Denn in der Sägeindustrie entsprechen die Differentialgewinne den Verlusten, d. h. der bisher in der Sägeindustrie investierte Kapitalbetrag bleibt erhalten, sofern die Differentialgewinne nicht konsumiert werden.

---

[38]) Ein Steigen des Lohnpreises und des Zinspreises müßte beim Neutralbleiben des Geldes (Konstantbleiben der Geldmenge) in unserer Volkswirtschaft zur Arbeitslosigkeit führen. Auch daraus ist zu ersehen, daß ein höherer Lohnpreis Angebot und Nachfrage nach Arbeit nicht ins Gleichgewicht bringen könnte.

Werden die Differentialgewinne investiert, dann können sie nur in dem Wirtschaftszweig investiert werden, der den produktionstechnischen Fortschritt eingeführt hat. Denn in allen Wirtschaftszweigen würde das Grenzprodukt des Kapitals sinken, wenn mehr Kapital als bisher angelegt werden würde, d. h. die Differentialgewinne der Sägeindustrie könnten nur zu einem niedrigeren Zins als bisher in anderen Wirtschaftszweigen Verwendung finden. Ebenso würde eine zusätzliche Verwendung von Arbeitskraft in den anderen Wirtschaftszweigen nur zu einem niedrigeren Grenzprodukt des Arbeitstages, d. h. nur zu einem niedrigeren Lohnpreis möglich sein. Zum bisherigen Zinssatz können die Differentialgewinne nur unter Verwendung des produktionstechnischen Fortschritts in der Sägeindustrie untergebracht werden, wenn die bisherige Verzinsung für die zu investierenden Differentialgewinne erreicht werden soll. Werden jedoch die Differentialgewinne in der Sägeindustrie angelegt, dann kommt es dazu, daß der produktionstechnische Fortschritt in der gesamten Sägeindustrie eingeführt wird. Der Preis je Ster Holz sinkt weiter, bis schließlich die Grenzkosten gleich den Stückkosten und gleich dem Preis werden. Der neue statische Zustand wird erreicht, auch in der Sägeindustrie wird dann die Produktion in allen Betrieben gewinn- und verlustlos durchgeführt.

Wir wollen uns diesen neuen statischen Zustand an der Volkswirtschaft unseres Beispiels verdeutlichen, wobei wir die für die Behandlung der Zinsbildung gemachte Voraussetzung, daß sich die 16 Mark kostende Säge in einem Jahr (d. h. in einer Produktionsperiode) restlos abnutzt (amortisiert), beibehalten wollen:

Tabelle 13

	Betrieb I (mit neuer Produktionstechnik)	Betrieb II (mit neuer Produktionstechnik)	Insgesamt
Kapitalkosten	20 Mark	20 Mark	40 Mark
Davon: Amortisation	16 Mark	16 Mark	32 Mark
Verzinsung	4 Mark	4 Mark	8 Mark
Lohnkosten	100 Mark	100 Mark	200 Mark
Gesamtkosten	120 Mark	120 Mark	240 Mark
Arbeitstage	110	110	220
Geldvolumen	—	—	240 Mark
Ausbringung	150 Ster	150 Ster	300 Ster
Preis je Ster	0,80 Mark	0,80 Mark	—
Stückkosten	0,80 Mark	0,80 Mark	—
Lohn je Arbeitstag	0,909 Mark	0,909 Mark	—
Grenzprodukt des Arbeitstages in Ster Holz	1,136 Ster	1,136 Ster	—
Grenzprodukt des Arbeitstages in Mark	0,909 Mark	0,909 Mark	—
Grenzkosten	0,80 Mark	0,80 Mark	—
Lohnsumme in Ster Holz	125 Ster	125 Ster	250 Ster
Grenzprodukt der Kapitalverwendung in Ster Holz	1,25 Ster	1,25 Ster	—
Grenzprodukt der Kapitalverwendung in Mark	1 Mark	1 Mark	—
Verzinsung 1 Mark Kapital in Ster Holz	0,3125 Ster	0,3125 Ster	—
Amortisation in Ster Holz	20 Ster	20 Ster	40 Ster
in Mark	16 Mark	16 Mark	32 Mark
Verzinsung in Mark	4 Mark	4 Mark	8 Mark
in Ster Holz	5 Ster	5 Ster	10 Ster
Zinssatz	25%	25%	—

Im neuen statischen Zustand, in dem „alle“ Betriebe der Sägeindustrie unter Verwendung des produktionstechnischen Fortschrittes produzieren, betragen die Kapitalkosten wie im alten statischen Zustand 20 Mark (16 Mark Amortisation und 4 Mark Verzinsung) je Betrieb, also insgesamt 40 Mark (32 Mark Amortisation und 8 Mark Verzinsung). Nehmen wir nun wieder an, daß die Sägeindustrie nur ein Wirtschaftszweig neben vielen anderen in einer Volkswirtschaft ist, dann ist die Verzinsung des Kapitals nicht nur in allen Wirtschaftszweigen, sondern auch in allen Betrieben der Volkswirtschaft gleich hoch. In jedem Betrieb ist der Wert des Grenzprodukts des Kapitals gleich, und der Zins ist in der Volkswirtschaft gleich dem Wert des Grenzprodukts des Kapitals. Da der Preis je Ster Holz nicht wie im „alten statischen Zustand“ 1 Mark, sondern im neuen statischen Zustand nur 0,80 Mark beträgt, so ist durch die Verwendung des produktionstechnischen Fortschritts nach Erreichen des neuen statischen Zustandes zwar das Grenzprodukt des Kapitals in Produkteinheiten (Ster Holz) gerechnet gestiegen, in Geldeinheiten gerechnet ist es jedoch gleich geblieben.

7. Die Grundgleichungen der Differentialgewinn- und Verlustbildung

Der entstehende „gesamte Verlust des Grenzbetriebes“ (U_G) ist gleich dem „Sinken des Preises“ (S_p) [39]) multipliziert mit der „Ausbringung des Grenzbetriebes“ (M_G). Es gilt also:

$$(1) \qquad U_G = S_p \cdot M_G.$$

In der Volkswirtschaft unseres Beispiels ist demgemäß:

$$U_G = 0{,}111 \cdot 120 = 13{,}33 \text{ Mark.}$$

Gibt es in einem Wirtschaftszweig mehrere Arten von Grenzbetrieben, und unter Grenzbetrieben verstehen wir hier alle Betriebe, bei denen das Grenzprodukt der Arbeit (das Grenzprodukt der Kapitalverwendung und das Grenzprodukt des Bodens) unter dem durchschnittlich in der Volkswirtschaft erreichten Grenzprodukt der Arbeit (Grenzprodukt der Kapitalverwendung und Grenzprodukt des Bodens) liegt und die, sofern das Geld in der Volkswirtschaft neutral bleibt, mit Verlusten arbeiten, dann sind die durch die Einführung eines produktionstechnischen Fortschritts entstehenden „Verluste der Grenzbetriebe“ (U) gleich dem „Sinken des Preises“ (S_p) multipliziert mit der „Summe der Ausbringung der Grenzbetriebe“. Es gilt demnach:

$$(1a) \qquad U = S_p \cdot (M_{G1} + M_{G2} + M_{G3} + \cdots\cdots + M_{Gn}).$$

(Wobei M_{G1} die Ausbringung des Grenzbetriebes 1, M_{G2} die Ausbringung des Grenzbetriebs 2, M_{G3} die Ausbringung des Grenzbetriebs 3 usw. bedeutet.)

Der entstehende „gesamte Verlust des Grenzbetriebs“ (U_G) ist aber auch

---

[39]) D. h. der Differenz zwischen dem „alten Preis“ (P_1) — Preis vor Einführung des produktionstechnischen Fortschritts — und dem „neuen Preis“ (P_2) — Preis nach der Einführung des produktionstechnischen Fortschritts. Es gilt also: $P_1 + \triangle P_1 = P_2$, woraus folgt: $\triangle P_1 = P_2 - P_1$. Da der Preis sinkt, ist $\triangle P_1$ negativ.

gleich der Differenz zwischen den „Stückkosten des Grenzbetriebs" (St_G) und dem „neuen Preis" (P_2)[40]) multipliziert mit der „Ausbringung des Grenzbetriebs" (M_G). Es gilt also:

$$(2) \qquad U_G = (St_G - P_2) \cdot M_G.$$

In der Volkswirtschaft unseres Beispiels ist demgemäß:

$$U_G = (1 - 0{,}889) \cdot 120 = 13{,}33 \text{ Mark.}$$

Bei mehreren Grenzbetrieben mit verschieden hohen Stückkosten ist die Gleichung (2) folgendermaßen zu schreiben:

$$(2a) \qquad U = (St_1 - P_2) \cdot M_{G1} + (St_2 - P_2) \cdot M_{G2} + (St_3 - P_2) \cdot M_{G3} + \cdots\cdots + (St_n - P_2) \cdot M_{Gn}.$$

(Wobei St_1 die Stückkosten im Grenzbetrieb 1, St_2 die Stückkosten im Grenzbetrieb 2, St_3 die Stückkosten im Grenzbetrieb 3 bezeichnen.)

Der gesamte „Verlust des Grenzbetriebs" (U_G) ist aber auch gleich der „Zahl der Arbeitstage im Grenzbetrieb" (A_2) multipliziert mit der Differenz zwischen dem „Wert des durchschnittlichen Grenzprodukts des Arbeitstages in der Volkswirtschaft" (G_D)[40a]) und dem „Wert des im Grenzbetrieb erzielten Grenzprodukt des Arbeitstages" (G_G) plus der „Zahl der Einheiten der Kapitalverwendung im Grenzbetrieb" (K_2) multipliziert mit der Differenz zwischen dem „Wert des durchschnittlichen Grenzprodukts der Kapitalverwendung" (K_D) und dem „Wert des im Grenzbetrieb erzielten Grenzprodukts der Kapitalverwendung" (K_{Gg}) plus der „Zahl der Bodeneinheiten" (B_2) multipliziert mit der Differenz zwischen dem „Wert des durchschnittlichen Grenzprodukts des Bodens" (B_D) und dem „Wert des Grenzprodukts des Bodens im Grenzbetrieb" (B_G). Es gilt demnach:

$$(3) \qquad U_G = A_2 \cdot (G_D - G_G) + K_2 \cdot (K_D - K_G) + B_2 \cdot (B_D - B_G).$$

Da wir in der Volkswirtschaft unseres Beispiels von der Mitwirkung des Produktionsfaktors Boden abstrahiert haben, ist demgemäß in der Volkswirtschaft unseres Beispiels:[41])

$$U_G = 110 \cdot (0{,}909 - 0{,}808) + 20 \cdot (1 - 0{,}8888)$$

$$U_G = 110 \cdot 0{,}101 + 20 \cdot 0{,}111$$

$$U_G = 11{,}11 + 2{,}22$$

$$U_G = 13{,}33 \text{ Mark.}$$

Der Grenzbetrieb kann die Produktion mit Verlust nur durchführen, indem er seine Kapitalkosten (Amortisationskosten und Verzinsung des Anlagekapitals) ganz oder teilweise nicht deckt (wir abstrahieren dabei von der Mitwirkung des Bodens). Der Betrag, der an der Deckung seiner Kapitalkosten (Amortisation und Verzinsung) fehlt, ist gleich seinem gesamten Verlust. Der

[40]) D. h. dem Preis nach der Einführung des produktionstechnischen Fortschritts. —
[40a]) Dieser Wert ist gleich dem Geldlohn in der Volkswirtschaft.
[41]) Die Größen sind in der Tabelle 11 angegeben.

gesamte Verlust des Grenzbetriebes ist also gleich seinen Kapitalkosten, vermindert um die „noch von ihm verdienten Kapitalkosten". Verdient er überhaupt keine Kapitalkosten mehr, werden die „noch von ihm verdienten Kapitalkosten" also gleich Null, dann ist sein Verlust gleich seinen Kapitalkosten. Bezeichnen wir den „gesamten Verlust des Grenzbetriebes" mit U, seine Kapitalkosten mit C_G und die von ihm „noch verdienten Kapitalkosten" mit C_v, dann gilt demgemäß:

(4) $U = C_G - C_v$.

Für die Volkswirtschaft unseres Beispiels ist demgemäß:

$U = 20 - 6{,}67$

$U = 13{,}33$ Mark.

Da der „gesamte Differentialgewinn" (G) gleich dem „gesamten Verlust" (U) ist, so gilt:

(5) $G = U$.

Setzen wir in der Gleichung (IV) G statt U, so erhalten wir:

(6) $G = C_G - C_v$.

Daraus folgt:

(7) $G + C_v = C_G$.

Der „gesamte Differentialgewinn" plus den „noch im Grenzbetrieb verdienten Kapitalkosten" (Amortisationskosten und Verzinsung) ist gleich den Kapitalkosten (Amortisationskosten und Verzinsung) des Grenzbetriebes. Die Differentialgewinne zuzüglich der in den Grenzbetrieben noch verdienten Kapitalkosten decken also die Kapitalkosten der Grenzbetriebe.

Wird C_v gleich Null, ist also der Verlust des Grenzbetriebes gleich seinen Kapitalkosten, dann wird der „gesamte Differentialgewinn" gleich den Kapitalkosten der Grenzbetriebe.

Der „gesamte Differentialgewinn" (G) ist gleich „der unter Verwendung der neuen Produktionstechnik erzeugten Produktmenge" (M_2) multipliziert mit der Differenz zwischen dem „neuen Preis" (P_2) und den „Stückkosten bei Verwendung der neuen Produktionstechnik" (St_p). Es gilt demnach:

(8) $G = M_2 \cdot (P_2 - St_p)$.

Für die Volkswirtschaft unseres Beispiels ist also:

$G = 150 \cdot (0{,}8888 - 0{,}80)$

$G = 13{,}33$ Mark.

8. Die regelmäßige Deckung der Kosten der Grenzbetriebe — ein Ergebnis der Verfälschung des konkurrenzwirtschaftlichen Preisbildungsprozesses durch die Geldseite der Wirtschaft

I

Wir kamen zu dem Ergebnis, daß dann, wenn sich durch produktionstechnische Fortschritte Differentialgewinne ergeben, der konkurrenzwirtschaftliche Prozeß dazu führen muß, daß den entstehenden Differentialgewinnen gleich große Verluste an „anderer Stelle" in der Volkswirtschaft gegenüberstehen. Nun zeigt aber die Erfahrung, daß in aller Regel die Grenzbetriebe auf ihre „Kosten" kommen, daß also die Grenzbetriebe in aller Regel zu Stückkosten produzieren, die im Produktpreis ihre Deckung finden, während die „besseren Betriebe" (Nichtgrenzbetriebe) Differentialgewinne beziehen. Dieser erfahrungsgemäß gegebene Tatbestand ist auch bisher in der Wirtschaftstheorie als ziemlich selbstverständlich hingenommen worden, man hat in ihm einen sozusagen „natürlichen Tatbestand" gesehen, der kein Problem darstellt. Daß der Grenzbetrieb, solange er produziert, nicht auf seine Kosten kommt, wird in der Wirtschaftstheorie daher auch herkömmlicherweise als „Ausnahmefall" angesehen. Das kurz skizzierte Erfahrungsbild drängt sich so stark auf, daß in der Wirtschaftstheorie, vor allem seit Francis A. *Walker*[42]), ziemlich allgemein die These anerkannt wird, die Kosten des Grenzbetriebes seien „normierend" für die Preisbildung, der Preis einer Ware richte sich „normalerweise" nach den Kosten des Grenzbetriebes[43]). Werden in der Volkswirtschaft die gesamten Differentialgewinne gleich den gesamten Verlusten, dann bleibt, sofern die Differentialgewinne nicht konsumiert, sondern gespart werden, der Geldausdruck der volkswirtschaftlichen Kapitalausstattung erhalten, es kann aber durch gesparte Differentialgewinne dann keine „erhebliche zusätzliche Kapitalbildung" ermöglicht werden. Da in der empirisch gegebenen Volkswirtschaft die Grenzbetriebe jedoch in aller Regel auf

[42]) Francis A. *Walker*, The Wages Question, 1876.

[43]) Aus den zahlreichen Schriften, in denen sich diese These findet, mögen ziemlich beliebig einige Schriften vor allem der jüngsten Zeit herausgegriffen werden:

„Ordnen wir sie (sc. die Unternehmer) entsprechend ihrem Erfolg, d. h. entsprechend der Höhe ihres Gewinnes, so finden wir am Schluß Unternehmer, die überhaupt keinen Gewinn, sondern nur ihren Unternehmerlohn beziehen." (V. v. *Stackelberg*, Grundzüge der theoretischen Volkswirtschaftslehre, Stuttgart und Berlin 1943, S. 188.)

„Der Preis eines Dinges und die davon produzierte Menge sind zusammen von den allgemeinen Nachfrage- und Angebotsverhältnissen bestimmt; der Preis deckt gerade die Produktionsspesen des Teils dieser Menge, der unter den ungünstigsten Bedingungen erzeugt wurde." (Alfred *Marshall*, Handbuch der Volkswirtschaftslehre, Stuttgart und Berlin 1905. S. 418.)

„Die Warenpreise müssen noch die Aufwendungen der unter den ungünstigsten Bedingungen produzierenden Unternehmer ersetzen, wenn diese zur Deckung des Bedarfs nötig sind. Daher werden die unter günstigeren Verhältnissen arbeitenden Unternehmer einen Sondergewinn machen, den Unternehmergewinn." (Albert *Hesse*, Volkswirtschaftslehre, Offenburg und Mainz 1948, S. 187.)

Die Auffassung, daß der Grenzbetrieb im konkurrenzwirtschaftlichen Prozeß in aller Regel auf seine Kosten kommen muß, scheint so selbstverständlich geworden zu sein, daß jüngst in einem „wirtschaftspolitischen Programm" sogar die Behauptung aufgestellt wurde, der Reallohn könne nur steigen, wenn ein Sinken des „Lohnaufwands je Fertigstück im Grenzbetrieb" eintrete. „Für alle Arbeitenden kommt es darauf an, wieviel Lohn im Grenzbetrieb je Stück aufgewendet wird . . . Wenn nicht das Lohnsystem einen sinkenden Lohnaufwand (alle anderen Kosten auf den Ursprung Löhne bezogen) je Fertigungsstück im Grenzbetrieb erreicht, kann es auf die Dauer keine Steigerung des Realeinkommens des Arbeitenden geben." (M. *Schönwandt*, Was sollte getan werden? Ein wirtschaftspolitisches Programm mit dem Ziel: soziale Steigerung der Realeinkommen. In: Währung und Wirtschaft, 1. Heft, Mannheim 1949, S. 14.) In diesen Sätzen ist zugleich die Behauptung eingeschlossen, daß der Lohnpreis je Arbeitsstag nur so hoch sein soll, daß der Grenzbetrieb noch auf seine Kosten kommen kann. Unsere Darlegungen über die Lohnpreisbildung im „dynamischen Zustand" der Volkswirtschaft haben jedoch mit aller wünschenswerten Klarheit gezeigt, daß hier der Lohnpreis bei einer marktwirtschaftlichen Lohnpreisbildung, sofern sie nicht verfälscht wird, über dem Grenzprodukt des Arbeitstages im Grenzbetrieb liegt, daß also nicht das im Grenzbetrieb erzielte Grenzprodukt der Arbeit, sondern das durchschnittlich in der Volkswirtschaft erreichte Grenzprodukt ökonomischer Bestimmungsfaktor der Lohnhöhe ist.

ihre Kosten kommen, so ergibt sich natürlich eine ganz beträchtliche Erhöhung der Differentialgewinne. Von manchen volkswirtschaftlichen Autoren werden auf Grund der Erfahrung demgemäß die Differentialgewinne für so beträchtlich gehalten, daß sie der Ansicht sind, die Differentialgewinne seien die Hauptquelle der Kapitalbildung in der Volkswirtschaft.

Es ist einigermaßen verwunderlich, daß der empirisch vorfindbare Tatbestand, daß der Grenzbetrieb im Regelfall auf seine Kosten kommt, als ziemlich selbstverständlich hingenommen worden ist. Eine verhältnismäßig einfache Überlegung zeigt schon, daß auf Grund der ökonomischen Zusammenhänge zu erwarten ist, daß der Grenzbetrieb im Regelfall nicht auf seine Kosten kommt. Wenn ein Betrieb Grenzbetrieb ist, so besagt das zugleich, daß er technisch veraltet ist oder daß er schlecht organisiert ist. Sehen wir von dem wohl nicht allzu häufigen Fall ab, daß technisch moderne Betriebe zu Grenzbetrieben werden, weil sie erhebliche organisatorische Mängel aufweisen, beschränken wir uns also auf den praktisch wichtigen Fall, daß ein Betrieb wegen technischer Überalterung seiner Anlage zum Grenzbetrieb wird, so kann der Kapitalwert eines solchen Betriebes nicht mehr den ursprünglich bei seiner Errichtung aufgewendeten Kapitalkosten (unter Berücksichtigung der Abnutzung) entsprechen. Werden produktionstechnische Fortschritte gemacht, die es gestatten, mit niedrigeren Kosten zu produzieren, so werden die schon bestehenden, mit höheren Kosten produzierenden Anlagen entwertet. Ihr Kapitalwert kann also nicht mehr gleich den bei ihrer Errichtung aufgewendeten Anlagekosten (unter Berücksichtigung der Abnutzung) sein. Kommt ein technisch veralteter Betrieb auf seine Stückkosten (gemessen an den ursprünglich für die Anlage aufgewendeten Kosten), so besagt das zugleich, daß er seine ursprünglich aufgewendeten Kapitalkosten in Form von Amortisationsquoten weiter verdient. Seine Anlage hat dann jedoch vom Standpunkt der bestehenden Kosten- und Preisverhältnisse (Produktionsverhältnisse) keine Entwertung erlitten.

II

Wie erklärt sich nun der Tatbestand, daß in der Wirklichkeit die Grenzbetriebe im Regelfall auf ihre Kosten kommen, daß sich also der von uns aufgezeigte marktwirtschaftliche Zusammenhang in der Wirklichkeit nicht durchsetzt? Zur Beantwortung dieser Frage wollen wir uns zunächst den „statischen Ausgangszustand" vor Einführung des produktionstechnischen Fortschritts, d. h. vor dem Übergang unserer Wirtschaft in den „dynamischen Zustand" vor Augen führen:

Tabelle 14

	Betrieb I	Betrieb II	insgesamt
Kapitalkosten	20 Mark	20 Mark	40 Mark
Lohnkosten	100 Mark	100 Mark	200 Mark
Gesamtkosten	120 Mark	120 Mark	240 Mark
Ausbringung	120 Ster	120 Ster	240 Ster
Aufgewendete Arbeitstage	110	110	220
Stückkosten	1 Mark	1 Mark	—
Preis je Ster	1 Mark	1 Mark	—
Lohn je Arbeitstag in Mark	0,909 Mark	0,909 Mark	—
Lohn je Arbeitstag in Ster Holz	0,909 Ster	0,909 Ster	—
Grenzkosten	1 Mark	1 Mark	—
Gesamterlös	120 Mark	120 Mark	240 Mark
Geldvolumen	—	—	240 Mark

Durch die Einführung des produktionstechnischen Fortschritts beim Betrieb I steigt die Produktmenge im Betrieb I von 120 Ster Holz auf 150 Ster Holz, so daß sich die gesamte Ausbringung in unserer Volkswirtschaft von 240 Ster auf 270 Ster Holz erhöht. Soll der Grenzbetrieb (Betrieb II unserer Volkswirtschaft) bei gleichbleibendem Nominallohn weiterhin auf seine Kosten kommen, soll er also weiterhin gewinn- und verlustlos arbeiten, so muß der Geldpreis je Ster Holz weiterhin in Höhe von 1 Mark bestehen bleiben. Wie kann nun der Geldpreis je Ster Holz trotz der durch die Einführung des produktionstechnischen Fortschritts erhöhten Produktmenge in der bisherigen Höhe weiter bestehen bleiben? Dazu bedarf es nur eines Mittels, dessen fortlaufende Anwendung für die modernen Volkswirtschaften geradezu zu einer Selbstverständlichkeit geworden ist, nämlich der Kreditausweitung, d. h. der Erhöhung des Geldvolumens der Volkswirtschaft. Wird in der Volkswirtschaft unseres Beispiels das Geldvolumen von 240 Mark auf 270 Mark erhöht, so treten der erhöhten Produktmenge von 270 Ster Holz 270 Mark kaufend gegenüber, so daß der Geldpreis je Ster Holz sich auch weiterhin auf 1 Mark beläuft. (In der wirklichen Volkswirtschaft kann sich das Geldvolumen — oder besser die Geldseite der Wirtschaft — sowohl durch eine Erhöhung der Geldmenge als auch durch eine Erhöhung der Umlaufsgeschwindigkeit des Geldes vergrößern. In der Volkswirtschaft unseres Beispiels nehmen wir ein Gleichbleiben der Umlaufsgeschwindigkeit des Geldes an, so daß sich hier das Geldvolumen nur durch eine Vergrößerung der Geldmenge erhöhen kann.)

Wird in der Volkswirtschaft unseres Beispiels der produktionstechnische Fortschritt eingeführt und bei gleichbleibendem Nominallohn das Geldvolumen von 240 Mark auf 270 Mark durch eine Kreditausweitung erhöht, dann ergeben sich folgende Produktions- und Preisverhältnisse in unserer Volkswirtschaft:

Tabelle 15

	Betrieb I (mit neuer Produktionstechnik)	Betrieb II (mit alter Produktionstechnik)	insgesamt
Kapitalkosten	20 Mark	20 Mark	40 Mark
Lohnkosten	100 Mark	100 Mark	200 Mark
Gesamtkosten	120 Mark	120 Mark	240 Mark
Ausbringung	150 Ster	120 Ster	270 Ster
Stückkosten	0,80 Mark	1 Mark	—
Preis je Ster	1 Mark	1 Mark	—
Lohn je Arbeitstag in Mark	0,909 Mark	0,909 Mark	—
Lohn je Arbeitstag in Ster Holz	0,909 Ster	0,909 Ster	—
Grenzkosten	0,80 Mark	1 Mark	—
Gesamterlös	150 Mark	120 Mark	270 Mark
Geldvolumen	—	—	270 Mark
Aufgewendete Arbeitstage	110	110	220

Da nun den 270 Ster Holz 270 Mark kaufend gegenübertreten, so bleibt der Preis je Ster Holz in Höhe von 1 Mark bestehen. Durch die Vermehrung des Geldvolumens (Kreditausweitung) wird der Preisstand (das „allgemeine Preisniveau“) unserer Volkswirtschaft stabil gehalten. Bei gleichbleibendem Nominallohn bleibt demgemäß der Reallohn in unserer Volkswirtschaft trotz der Erhöhung der Produktivität der Arbeit durch die Einführung des technischen Fortschritts unverändert. Der Grenzbetrieb (Betrieb II) kommt auf seine Kosten, er produziert gewinnlos, erleidet aber auch keinen Verlust, so daß er die ursprünglich in seiner Anlage investierte Kapitalsumme voll amortisieren kann. Der (Real-) Lohn je Arbeitstag richtet sich nun nach dem im Grenzbetrieb (Betrieb II) erzielten Grenzprodukt des Arbeitstages. Und der Betrieb I, der den produktionstechnischen Fortschritt eingeführt hat, macht einen Differentialgewinn in Höhe von 30 Mark (oder 30 Ster Holz).

Dadurch, daß bei der Einführung des produktionstechnischen Fortschritts durch eine Vergrößerung des Geldvolumens der Preisstand stabilgehalten wird und so dem Grenzbetrieb eine Deckung seiner Kosten ermöglicht wird, beträgt der Differentialgewinn (bei Betrieb I) 30 Mark (oder 30 Ster Holz). Würde das Geld neutral geblieben sein, würde der marktwirtschaftliche Preisbildungsprozeß nicht durch eine Kreditausweitung verfälscht worden sein, dann würde sich — wie wir früher sahen — der Differentialgewinn (bei Betrieb I) auf 13,33 Mark (das sind bei einem Preis von 0,889 Mark je Ster 15 Ster Holz) belaufen, und diesem Differentialgewinn in Höhe von 13,33 Mark würde gleichzeitig ein Verlust von 13,33 Mark (oder 15 Ster Holz) beim Grenzbetrieb (Betrieb II) gegenüberstehen. Würde das Geld neutral (indifferent) gehalten werden, dann würden sich im „dynamischen Zustand" der Volkswirtschaft Differentialgewinne und Verluste in der Volkswirtschaft ausgleichen, während durch das mit Hilfe einer Kreditausweitung herbeigeführte Stabilhalten des Preisstandes ein Differentialgewinn von 30 Mark (oder 30 Ster Holz) entsteht, dem an keiner Stelle der Volkswirtschaft Verluste gegenüberstehen.

Der Differentialgewinn (30 Mark) wird, wenn dem Grenzbetrieb durch eine Kreditausweitung eine verlustlose Produktion ermöglicht wird, gleich der Kostenersparnis (30 Mark) oder gleich dem Wert der zusätzlichen Produktmenge (30 Mark), die durch Einführung des produktionstechnischen Fortschritts ermöglicht wird. (Bei einem Preis von 1 Mark je Ster wird durch die Einführung des produktionstechnischen Fortschritts im Betrieb I mit gleichen Arbeits- und Kapitalkosten eine Steigerung der Produktmenge von 120 Ster auf 150 Ster ermöglicht, die Kostenersparnis beträgt also 30 Mark, der Wert der zusätzlichen Produktmenge, am alten Preis gemessen, beläuft sich auf 30 Mark.) Mit der Vermehrung des Geldvolumens in Beziehung gesetzt, wird der Differentialgewinn (30 Mark) gleich dem Betrag, um den das Geldvolumen erhöht wird.

III

Wird das durch einen produktionstechnischen Fortschritt bei Neutralität des Geldes eintretende Sinken des Preises (Preisstandes) durch eine Kreditausweitung (Erhöhung des Geldvolumens) verhindert, so daß die Grenzbetriebe auf ihre Kosten kommen und gewinn- und verlustlos produzieren können, dann fließt den Unternehmern das durch die Kreditausweitung zusätzlich geschaffene Geldvolumen in Form von Differentialgewinnen restlos als „Gewinneinkommen" zu. Der durch den produktionstechnischen Fortschritt ermöglichte Zuwachs an Gütermenge wird dann in Form von Differentialgewinnen zum Gewinneinkommen der Unternehmer. Bei einer Neutralität des Geldes entsprechen im „dynamischen Zustand" der Volkswirtschaft die Differentialgewinne den Verlusten, es entsteht also per Saldo kein Gewinneinkommen, d. h. es gibt vom Standpunkt der Volkswirtschaft als Ganzes gesehen kein

Gewinneinkommen. Anders ausgedrückt: Per Saldo ist bei Neutralität des Geldes — bei Gegenüberstellung der Differentialgewinne und der Verluste — die gesamte Volkswirtschaft gewinn- und verlustlos. Vom Standpunkt der Volkswirtschaft als Ganzes gesehen ist die Summe der für die drei Produktionsfaktoren (Arbeit, Boden und Kapital) bezahlten Entgelte auch im „dynamischen Zustand" der Volkswirtschaft gleich dem Volkseinkommen (Gesamter Wert des Sozialprodukts). In der „Dynamik" (dynamischer Zustand der Volkswirtschaft) erhält jeder der drei Produktionsfaktoren für seine Mitwirkung einen Preis, der dem von ihm durchschnittlich erzielten Grenzprodukt entspricht. Daher muß in der Dynamik auch die Summe der für die drei Produktionsfaktoren (Arbeit, Boden und Kapital) bezahlten Preise gleich dem Volkseinkommen (gleich dem gesamten Wert des Sozialprodukts) sein. Es kann auch in der dynamischen Volkswirtschaft, sofern die Produktionsfaktoren nach den marktwirtschaftlich sich bildenden Entgelten bezahlt werden (d. h. sofern die konkurrenzwirtschaftliche Preisbildung nicht durch eine Kreditausweitung gestört bzw. verfälscht wird) neben dem Arbeitseinkommen, dem Zinseinkommen und dem Grundrenteneinkommen kein Residualeinkommen (Gewinneinkommen) ein gesonderter Bestandteil des Volkseinkommens sein. Es gibt also vom Standpunkt der Volkswirtschaft auch in der Dynamik nur Preiseinkommen, nämlich Entgelte für die drei Produktionsfaktoren, deren Summe das Volkseinkommen ausmacht, aber kein „Residualeinkommen", d. h. keinen Überschuß über das Preiseinkommen[44]). Da jedoch im „dynamischen Zustand" der Volkswirtschaft die Produktionsfaktoren nach ihrem *durchschnittlichen* Grenzprodukt „entlohnt" werden, so kann es für die *einzelnen* Unternehmer Differentialgewinne und Verluste geben, die sich in der gesamten Volkswirtschaft jedoch ausgleichen müssen. Für diejenigen Unternehmer, bei denen die Produktionsfaktoren ein über dem durchschnittlichen Grenzprodukt liegendes Grenzprodukt liefern, ergeben sich Differentialgewinne (weil für jeden Produktionsfaktor ein einheitlicher Preis bezahlt wird, d. h. weil jeder Produktionsfaktor bei allen seinen Verwendungen nach seinem *durchschnittlichen* Grenzprodukt bezahlt wird). Für diejenigen Unternehmer dagegen, bei denen ein nach dem durchschnittlichen Grenzprodukt bezahlter Produktionsfaktor nur ein unter dem durchschnittlichen Grenzprodukt liegendes Grenzprodukt erzielen kann, entstehen Verluste. Da die Preise (Entgelte) für die Mitwirkung der Produktionsfaktoren im dynamischen Zustand der Volkswirtschaft jedoch dem durchschnittlichen Grenzprodukt (im früher dargelegten Sinne) der Produktionsfaktoren entsprechen — sofern der konkurrenzwirtschaftliche Preisbildungsprozeß nicht durch eine Kreditausweitung gestört bzw. verfälscht wird —, so müssen sich im „Dynamischen Zustand" der Volkswirtschaft die

---

[44]) Versteht man unter Residualeinkommen ein Einkommen, das nicht ein Entgelt (Preis) für einen bei der Produktion beteiligten Faktor ist, dann kann man den Differentialgewinn als Residualeinkommen bezeichnen. Nur darf man dann nicht der Ansicht sein, daß der Differentialgewinn nicht in der Gesamtsumme der Entgelte für die Produktionsfaktoren enthalten sein kann. Wie wir gesehen haben, sind die Differentialgewinne vom Standpunkt der Volkswirtschaft gesehen in der Summe der für die Produktionsfaktoren bezahlten Entgelte enthalten. Wir werden später sehen, daß auch Fälle denkbar sind, bei denen die Differentialgewinne nicht in der Gesamtsumme der Entgelte für die Produktionsfaktoren enthalten sind. In diesen Fällen können wir auch volkswirtschaftlich gesehen von einem Residualeinkommen neben dem Preiseinkommen sprechen.

Differentialgewinne und die Verluste ausgleichen. Residualeinkommen kann es in einem durch produktionstechnische Fortschritte ausgelösten dynamischen Zustand der Volkswirtschaft wohl vom Standpunkt des einzelnen Unternehmers, nicht aber vom Standpunkt der Volkswirtschaft als Ganzes geben[45]).

IV

Wird eine preisstabilisierende Kreditausweitung vorgenommen, dann kann die Summe der gesamten Produktionskosten in der Volkswirtschaft nicht mehr gleich der Summe der Gesamterlöse in der Volkswirtschaft sein. Wird eine preisstabilisierende Kreditausweitung vorgenommen, dann betragen die gesamten Produktionskosten in unserer Volkswirtschaft 240 Mark, während sich die Gesamterlöse auf 270 Mark belaufen. Bei einer preisstabilisierenden Kreditausweitung können die gesamten Erlöse nicht mehr gleich den gesamten Produktionskosten (d. h. den Einkommen der Produktionsfaktoren) sein, weil ja dann „von außen" (also nicht aus der Einkommenbildung), nämlich durch eine Erhöhung der Geldmenge, zusätzlich zu den gebildeten (bzw. sich bildenden) Einkommen in der Volkswirtschaft kaufkräftige Nachfrage am Markt wirksam werden kann. Durch die zusätzliche Geldschöpfung übertrifft dann die kaufkräftige Nachfrage die durch die Einkommenbildung entstandene kaufkräftige Nachfrage in der Volkswirtschaft. Nun können zusätzlich Güter nachgefragt werden, ohne daß vorher eine entsprechende Einkommenbildung stattgefunden hat. Denn die wirksame Nachfrage übersteigt im Augenblick der Geldschöpfung die Einkommen der Volkswirtschaft. Wird die zusätzlich geschaffene Geldmenge am Markt wirksam, dann entstehen durch das so ausgelöste Steigen der Preise auf Kosten der Entgelte für die Produktionsfaktoren (d. h. auf Kosten der Einkommen der Produktionsfaktoren) inflationistische Gewinne. Der konkurrenzwirtschaftliche Preisbildungsprozeß wird gestört, er wird erst dann wieder wirksam, wenn durch das Steigen der Preise im Laufe der Zeit auch die Preise der Produktionsfaktoren und damit die für sie zu zahlenden Entgelte so gestiegen sind, daß die Summe der Produktionskosten in der Volkswirtschaft gleich der Summe der Erlöse in der Volkswirtschaft ist. Ist dieser Zustand erreicht, dann kommen die Grenzbetriebe nicht auf ihre Kosten, dann arbeiten sie wieder mit Verlust, und die gesamten Differentialgewinne in der Volkswirtschaft sind dann wieder gleich den gesamten Verlusten in der Volkswirtschaft.

Die gesamten Differentialgewinne sind also dann nicht gleich den gesamten Verlusten, wenn durch künstliche Schaffung zusätzlicher Nachfrage (d. h. von Nachfrage, die nicht aus der Einkommenbildung stammt) die gesamten Produktionskosten in der Volkswirtschaft nicht gleich den gesamten Erlösen in der Volkswirtschaft sind. In diesem Falle gibt es in der Volkswirtschaft auch vom Standpunkt der gesamten Volkswirtschaft gesehen Residualeinkommen, d. h. Einkommen, die nicht Preiseinkommen sind.

---

[45]) Eine Einschränkung erfährt dieser Sachverhalt nur – wie wir später noch sehen werden –, wenn die Einkommenbildung künstlich durch inflationistische Kreditausweitungen oder durch machtmäßige Eingriffe gestört wird.

9. Die Erhöhung der Gewinneinkommen auf Kosten der Lohnempfänger, Zinseinkommenbezieher und Grundrentenbezieher durch preisstabilisierende Kreditausweitungen

I

Durch eine Kreditausweitung (Vergrößerung des Geldvolumens), die das durch produktionstechnische Fortschritte eintretende Sinken des Preisstandes verhindert (und es so den Grenzbetrieben ermöglicht, auf ihre Kosten zu kommen), wird der Lohnpreis (als Reallohn) auf den Satz gedrückt, der dem Grenzprodukt des Arbeitstages im Grenzbetrieb entspricht. Während der Lohnpreis als (Reallohn) für Arbeit gleicher Art bei einer Neutralität des Geldes durch das durchschnittliche Grenzprodukt der betreffenden Art von Arbeit bestimmt ist, wird durch die Kreditausweitung, die eine Stabilisierung des Preisstandes ermöglicht, der (Real-) Lohn so weit gesenkt, daß er nur noch dem Grenzprodukt des Arbeitstages im Grenzbetrieb entspricht. Bei Verwendung von produktionstechnischen Fortschritten führt die preisstabilisierende Kreditausweitung zu einer künstlichen Senkung des (Real-) Lohns unter den Satz, der sich bei nicht gestörtem konkurrenzwirtschaftlichen Preisbildungsprozeß ergeben würde. Auch dann, wenn das Geldvolumen bei einer durch einen produktionstechnischen Fortschritt ermöglichten Erhöhung der Produktmenge nur um den Betrag vergrößert wird, der dem durch den produktionstechnischen Fortschritt ermöglichten Zuwachs des Güterangebotes entspricht, ist die Kreditausweitung eine Maßnahme, die die Unternehmer auf Kosten der Arbeiter begünstigt. Sie führt zu einer Verteilung des „Realeinkommens der Volkswirtschaft“, die dem konkurrenzwirtschaftlichen Preisbildungsprozeß nicht entspricht[46]). Der gesamte, durch den produktionstechnischen Fortschritt entstehende Zuwachs an Gütermenge wird durch die preisstabilisierende Kreditausweitung den Unternehmern in Form von „Gewinneinkommen“ in die Hände gespielt, während die Arbeiter durch eine solche Kreditausweitung gezwungen werden, zu einem (Real-) Lohn zu arbeiten, der unter dem Satz liegt, der sich bei einem nicht künstlich gestörten Verlauf des marktwirtschaftlichen Preisbildungsprozesses ergeben würde. Den Unternehmern werden auf diese Weise (vor allem) auf Kosten des Arbeitslohnes außergewöhnliche Gewinne ermöglicht.

---

[46]) Hier könnte man einwenden, auch dann, wenn die Preisbildung künstlich von der Geldseite beeinflußt werde, liege immer noch eine konkurrenzwirtschaftliche Preisbildung vor, sofern keine monopolistischen, oligopolistischen usw. Preissetzungen gegeben seien. Stellt man sich auf diesen Standpunkt, dann muß man natürlich so konsequent sein und auch noch den Preisbildungsprozeß während einer extremen Inflation als konkurrenzwirtschaftlichen Preisbildungsprozeß bezeichnen. Eine solche Auffassung läßt sich gewiß vertreten. Nur kann man dann nicht mehr behaupten, der Konkurrenzpreisbildungsprozeß führe zu einer Preisbildung, die die Knappheit der Produktionsfaktoren ausdrückt, sie führe der Tendenz nach dazu, daß der Wert des Grenzprodukts eines Produktionsfaktors in allen seinen Verwendungen gleich hoch wird und daß sich bei Konkurrenzpreisbildung ein Gütermaximum ergibt. Denn der Konkurrenzpreisbildungsprozeß, den die Wirtschaftstheorie darstellt und von dem sie die angeführten Aussagen macht, ist nicht mehr wirksam, wenn der Preisbildungsprozeß durch die Geldseite der Wirtschaft künstlich beeinflußt (verändert) wird. Wenn wir sagen, daß die Einkommenverteilung nicht mehr dem kon-

II

Durch eine preisstabilisierende Kreditausweitung (Vergrößerung des Geldvolumens) wird der (Real-) Lohn vom durchschnittlichen Grenzprodukt des Arbeitstages (bei Arbeit gleicher Art) auf das Grenzprodukt des Arbeitstages im Grenzbetrieb herabgedrückt. Die Verminderung der (Real-) Lohnsumme (für Arbeit gleicher Art) durch eine preisstabilisierende Kreditausweitung ist daher gleich der Differenz aus den Produkten „Gesamtmenge an Arbeitstagen" (A_M) mal „durchschnittliches Grenzprodukt des Arbeitstages" (G_{pd}) und „Gesamtmenge an Arbeitstagen" (A_M) mal „Grenzprodukt des Arbeitstages im Grenzbetrieb" (G_{p1}). Es gilt demgemäß für die „Verminderung der (Real-) Lohnsumme" (V_L) bei Arbeit gleicher Art:

$$(1)\quad V_L = A_M \cdot G_{pd} - A_M \cdot G_{p1}\,.$$

In der Volkswirtschaft unseres Beispiels gibt es nur eine Art von Arbeit, d. h. die in ihr aufgewendeten 220 Arbeitstage sind Arbeit ein und derselben Art. In dieser Volkswirtschaft wird die gesamte (Real-) Lohnsumme also für Arbeit ein und derselben Art bezahlt, so daß V_L für unsere Volkswirtschaft die gesamte Verminderung der volkswirtschaftlichen (Real-) Lohnsumme darstellt. In unserer Volkswirtschaft nehmen die Größen A_M, G_{pd} und G_{p1} folgende Werte an: A_M = 220 Arbeitstage, G_{pd} = 1,0227 Ster Holz, G_{p1} = 0,909 Ster Holz. Demgemäß gilt gemäß Gleichung (1):

$$V_L = 225 \text{ Ster} - 200 \text{ Ster} = 25 \text{ Ster.}$$

Durch die preisstabilisierende Kreditausweitung vermindert sich die (Real-) Lohnsumme in der Volkswirtschaft unseres Beispiels um 25 Ster Holz. In unseren Darlegungen über die (Real-) Lohnbildung stellten wir fest, daß die (Real-) Lohnsumme bei der Verwendung des produktionstechnischen Fortschritts im Betrieb I um 25 Ster Holz steigt, wenn das Geld neutral bleibt. Da infolge der preisstabilisierenden Kreditausweitung die (Real-) Lohnsumme in der Volkswirtschaft trotz der Verwendung des produktionstechnischen Fortschritts nicht steigt, so tritt durch die preisstabilisierende Kreditausweitung eine Verminderung der (Real-) Lohnsumme um 25 Ster Holz ein (gegenüber der Reallohnsumme bei einem Neutralbleiben des Geldes). Diese 25 Ster Holz fließen den Unternehmern (durch die Kreditausweitung) als „Gewinneinkommen" zu.

Nun betragen aber die durch die preisstabilisierende Kreditausweitung ermöglichten „Gewinneinkommen" nicht nur 25 Ster Holz, sondern 30 Ster Holz. (Der gesamte, durch die Verwendung des produktionstechnischen Fortschritts [beim Betrieb I] entstehende Zuwachs an Gütermenge, nämlich 30 Ster Holz, fließt den Unternehmern als „Gewinneinkommen" zu.) 25 von diesen 30 Ster Holz „Gewinneinkommen" erhalten die Unternehmer — wie wir soeben sahen

kurrenzwirtschaftlichen Preisbildungsprozeß entspricht, dann meinen wir den Preisbildungsprozeß, der sich ohne monetäre Eingriffe in die Preisbildung vollzieht und von dem wir in der Wirtschaftstheorie die oben gemachten Aussagen machen können. Eine preisstabilisierende Kreditausweitung bei einer intensiven Produktionsausweitung setzt einen Eingriff in den konkurrenzwirtschaftlichen Preisbildungsprozeß, nämlich eine Verfälschung des Zinspreises und damit eine Verfälschung der Preisrelationen voraus.

— durch das Sinken des (Real-) Lohns vom durchschnittlichen Grenzprodukt des Arbeitstages auf das Grenzprodukt des Arbeitstages im Grenzbetrieb. Es sinkt durch die preisstabilisierende Kreditausweitung jedoch nicht nur der (Real-) Lohn vom durchschnittlichen Grenzprodukt auf das im Grenzbetrieb zu erzielende Grenzprodukt des Arbeitstages, sondern es sinkt auch der vom Käufer des Produkts (Holz) im Produktpreis vergütete Betrag für die Mitwirkung des Kapitals (Amortisationskosten und Verzinsung), ausgedrückt in Einheiten des erzeugten Produkts (Ster Holz). Er sinkt vom durchschnittlichen Grenzprodukt der Kapitalverwendung auf das im Grenzbetrieb erzielte Grenzprodukt der Kapitalverwendung. Solange das Geld neutral bleibt, richtet sich das Entgelt für den Produktionsfaktor Kapital (Entgelt für die Kapitalverwendung) nach dem durchschnittlichen Grenzprodukt der Kapitalverwendung, ausgedrückt in Gütereinheiten (Ster Holz). Wird eine preisstabilisierende Kreditausweitung vorgenommen, so sinkt das Entgelt für die Kapitalverwendung auf das im Grenzbetrieb erzielte Grenzprodukt der Kapitalverwendung.

Die Differenz zwischen dem in unserer Volkswirtschaft insgesamt für die Kapitalverwendung bezahlten Betrag bei einer Preisbildung nach dem durchschnittlichen Grenzprodukt und bei einer Preisbildung nach dem Grenzprodukt im Grenzbetrieb beträgt 5 Ster Holz. Es fließen also bei einer preisstabilisierenden Kreditausweitung auch diese 5 Ster Holz den Unternehmern als „Gewinneinkommen“ zu, so daß sich für die Unternehmer durch die preisstabilisierende Kreditausweitung ein „Gewinneinkommen“ von insgesamt 30 Ster Holz ergibt.

Die „Verminderung des Entgelts für die Kapitalverwendung, ausgedrückt in Einheiten des erzeugten Produkts“ (V_K), die sich durch eine preisstabilisierende Kreditausweitung ergibt, ist gleich der Differenz aus den Produkten „Gesamtzahl der Einheiten Kapitalverwendung“ (K_M) mal „durchschnittliches Grenzprodukt der Kapitalverwendung“ (G_{Kd}) und „Gesamtzahl der Einheiten Kapitalverwendung“ (K_M) mal „Grenzprodukt der Kapitalverwendung im Grenzbetrieb“ (G_{p2}). Es gilt also:

$$(2)\ V_K = K_B \cdot G_{Kd} - K_M \cdot G_{p2}.$$

In der Volkswirtschaft unseres Beispiels haben wir von der Mitwirkung des Produktionsfaktors Boden abstrahiert. Wirkt — was in der Wirklichkeit regelmäßig der Fall ist — auch der Produktionsfaktor Boden bei der Produktion mit, und ist demgemäß auch für die Mitwirkung des Faktors Boden ein Preis, nämlich Grundrente zu zahlen[47]), so wird im dynamischen Zustand der Volkswirtschaft auch der Preis für die Mitwirkung von Boden *bestimmter Kategorie* (Qualität) durch das durchschnittliche Grenzprodukt des Bodens der betreffenden Kategorie (Qualität) bestimmt. Und wie bei der Arbeit und beim Kapital wird auch beim Boden das Entgelt für die Nutzung des Bodens vom durchschnittlichen Grenzprodukt des Bodens der betreffenden Bodenkategorie auf das im Grenzbetrieb erzielte Grenzprodukt der betreffenden Bodenkategorie herabgedrückt, wenn eine preisstabilisierende Kreditausweitung vorgenommen wird. Wenn wir annehmen, daß in der Volkswirtschaft nur eine Bodenkategorie gegeben ist, dann können wir schlechthin sagen: Durch eine preisstabilisierende

[47]) Über das Wesen der Grundrente siehe: Erich *Carell*, Bodenknappheit und Grundrentenbildung, Berlin 1948.

Kreditausweitung wird die Grundrente vom durchschnittlichen Grenzprodukt des Bodens auf das im Grenzbetrieb erzielte Grenzprodukt des Bodens herabgedrückt. Die „Verminderung des Grundrenteneinkommens, ausgedrückt in Produkteinheiten" (V_G), die in der Volkswirtschaft durch eine preisstabilisierende Kreditausweitung eintritt, ist gleich der Differenz aus den Produkten „Gesamtmenge an Boden" (B_M) mal „durchschnittliches Grenzprodukt des Bodens" (G_{Bd}) und „Gesamtmenge an Boden" (B_M) mal „Grenzprodukt des Bodens im Grenzbetrieb" (G_{p3}). Es gilt also:

$$(3)\ V_G = B_M \cdot G_{Bd} - B_M \cdot G_{p3}.$$

Das durch eine preisstabilisierende Kreditausweitung sich ergebende „Gewinneinkommen", ausgedrückt in Produkteinheiten, ist gleich der Summe aus der „Verminderung der (Real-) Lohnsumme" (V_L), der „Verminderung des Entgelts für die Kapitalverwendung" (V_K) und der „Verminderung des Grundrenteneinkommens" (V_G). Es gilt also:

$$(4)\ E = V_L + V_K + V_G.$$

III

Wir haben festgestellt, daß die Grenzbetriebe dann auf ihre Kosten kommen, also gewinn- und verlustlos produzieren, während die „besseren Betriebe" Differentialgewinne machen, wenn durch Kreditausweitungen (Vergrößerung des Geldvolumens) das durch produktionstechnische Fortschritte eintretende Sinken des Preisstandes verhindert wird. Der empirisch vorfindbare Tatbestand, daß im Regelfall die Grenzbetriebe auf ihre Kosten kommen, ist den fortlaufend in der Volkswirtschaft erfolgenden Kreditausweitungen zuzuschreiben, diese haben die Preissenkungen, die eigentlich durch produktionstechnische Fortschritte eintreten würden, ganz oder zum überwiegenden Teil kompensiert, sehr häufig sogar überkompensiert.

Wir können im Rahmen dieser Schrift keine eingehende Darstellung des modernen Geld- und Kreditwesens geben, müssen uns daher mit einem kurzen Hinweis auf ziemlich allgemein bekannte Tatbestände und Sachverhalte begnügen, die die in den Volkswirtschaften fortlaufend erfolgenden Kreditausweitungen erklären. Die Tendenz, das Geldvolumen durch Ausweitung der Kredite fortlaufend zu vergrößern, ist dem modernen Bankwesen immanent. Die Banken sehen sich einem ständigen Verlangen nach Gewährung von Krediten gegenüber, sie stehen unter dem fortwährenden Druck zusätzlicher Kreditwünsche aus der „Wirtschaft". Andererseits haben die Banken alles Interesse daran, zusätzliche Bankkredite zu schaffen, da zusätzlich gegebene Kredite zusätzliche Zinseinnahmen, zusätzliche Provisionseinnahmen usw. bedeuten. Da die Schaffung zusätzlicher Kredite für die Banken gewinnbringend ist, sind diese selbstverständlich geneigt, lieber zu viel als zu wenig Kredite zu geben.

Durch die Einführung produktionstechnischer Fortschritte entsteht eine zusätzliche Gütermenge in der Volkswirtschaft. Die Forderung, für die zusätzliche Gütermenge, die entweder schon vorhanden oder in kurzer Zeit erwartet wird, auch eine zusätzliche Geldmenge zu schaffen, d. h. zusätzliche

Kredite zu geben, erscheint den Banken — und nicht nur ihnen — als eine durchaus berechtigte. Die Banken empfinden es in der Regel als durchaus angebracht, den Produzenten zusätzliche Kredite in Höhe der zusätzlich zu erwartenden (oder bereits zusätzlich produzierten) Güter unter Berücksichtigung der bestehenden Preise zu bewilligen. Und die Notenbanken in fast allen Staaten der Welt pflegen eine solche zusätzliche Kreditschaffung und damit Vergrößerung des Geldvolumens zu begrüßen. Auch sie sind der Meinung, daß für eine zusätzlich geschaffene Gütermenge eine entsprechend hohe zusätzliche Geldmenge geschaffen werden müsse. Nichts scheint so groß, wie die Angst, daß eine Vermeidung von Kreditausweitungen zur Arbeitslosigkeit führen könnte. Die Furcht vor dem Auftreten der Arbeitslosigkeit ist so allgemein, und das Mittel, ihr mit Kreditausweitungen vorzubeugen, so bequem, daß den Forderungen nach sogenannten „antideflationistischen Maßnahmen", d. h. nach Kreditausweitungen, leicht und gern entsprochen wird. Und man ist aus dieser Furcht heraus nur allzu leicht geneigt, in *jedem* Sinken des Preisstandes ein Zeichen „beginnender Deflation" zu sehen. Demgemäß ist es nicht verwunderlich, daß die durch produktionstechnische Fortschritte ermöglichten Preissenkungen in aller Regel durch Kreditausweitungen fortlaufend kompensiert oder sogar überkompensiert werden. Kreditausweitungen, die ein durch produktionstechnische Fortschritte eintretendes Sinken des Preisstandes verhindern, gelten ja allgemein als „nichtinflationistische Kreditausweitungen", da durch sie die Kaufkraft des Geldes nicht vermindert wird[48]). Nicht wenig trägt zu den in den Volkswirtschaften fortlaufend vorgenommenen Kreditausweitungen die „Politik des billigen Geldes" bei, durch die die wirksame Nachfrage nach Kredit erheblich erhöht wird. Selbst wenn sich in einer Volkswirtschaft durch die „Politik des billigen Geldes" eine so starke fortlaufende Erhöhung des Geldvolumens ergibt, daß sich ständig ein inflationistisches Steigen des Preisstandes zeigt, pflegt man nicht selten lieber zu „Preiskontrollen" und Rationierungsmaßnahmen zu greifen, als die „Politik des billigen Geldes" aufzugeben. Die Erfahrungen aus der Weltwirtschaftskrisis 1929/33 haben — ob zu Recht oder zu Unrecht, muß hier unerörtert bleiben — das „Teure Geld" suspekt gemacht[48a]). Nach all dem Gesagten ist es nicht verwunderlich, daß der „inflationistische Druck" zu einer Art Dauererscheinung in den Volkswirtschaften zu werden scheint.

Für die Anhänger der Indexwährung, die in einem Geld mit stabiler Kaufkraft (also in einer Stabilisierung des Preisniveaus) ein wirtschaftliches Ideal sehen, sind Kreditausweitungen, die ein durch produktionstechnische Fortschritte eintretendes Sinken des Preisniveaus verhindern, eine selbstverständliche Forderung. Durch die Lehren von J. M. *Keynes*, die in manchen Ländern eine große und dazu noch begeisterte Anhängerschaft gefunden haben, sind in

---

[48]) Wird bei einer zusätzlich in der Volkswirtschaft auftretenden Gütermenge eine entsprechende zusätzliche Geldmenge in den Verkehr gebracht, so kann sehr wohl ein Steigen des Preisstandes eintreten, da ja die zusätzliche Geldmenge häufiger als die zusätzliche Warenmenge von Hand zu Hand gehen kann.

[48a]) So schreibt z. B. *R. G. Hawtrey*: „Dear money has become distasteful because experience has shown that it does its work; it deters borrowers, checks the creation of money, and so inaugurates a deflationary tendency. Deflation, as the source of depression and unemployment, has very rightly become odious." (Moneteary Aspects of the Economic Situation, The American Economic Review, Vol. XXXVIII, 1948, S. 51.)

manchen Ländern fortlaufend vorgenommene Kreditausweitungen zum festen Bestandteil der Wirtschaftspolitik geworden. Nach den Darlegungen eines sehr maßgebenden deutschen Wirtschaftspolitikers soll auch für Deutschland der „stabile Preisstand“ zum „neuen Kurs der Wirtschaftspolitik“ werden[49]. Wenn wir uns nun noch daran erinnern, daß nicht nur die Unternehmer, sondern auch die Vertreter der Arbeiterorganisationen (Gewerkschaften usw.) aus Furcht vor dem Auftreten von Arbeitslosigkeit Kreditausweitungen sehr sympathisch gegenüberstehen, so können wir wohl die Aussage machen, daß keine wirtschaftspolitische Forderung sich einer so großen Anerkennung und allgemeinen Beliebtheit erfreut wie die Forderung nach Kreditausweitungen.

IV

Den Unternehmern ist natürlich nichts unerwünschter als ein Sinken der Preise, auch dann, wenn das Sinken der Preise durch eine Erhöhung der Produktmenge ausgelöst wird, die auf die Verwendung produktionstechnischer Fortschritte zurückzuführen ist. Sie ziehen verständlicherweise ein Steigen der Preise vor[49a], zum mindesten wünschen sie auch bei Verwendung von produktionstechnischen Fortschritten ein Gleichbleiben der Preise. Steigen die Preise, dann erhöhen sich ja die Gewinne der Unternehmer.

Wie sehr aber auch das *Stabilhalten* des Preisstandes bei produktionstechnischen Fortschritten den Unternehmern zugute kommt und wie sehr ein solches Stabilhalten des Preisstandes die Gewinne der Unternehmer auf Kosten der Lohnempfänger (und der Zins- und Grundrentenbezieher) erhöht, haben wir eingehend dargelegt. Kreditausweitungen, die ein durch produktionstechnische Fortschritte eintretendes Sinken des Preisstandes verhindern, sind wirtschaftspolitische Maßnahmen, die den marktwirtschaftlichen Preisbildungsprozeß so beeinflussen, daß die Verteilung des Volkseinkommens zugunsten der Unternehmer auf Kosten der Lohnempfänger (und Zins- und Grundrentenbezieher) geändert wird. Solche Kreditausweitungen verstoßen daher nicht nur gegen die soziale Gerechtigkeit, sie verstoßen auch gegen die marktwirtschaftlichen Prinzipien der Verteilung des Sozialprodukts auf Arbeit, Boden und Kapital. Vor allem die personelle Einkommenverteilung wird, da die Arbeiter benachteiligt und die Unternehmer begünstigt werden, auf diese Weise unsozialer, wenigstens vom Standpunkt dessen, der in einer durch wirt-

---

[49]) In einem Aufsatz von *Ludwig Erhard*, Stabiler Preisstand. Der neue Kurs der Wirtschaftspolitik. In: Währung und Wirtschaft, Heft 1, Mannheim 1949, heißt es: „Auf die Dauer bedeuten eben sinkende Preise Deflation und Depression. (S. 5) . . . Ebenso folgerichtig und fest wie damals die Heilung des Taumels durch Beeinflussung der Marktfaktoren erfolgte, werden künftig die Faktoren beeinflußt werden, die einen gleichbleibenden Preisstand, also stabilen Geldwert, herbeiführen. (S. 8) . . . Auf optimale Leistungssteigerung bei *stabilem Preisstand* geht der neue Kurs der Wirtschaftspolitik, für dessen Befolgung ich einstehe.“ (S. 9.)

[49a]) „Ein allmähliches Steigen des Preisniveaus gefällt dem Unternehmer, und der Unternehmer sitzt im Sattel und hält die Zügel der Produktion in den Händen. Die *Inflationisten* unter den Unternehmern wissen im großen ganzen recht gut Bescheid.“ (*D. H. Robertson*, Das Geld, Berlin 1924, S. 103.)

schaftspolitische Maßnahmen herbeigeführten Begünstigung der wirtschaftlich Starken auf Kosten der wirtschaftlich Schwachen ein der Wirkung nach unsoziales Handeln sieht. Daher stellen solche Kreditausweitungen in ihrer Wirkung ein höchst unsoziales Eingreifen in den marktwirtschaftlichen Prozeß dar. Sie stehen zu dem, was man mit dem Begriff „Soziale Marktwirtschaft" zu bezeichnen sich gewöhnt hat, in völligem Gegensatz, da sie zu einer höchst unsozialen Gestaltung der Marktwirtschaft führen. Nicht weniger wichtig als die sozialen Konsequenzen preisstabilisierender Kreditausweitungen bei produktionstechnischen Fortschritten ist der Verlust wichtiger Funktionen der Marktwirtschaft, der durch die fortlaufend vorgenommenen preisstabilisierenden Kreditausweitungen eintritt. Wenn es zur Regel wird, daß die Grenzbetriebe auf ihre Kosten kommen, so bedeutet das zugleich, daß sie im Regelfall ihr investiertes Kapital voll amortisieren können. Da jeder Grenzbetrieb auch einmal, nämlich zur Zeit seiner Errichtung ein Betrieb war, der mit der neuesten Produktionstechnik gearbeitet hat, also nach seiner Errichtung Differentialgewinne beziehen konnte, so wird also durch die preisstabilisierenden Kreditausweitungen jedem Betrieb ermöglicht, zunächst ein künstlich erhöhtes Gewinneinkommen zu beziehen und dazu noch sein Anlagekapital voll zu amortisieren. Ein Grenzbetrieb verschwindet erst dann, wenn er sein Anlagekapital restlos abgenutzt hat, d. h. das Anlagekapital in Form von verdienten Amortisationsquoten wieder in die flüssige Form (d. h. in Geldkapital) gebracht hat. Dann kann der betreffende Unternehmer (Eigentümer des Grenzbetriebes) die Produktionsanlage mit Hilfe der voll verdienten Amortisationsquoten wieder neu errichten und zwar unter Verwendung des neuesten Standes der Produktionstechnik. Das Risiko, als Grenzbetrieb ausgeschaltet zu werden und Verluste zu erleiden, d. h. das investierte Kapital nicht mehr restlos in Form von verdienten Amortisationsquoten „hereinzubekommen", wird damit den Unternehmern abgenommen. Die Allgemeinheit garantiert auf diese Weise für den Regelfall den Unternehmern bei der Errichtung ihrer Betriebe künstlich überhöhte Differentialgewinne und gleichzeitig dazu noch die volle Amortisation des von ihnen investierten Kapitals. Der Unternehmer ist damit kein Unternehmer mehr im Sinne der Konkurrenzwirtschaft. Wir bekommen durch die preisstabilisierenden Kreditausweitungen eine unsoziale Marktwirtschaft mit sozialisiertem Unternehmerrisiko und garantiertem Gewinneinkommen.

Das, was die Konkurrenzwirtschaft in *wirtschaftlicher* Hinsicht den anderen Organisationsformen der Wirtschaft so sehr überlegen erscheinen läßt, ist nicht zuletzt der kontinuierliche Verdrängungsprozeß der Grenzbetriebe, ist der Tatbestand, daß Preiskonkurrenz besteht, die zu einer fortlaufenden Verbilligung und Verbesserung der Produktion führt, so daß sich die Versorgung der Masse der Konsumenten fortlaufend bessert. Durch den fortlaufenden Preissenkungs- und Verdrängungsprozeß steht die Marktpreisbildung im Dienste der Konsumenten, durch ihn wird die bestmögliche Versorgung der Konsumenten erreicht. Wird der Verdrängungsdruck durch preisstabilisierende Kreditausweitungen zum Schaden der Konsumenten beseitigt, wird den Unternehmern die Amortisation ihres Anlagekapitals garantiert und das Unternehmerrisiko auf diese Weise auf die Masse der Konsumenten abgewälzt, dann wird damit ein Wesensmoment der Konkurrenzwirtschaft beseitigt[50]) und der Wirtschaft zugleich ein entscheidender Faktor des Leistungsantriebs genommen.

Die Wettbewerbswirtschaft beruht auf zwei grundlegenden Institutionen: Der Freiheit des Wettbewerbs (d. h. die Freiheit für jedermann, ein Unternehmen in jedem [privatwirtschaftlich betriebenen] Wirtschaftszweig jederzeit eröffnen und erweitern zu können) und dem Preiswettbewerb. Wird eine dieser für die Wettbewerbswirtschaft fundamentalen Institutionen beseitigt, gleichgültig in welcher Form oder mit welchen Mitteln das geschieht, dann sollte man aufhören, von Wettbewerbswirtschaft zu sprechen. Wer davon überzeugt ist, daß die Wettbewerbswirtschaft für die Menschheit weit größere Vorteile als Nachteile hat und daß sie — trotz mancher Mängel, die sie zweifellos aufzuweisen hat — vom Standpunkt der Güterversorgung und der Freiheit des Menschen gesehen allen anderen Organisationsformen der Volkswirtschaft überlegen ist, wird den Mißbrauch des Wortes „Wettbewerbswirtschaft" mit aller wünschenswerten Deutlichkeit ablehnen müssen.

10. Führt das durch produktionstechnische Fortschritte herbeigeführte Sinken des Preisstandes zum Auftreten von Arbeitslosigkeit?

I

Mit dem zutreffenden Hinweis, daß die „Gewinneinkommen" wenigstens zu einem nicht unerheblichen Teil nicht konsumiert, sondern gespart werden und so zu einer Erhöhung der Kapitalbildung in der Volkswirtschaft führen, ist das Herunterdrücken des (Real-) Lohnes vom durchschnittlichen[51]) Grenzprodukt des Arbeitstages auf das Grenzprodukt des Arbeitstages im Grenzbetrieb natürlich nicht zu rechtfertigen. Jedes Herunterdrücken des Lohnes unter den Satz, der den marktwirtschaftlichen Verteilungsgesetzen entspricht, bedeutet, daß die Arbeiter um den ihnen nach den marktwirtschaftlichen Verteilungsprinzipien zustehenden Lohn gebracht werden. Ob das Herunterdrücken des Lohnes unmittelbar machtmäßig oder mittelbar durch wirtschaftspolitische Maßnahmen wie eine preisstabilisierende Kreditausweitung ermöglicht wird, ändert an dem Tatbestand nichts, daß den Arbeitern ein Teil des ihnen zustehenden Einkommens abgenommen und den Unternehmern in die Tasche geschoben wird. Und genau so wenig wie die Ausbeutung der Arbeitskraft in den Zeiten der Sklaverei oder das machtmäßige Herunterdrücken

---

[50]) Dieser Sachverhalt wird häufig nicht gesehen. So schreibt z. B. Ludwig *Erhard*: „Man mißverstehe nicht: der stabile Kaufwert, die Neutralität des Geldes sind zwar Voraussetzungen der wirtschaftlichen Bestleistungen, bedeuten aber auch in der Marktwirtschaft nicht etwa Risikofreiheit. Wenn der allgemeine Druck auf die Preise wegfällt, so bleibt doch in jedem Wirtschaftsbereich der Druck oder besser Sporn des Wettbewerbs." (Ludwig *Erhard*, a. a. O., S. 9.)

Ganz abgesehen davon, daß in diesem Zitat das wertstabile Geld zu Unrecht mit dem neutralen Geld identifiziert wird, ist Wettbewerb im Sinne der vollkommenen Konkurrenz ohne „Druck auf die Preise" nicht gut vorstellbar. Welchen Druck kann noch ein Wettbewerb ausüben, bei dem der „Druck auf die Preise" fortfällt? Mit der Beibehaltung des Wortes „Wettbewerb" ist es nicht getan. Man kann nicht gut eine Wirtschaft als Wettbewerbswirtschaft bezeichnen, in der der Wettbewerb fortfällt.

[51]) Im früher dargelegten Sinne.

des Lohnes in der Zeit des Frühkapitalismus ihre Rechtfertigung dadurch finden können, daß sie die Kapitalbildung sehr gefördert haben, genau so wenig kann das Herunterdrücken des (Real-) Lohnes durch preisstabilisierende Kreditausweitungen mit einer Zunahme der Kapitalbildung gerechtfertigt werden. Es steht auch durchaus nicht fest, ob nicht zum mindesten ein Teil der durch die Kreditausweitung ermöglichten „Gewinneinkommen" auch gespart worden wäre, wenn sie den marktwirtschaftlichen Preisbildungsprinzipien entsprechend den Arbeitern in Form höherer Reallöhne (und den Grundrentenbeziehern und Zinsempfängern in Form höherer Realeinkommen) zugeflossen wären. Es darf nicht vergessen werden, daß ein mehr oder minder großer Teil der durch Kreditausweitungen ermöglichten „Gewinneinkommen" von den Unternehmern konsumiert zu werden pflegt. Die Menschen unserer Zeit — einschließlich der Unternehmer — pflegen nicht mehr ihr Einkommen so sparsam auszugeben wie die der zweiten Hälfte des neunzehnten Jahrhunderts. Aber auch wenn man der Ansicht zustimmen kann, daß sich durch diese „Gewinneinkommen" eine nicht unbeträchtliche Erhöhung der Kapitalbildung in der Volkswirtschaft ergibt, so bleibt eine den Unternehmern auf Kosten des laufenden Konsums der Arbeiter ermöglichte Kapitalakkumulation doch ein Verstoß gegen die konkurrenzwirtschaftlichen Verteilungsprinzipien und gegen die soziale Gerechtigkeit.

II

Das düstere Gespenst der Arbeitslosigkeit, das sich dem allgemeinen Bewußtsein mit dem Wort „Deflation" verbunden hat, hat begreiflicherweise die Furcht vor einer Deflation bei den von ihr am schlimmsten Betroffenen, den Arbeitern, besonders groß werden lassen. Nun wird der Begriff Deflation in der Wissenschaft vieldeutig verwendet, in der wirtschaftspolitischen Praxis droht er sogar zu einem Schlagwort zu werden. Ohne hier auf begriffliche Erörterungen eingehen zu wollen, können wir doch sagen, daß mit dem Begriff Deflation die Vorstellung einer Verminderung der Geldmenge, die über ein Sinken der Preise zum Zusammenbruch von Unternehmungen und zur Arbeitslosigkeit führt, verbunden zu sein pflegt. Ergibt sich jedoch durch produktionstechnische Fortschritte ein Sinken des Preisstandes in der Weise, daß bei gleichbleibendem Geldvolumen durch die Erhöhung der Produktmenge ein Sinken der Preise derjenigen Güter eintritt, die nun auf Grund produktionstechnischer Fortschritte billiger hergestellt werden können, so bleibt das Geld neutral, d. h. es beeinflußt den Austausch der Waren und Leistungen und den Preisbildungsprozeß in keiner Weise, sondern es beschränkt sich bei der Produktion und Verteilung der Güter auf die Tauschmittelfunktion, es vermittelt lediglich den Austausch der Güter, ohne ihn zu stören. Das Volkseinkommen sinkt dann, in Geldeinheiten ausgedrückt, nicht, sondern es bleibt, in Geldeinheiten ausgedrückt, konstant. Als Realeinkommen jedoch steigt das Volkseinkommen, da die Produktivität der Volkswirtschaft durch den produktionstechnischen Fortschritt steigt und die Gütermenge in der Volkswirtschaft wächst. Das höhere Realeinkommen der Volkswirtschaft bei gleichbleibendem Geldeinkommen drückt sich darin aus, daß der Preisstand sinkt, d. h. der Geldwert (im Sinne der Kaufkraft des Geldes) steigt. Bei den Grenzbetrieben entstehen durch die Verwendung produktionstechnischer Fortschritte in den anderen Betrieben (bei einem Neutralbleiben des Geldes) zwar Verluste, zu gleicher Zeit entstehen aber an „anderer Stelle" Differentialgewinne in gleicher Höhe der Verluste. Die Grenzbetriebe sind auf Grund eintretender Verluste nicht gezwungen, die Produktion stillzulegen. Bevor sie nicht Verluste in voller Höhe ihres Anlagekapitals erleiden, kommen sie noch auf ihre variablen Kosten. Sinkt der Preis unter ihre Stückkosten, dann werden sie häufig noch einen mehr oder minder großen Teil des in ihren Anlagen noch investierten Kapitals (gemessen an den bei Errichtung der Anlagen aufgewendeten Kosten, also gemessen an den „historischen Kosten" der Anlagen) in Form von verdienten Amortisationsquoten „hereinbringen". Eine Stillegung der Anlagen lediglich wegen eines eintretenden Verlustes würde daher für die Grenzbetriebe ein unwirtschaftliches Verhalten sein, da sie ja dann auf die noch mögliche *teilweise* Amortisation des in ihren Anlagen investierten Kapitals verzichten müßten. Besteht vollkommene Konkurrenz in der Volkswirtschaft, dann kann sich also bei einem durch Einführung produktionstechnischer Fortschritte ausgelösten Sinken von Preisen auf keinen Fall Arbeitslosigkeit ergeben, solange der Preis nicht unter die variablen Kosten der Grenzbetriebe sinkt. Kommt es zur Verdrängung der Grenzbetriebe, dann braucht ebenfalls keine Arbeitslosigkeit einzutreten, da die in den Grenzbetrieben freigesetzten Arbeitskräfte in den besseren Betrieben Verwendung finden, sofern die „besseren Betriebe" ökonomisch richtig, d. h. nach dem Prinzip „Grenzkosten gleich Preis" handeln. Da wir den Verdrängungsprozeß der Grenzbetriebe in unseren späteren Darlegungen noch gesondert behandeln werden, muß hier zunächst dieser kurze Hinweis genügen. Ein durch produktionstechnische Fortschritte ausgelöstes Sinken der Preise ist nicht deflationistisch. Verhindert man ein solches Sinken des Preisstandes durch eine Erhöhung des Geldvolumens, dann nimmt man in Wirklichkeit eine inflationistische Beeinflussung der Preise vor, die eine „Gewinninflation" zur Folge hat und gleichzeitig die (Real-) Einkommen der Lohnempfänger, Zinsbezieher und Grundrentenempfänger künstlich senkt. Würde bei einem durch produktionstechnische Fortschritte ausgelösten Sinken der Preise in einer Konkurrenzwirtschaft Arbeitslosigkeit eintreten, die nur durch preisstabilisierende Kreditausweitungen verhindert werden kann, so würde die Konkurrenzwirtschaft ein Wirtschaftssystem sein, das durch ihm immanente Preisbildungsprozesse zur Arbeitslosigkeit führt, also ein Wirtschaftssystem sein, das nur durch fortlaufend zugunsten der Gewinne der Unternehmer vorgenommene Eingriffe in den marktwirtschaftlichen Preisbildungsprozeß vor dem Auftreten von Arbeitslosigkeit bewahrt werden kann.

III

Hält man bei der Verwendung von produktionstechnischen Fortschritten den Preisstand durch Kreditausweitungen stabil und ermöglicht es so den Grenzbetrieben, auf ihre Kosten zu kommen, dann verfälscht man damit vor allem die Kapitalwerte der Produktionsanlagen. Wird ein produktionstechnischer Fortschritt gemacht, der es ermöglicht, mit einer Säge unter Verwendung von 110 Arbeitstagen 150 Ster Holz zu sägen, dann kann der Wert einer veralteten Säge, mit der bei einer Verwendung von 110 Arbeitstagen nur 120 Ster Holz (also 30 Ster Holz weniger) gesägt werden können, nicht gleich dem

Wert der neuen Säge sein (zu berücksichtigen bleibt natürlich noch der Prozentsatz der Abnutzung der „alten Säge"). Hat die „alte Säge", mit der nur 120 Ster Holz gesägt werden können, beispielsweise 20 Mark gekostet, und läßt sich „jetzt" am Markt eine „neue Säge" für 20 Mark kaufen, mit der man 150 Ster Holz (also 30 Ster Holz mehr) sägen kann, dann ist die alte Säge „entwertet", dann hat sie nicht mehr den Wert (Preis) von 20 Mark (wir abstrahieren hier um der Einfachheit der Darstellung willen von der Abnutzung), sondern einen weitaus geringeren Wert (Preis). Wird nun einem Sägewerk, das noch mit der alten Säge arbeitet (also dem Grenzbetrieb), durch eine preisstabilisierende Kreditausweitung ermöglicht, verlustlos zu arbeiten, so heißt das nichts anderes, als daß dem Eigentümer dieses Sägewerkes seine „alte Säge" auf 20 Mark „aufgewertet" wird, so daß er die in der „alten Säge" angelegten 20 Mark voll amortisieren kann. Die preisstabilisierenden Kreditausweitungen bedeuten also, daß man den Eigentümern der Grenzbetriebe ihre veralteten Anlagen künstlich „aufwertet". Man wertet sie nur für die Eigentümer der betreffenden Betriebe (Grenzbetriebe) auf. Denn nehmen wir an, eine „veraltete Säge" ist *zur Hälfte abgenutzt* (d. h. sie hat die Hälfte ihrer Nutzungen abgegeben), so kann der Eigentümer des Grenzbetriebs, wenn er gewinn- und verlustlos arbeitet, noch 10 Mark an Amortisationsquoten mit ihr verdienen (von der Verzinsung, die er auch noch verdient, sehen wir ab). Niemand aber wäre bereit, diese zur Hälfte abgenutzte „veraltete Säge" für 10 Mark zu kaufen, da sich ja jeder für 20 Mark eine neue weitaus ergiebigere Säge kaufen kann, so daß 10 Mark so viel wert sind wie eine zur Hälfte abgenutzte „neue Säge", die weitaus ergiebiger (produktiver) ist. Nur für den Eigentümer des Grenzbetriebes ist die zur Hälfte abgenutzte „veraltete Säge" 10 Mark wert, da er mit ihrer Hilfe dank der preisstabilisierenden Kreditausweitung noch 10 Mark Amortisationsquoten verdienen kann. Auch dieser Tatbestand zeigt die ökonomisch sinnlose Verfälschung des konkurrenzwirtschaftlichen Preisbildungsprosesses, die zugunsten der Eigentümer von Grenzbetrieben durch solche preisstabilisierenden Kreditausweitungen vorgenommen wird[52]).

11. Differentialgewinne und Verluste bei einem durch eine Herabsetzung des Nominallohns herbeigeführten Gleichbleiben des Reallohns

I

Beim Neutralbleiben des Geldes muß der Preis des Gutes, dessen Produktmenge sich auf Grund der Einführung eines produktionstechnischen Fort-

---

[52]) Ein Geld mit unbedingter stabiler Kaufkraft – gleichgültig, ob man die Stabilität des Preisstandes an einem Index mißt, bei dem alle Warenpreise berücksichtigt werden, oder ob man lediglich den „Preis" für ein Warenbündel, das als repräsentativ angesehen wird, stabilisiert (wie es z. B. der „Graham-Plan" vorschlägt) – stört den konkurrenzwirtschaftlichen Preisbildungsprozeß. Es bewirkt, daß die Kräfte des Marktes, die zu einem Gleichgewichtszustand hindrängen, in ihrer Wirksamkeit gehemmt werden, so daß die Entwicklung immer mehr vom Gleichgewichtszustand fortführt. Ein solches Geld bewirkt also, daß *dauernd* eine Kraft am Werke ist, die die Entwicklung des Wirtschaftsprozesses zum Gleichgewicht hin aufhält. Von der dann empirisch gegebenen Wirtschaft läßt sich nicht mehr die Aussage machen, daß in ihr der Preisbildungsprozeß so verläuft, daß die Entwicklung einem Gleichgewichtszustand zustrebt. Die Währungspläne von Silvio *Gesell*, Irving *Fischer*, J. M. *Keynes*, *Graham* und vielen anderen sind daher nur geeignet, die Ordnungselemente des konkurrenzwirtschaftlichen Preisbildungsprozesses zu beseitigen.

schritts erhöht, sinken. Selbst wenn bei einer Neutralität des Geldes ein Steigen des Reallohnes dadurch verhindert wird, daß der bisher bezahlte Nominallohn (machtmäßig) so weit gesenkt wird, daß der Reallohn in der bisher bestehenden Höhe unverändert weiter bestehen bleibt, kann der Grenzbetrieb nicht mehr restlos auf seine Kosten kommen. Es muß dann beim Grenzbetrieb immer noch ein Verlust eintreten. Denn da die Grenzproduktivität des Kapitals beim Grenzbetrieb, in Produkteinheiten gerechnet, unverändert bleibt, so werden die Kapitalkosten (Amortisation und Verzinsung) beim Grenzbetrieb zwar noch, in Einheiten des erzeugten Produkts gerechnet, durch den Preis des erzeugten Gutes gedeckt, nicht aber mehr in Geldeinheiten gerechnet „hereingebracht". Da der Preisstand sinkt, also die Kaufkraft des Geldes steigt, so kann der Ersatz der Kapitalkosten (Amortisation und Verzinsung) in Einheiten des erzeugten Produkts gerechnet nicht mehr wie bei dem höheren Produktpreis gleich dem Ersatz der Kapitalkosten in Geldeinheiten gerechnet sein. Die gleiche Anzahl von Produkteinheiten kann ja bei einem niedrigeren Preis je Produkteinheit nicht den gleichen Geldbetrag wie bei dem höheren Produktpreis erlösen. Sinkt der Produktpreis beispielsweise um 10%, dann muß der Verlust des Grenzbetriebes gleich 10% seiner Kapitalkosten sein. Der Verlust des Grenzbetriebes in Geldeinheiten gerechnet muß daher gleich *dem* Prozentsatz seiner Kapitalkosten (Amortisation und Verzinsung) sein, um den der Produktpreis sinkt (bzw. die Kaufkraft des Geldes steigt).

II

Wir wollen uns diese Zusammenhänge an der Volkswirtschaft unseres Beispiels verdeutlichen. Im dynamischen Zustand unserer Volkswirtschaft wird beim Neutralbleiben des Geldes in folgender Weise produziert:

Tabelle 16

	Betrieb I (mit neuer Produktionstechnik)	Betrieb II (mit alter Produktionstechnik)	insgesamt
Kapitalkosten	20 Mark	20 Mark	40 Mark
Lohnkosten (für 110 Arbeitstage)	100 Mark	100 Mark	200 Mark
Gesamtkosten	120 Mark	120 Mark	240 Mark
Ausbringung	150 Ster Holz	120 Ster Holz	270 Ster Holz
Aufgewendete Arbeitstage	110	110	220
Stückkosten[1])	0,80 Mark	1 Mark	—
Preis je Ster Holz[2])	0,889 Mark	0,889 Mark	—
Lohn je Arbeitstag in Mark[3])	0,909 Mark	0,909 Mark	—
Grenzprodukt des Arbeitstages in Ster Holz[4])	1,136 Ster	0,909 Ster	—
Grenzprodukt des Arbeitstages in Mark[5])	1,009 Mark	0,808 Mark	—
Grenzkosten[6])	0,80 Mark	1 Mark	—
Gesamterlös	133,33 Mark	106,67 Mark	240 Mark
Differentialgewinn	13,33 Mark	—	13,33 Mark
Verlust	—	13,33 Mark	13,33 Mark
Geldvolumen	—	—	240 Mark

Anmerkungen zu Tabelle 16: [1]) Die Stückkosten errechnen sich durch Division der Gesamtkosten (des betreffenden Betriebes) durch die Ausbringung (des betreffenden Betriebes). [2]) Der Preis je Ster Holz ergibt sich durch Division des Geldvolumens (240 Mark) durch die gesamte Ausbringung (270 Ster Holz). – [3]) Der Lohn je Arbeitstag in Mark errechnet sich durch Division der Lohnkosten durch die Zahl der Arbeitstage.–[4]) Siehe Anmerkung Tabelle 9. [5]) Das Grenzprodukt des Arbeitstages in Mark finden wir, indem wir das „Grenzprodukt des

Arbeitstages in Ster Holz" mit dem (einheitlichen) „Preis je Ster Holz" multiplizieren.
[6]) Die Grenzkosten des Sters Holz errechnen sich für Betrieb I in folgender Weise: Das „Grenzprodukt des Arbeitstages" beträgt hier 1,136 Ster Holz; für dieses „Grenzprodukt des Arbeitstages" hat der Unternehmer den (einheitlichen) Lohnpreis in Höhe von 0,909 Mark je Arbeitstag zu zahlen. Da also für die zuletzt hergestellten 1,136 Ster Holz (Grenzprodukt des Arbeitstages) 0,909 Mark Kostenzuwachs entstehen, so entsteht für den „zuletzt" hergestellten Ster Holz ein Kostenzuwachs von 0,80 Mark. Die Grenzkosten betragen hier also 0,80 Mark. Die Grenzkosten des Sters Holz in Betrieb II errechnen sich analog.

Durch die Einführung des produktionstechnischen Fortschritts im Betrieb I wird die Grenzproduktivität der Arbeit im Betrieb II (Grenzbetrieb) nicht verändert. Sie beträgt weiterhin wie während des vorhergehenden statischen Zustandes 0,909 Ster Holz. Da aber der Preis des Sters Holz in unserer Volkswirtschaft von 1 Mark auf 0,889 Mark sinkt, der Geldlohn je Arbeitstag weiterhin auf 0,909 Mark bestehen bleibt, so steigt der Reallohn je Arbeitstag in unserer Volkswirtschaft von 0,909 Ster Holz auf 1,0227 Ster Holz[53]). Damit liegt er über dem im Betrieb II (Grenzbetrieb) erzielten Grenzprodukt des Arbeitstages.

Soll das Steigen des Reallohnes machtmäßig verhindert werden, so muß der Geldlohn je Arbeitstag entsprechend dem Sinken des Holzpreises herabgesetzt werden. Bei einem Grenzprodukt des Arbeitstages von 0,909 Ster Holz und einem Holzpreis von 0,889 Mark je Ster entspricht der Geldlohn je Arbeitstag dem am Markt für das Grenzprodukt des Arbeitstages zu erzielenden Preis, wenn er auf 0,808 Mark je Arbeitstag herabgesetzt wird. Denn bei einem Holzpreis von 0,889 Mark je Ster sind für 0,909 Ster Holz (das Grenzprodukt des Arbeitstages) 0,808 Mark zu erzielen. Wird also in unserer Volkswirtschaft der Geldlohn nach Einführung des produktionstechnischen Fortschritts im Betrieb I von 0,909 Mark je Arbeitstag auf 0,808 Mark je Arbeitstag herabgesetzt, dann tritt in unserer Volkswirtschaft kein Steigen des Reallohns ein, dann wird der Reallohn auf der Höhe gehalten, die er vor Einführung des produktionstechnischen Fortschritts hatte. Bei einer solchen Herabsetzung des Geldlohns gestalten sich die Produktions- und Preisverhältnisse in unserer Volkswirtschaft folgendermaßen:

Tabelle 17

	Betrieb I (mit neuer Produktionstechnik)		Betrieb II (mit alter Produktionstechnik)		insgesamt	
Geldvolumen	—		—		240	Mark
Arbeitstage	110		110		220	
Ausbringung	150	Ster	120	Ster	270	Ster
Preis je Ster Holz[1])	0,8888 . . .	Mark	0,8888 . . .	Mark	—	
	(0,889	Mark)	(0,889	Mark)	—	
Lohn je Arbeitstag in Mark[2])	0,8079	Mark	0,8079	Mark	—	
	(0,808	Mark)	(0,808	Mark)	—	
Lohn je Arbeitstag in Ster Holz[3])	0,909	Ster	0,909	Ster	—	
Grenzprodukt des Arbeitstages in Ster Holz[4])	1,136	Ster	0,909	Ster	—	
Lohnkosten[5])	88,87	Mark	88,87	Mark	177,74	Mark
Kapitalkosten	20	Mark	20	Mark	40	Mark
Gesamtkosten	108,87	Mark	108,87	Mark	217,74	Mark
Gesamterlös	133,35	Mark	106,65	Mark	240	Mark
Differentialgewinn[6])	24,48	Mark	—		24,48	Mark
Verlust	—		2,22	Mark	2,22	Mark
Stückkosten[7])	0,725	Mark	0,9072	Mark	—	
Grenzkosten[8])	0,7111	Mark	0,888	Mark	—	

[53]) Siehe dazu S. 37

Anmerkungen zu Tabelle 17: [1]) Der Preis je Ster Holz errechnet sich durch Division des „Geldvolumens" (240 Mark) durch die „gesamte Ausbringung" (270 Ster Holz). – [2]) Der einheitliche Lohnpreis je Arbeitstag in Mark ergibt sich durch die Multiplikation des „Grenzprodukts des Arbeitstages im Grenzbetrieb (Betrieb II)" (0,909 Ster Holz) mit dem „Preis je Ster Holz" (0,888 . . . Mark). – [3]) Bei einem Preis von 0,8888 . . . Mark je Ster Holz sind 0,8079 Mark (Lohnpreis je Arbeitstag) gleich 0,909 Ster Holz. – [4]) Siehe Anm. Tabelle 9. – [5]) Die Lohnkosten ergeben sich durch Multiplikation des Lohnes je Arbeitstag „mit der Zahl der aufgewendeten Arbeitstage". – [6]) Differentialgewinn gleich „Gesamterlös" minus Gesamtkosten. – [7]) Die Stückkosten finden wir durch Division der Gesamtkosten des betreffenden Betriebes durch die Ausbringung des betreffenden Betriebes. – [8]) Die Grenzkosten des Sters Holz berechnen sich für den Betrieb II in folgender Weise: Das „Grenzprodukt des Arbeitstages" beträgt 0,909 Ster, für das der Unternehmer einen Lohnpreis von 0,8079 Mark zu zahlen hat. Da also für die zuletzt erzeugten 0,909 Ster Holz ein Kostenzuwachs von 0,8079 Mark entsteht, so entsteht für den „letzten" Ster Holz ein Kostenzuwachs von $\frac{0,8079}{0,909}$ Mark, also von 0,888 Mark.

Wird der Geldlohn entsprechend dem Sinken des Produktpreises herabgesetzt, so daß der Reallohn (Lohn ausgedrückt in Einheiten des erzeugten Produkts) stabil bleibt, dann liegen in beiden Betrieben die Grenzkosten unter den Stückkosten, d. h. beide Betriebe produzieren dann unterhalb ihres optimalen Punktes (Punktes der niedrigsten Stückkosten). Dieser Tatbestand erklärt sich dadurch, daß in beiden Betrieben durch die Herabsetzung des Geldlohnes je Arbeitstag eine Verschiebung der Kostenkurven eintritt, so daß sich auch die optimalen Punkte verschieben. Jeder der beiden Betriebe bringt noch die Produktmenge aus, die seinem bisherigen („alten") Optimalpunkt entspricht. Durch die Herabsetzung des Geldlohnpreises ist dieser „alte" Optimalpunkt (Punkt der niedrigsten Stückkosten) nicht mehr gegeben, sondern der Optimalpunkt verschiebt sich in beiden Betrieben. Die beiden Betriebe produzieren nun unter ihrem *„neuen"* Optimalpunkt (Punkt der niedrigsten Stückkosten). Der Betrieb I produziert ferner so, daß seine Grenzkosten und seine Stückkosten unter dem Preis liegen. Beim Betrieb II dagegen werden die Grenzkosten gleich dem Preis (seine Stückkosten liegen über dem Preis).

Wenn wir hier zunächst von dem Grundsatz „Grenzkosten gleich Preis" absehen, sondern voraussetzen, daß jeder Betrieb bestrebt ist, mit niedrigsten Stückkosten zu „arbeiten", also im optimalen Punkt zu produzieren, so kann die Produktion zu dem herabgesetzten Geldlohn, der ein Steigen des Lohnes ausgedrückt in Einheiten des erzeugten Produkts verhindern soll, nur gegen die wirtschaftliche Vernunft machtmäßig aufrecht erhalten werden. Denn würden die Betriebe nach dem ökonomischen Prinzip handeln, dann müßten diejenigen Betriebe, bei denen sowohl die Grenzkosten als auch die Stückkosten unter dem Preis liegen — in der Volkswirtschaft unseres Beispiels der Betrieb I —, ihre Produktion ausdehnen, um zum mindesten im „neuen" Optimalpunkt produzieren zu können. Bei gegebener Menge an Arbeitstagen in der Volkswirtschaft (die wir vorausgesetzt haben) ist eine Ausdehnung der Produktion für einen Betrieb, bei dem sowohl die Grenzkosten als auch die Stückkosten unter dem Preis liegen, nur möglich, wenn er durch Überbieten des Geldlohns versucht, mehr Arbeitstage als bisher zu verwenden. Die machtmäßig ermöglichte Herabsetzung des Geldlohnes müßte also von den Unternehmern durch Überbieten des herabgesetzten Geldlohnes wieder rückgängig gemacht werden. Der herabgesetzte Geldlohn kann nur aufrecht erhalten werden, wenn die Unternehmer es unterlassen, durch Überbieten des Lohnpreises ihre Produktion auszudehnen, d. h. zugleich, wenn sie die Ausbringung niedriger halten, als es dem Punkt der niedrigsten Stückkosten entspricht.

In der Volkswirtschaft unseres Beispiels hat zwar der Betrieb II (Grenzbetrieb) keine Veranlassung, seine Ausbringung zu erhöhen, da bei ihm die Grenzkosten gleich dem Preis werden. (Mit der Bedeutung des Grundsatzes „Grenzkosten gleich Preis" für die von uns behandelten Fragen werden wir uns in unseren späteren Darlegungen noch eingehend befassen.) Der Betrieb I dagegen muß, sofern er nach dem ökonomischen Prinzip handelt, versuchen, seine Ausbringung zu erhöhen, da bei ihm sowohl die Grenzkosten als auch die Stückkosten unter dem Preis liegen. Das ist bei einer gegebenen Menge an Arbeitstagen aber nur durch ein Überbieten des Lohnpreises möglich.

Wird der Geldlohn herabgesetzt, so daß der Reallohn (Lohn ausgedrückt in Einheiten des erzeugten Produkts) stabil bleibt, so werden für den Betrieb II (Grenzbetrieb) zwar die Grenzkosten gleich dem Preis, seine Stückkosten (gesamten Durchschnittskosten) liegen jedoch weiterhin über dem Preis. Es ergibt sich also für den Betrieb II (Grenzbetrieb) selbst dann ein Verlust, wenn der Geldlohn in der Volkswirtschaft nach Einführung des technischen Fortschritts (im Betrieb I) so weit herabgesetzt wird, daß der Reallohn unverändert bleibt. Dieser Sachverhalt erklärt sich dadurch, daß die 20 Mark Kapitalkosten (Amortisationskosten und Verzinsung) vor Einführung des produktionstechnischen Fortschritts bei einem Holzpreis von 1 Mark je Ster 20 Ster Holz entsprachen. Da sich ja die Grenzproduktivität des Realkapitals im Betrieb II (Grenzbetrieb) in Einheiten des von ihm erzeugten Produkts gerechnet durch die Einführung eines produktionstechnischen Fortschritts in einem anderen Betrieb (Betrieb I) nicht verändert, so müssen die Kapitalkosten (Amortisationskosten und Verzinsung) auch weiterhin dem Preis von 20 Ster Holz entsprechen. Das sind aber bei dem gesunkenen Holzpreis von 0,889 (0,88888 ...) Mark je Ster nicht 20 Mark, sondern nur 17,78 Mark, d. h. 2,22 Mark weniger. Diese 2,22 Mark müssen sich, wenn man der Kostenrechnung die ursprünglichen Kosten der Kapitalanlage zugrundelegt, als Verlust beim Grenzbetrieb (Betrieb II) zeigen. Wenn der Betrieb II nach Einführung des produktionstechnischen Fortschritts im Betrieb I bei einem Neutralbleiben des Geldes weiterhin auf seine Kosten kommen soll, dann muß also der Reallohn nicht nur auf der gleichen Höhe gehalten, er muß sogar gesenkt werden. An diesem Tatbestand zeigt sich die Absurdität der Forderung, daß die Löhne nur so hoch sein dürfen, daß auch die Grenzbetriebe ihre Kosten voll decken können (unter Zugrundelegung der für das Anlagekapital ursprünglich aufgewendeten Kosten), mit ganz besonderer Kraßheit. Denn wird der Geldlohn so weit gesenkt, daß der Reallohn unverändert bleibt, dann wird der Wert des im Grenzbetrieb erzielten Grenzprodukts der Arbeit gleich dem Geldlohn. Der Grenzbetrieb kommt also auch dann nicht auf seine Kosten, wenn durch eine Geldlohnherabsetzung der Geldlohn gleich dem im Grenzbetrieb erzielten Grenzprodukt des Arbeitstages wird. Die Forderung, den Geldlohn so weit zu senken, daß der Grenzbetrieb auf seine Kosten kommt, besagt also zugleich, den Geldlohn unter den Wert des im Grenzbetrieb erzielten Grenzprodukts der Arbeit zu senken. Es bedarf keiner Ausführungen darüber, daß eine solche Forderung sowohl wirtschaftstheoretisch als auch vom Standpunkt der sozialen Gerechtigkeit ohne Begründung bleiben muß.

Auch wenn bei Einführung eines produktionstechnischen Fortschritts der Geldlohn je Arbeitstag gesenkt wird, daß es zu keinem Steigen des Reallohns kommt, daß also der Wert des im Grenzbetrieb erzielten Grenzprodukts des Arbeitstages gleich dem Geldlohn je Arbeitstag ist, der Geldlohn je Arbeitstag sich also in der Volkswirtschaft nach dem im Grenzbetrieb erzielten Grenzprodukt des Arbeitstages richtet, kann der Grenzbetrieb nicht auf seine Kosten kommen. Er kann erst dann auf seine Kosten kommen, wenn die Vergütung für das im Grenzbetrieb erzielte Grenzprodukt der Kapitalverwendung ebenfalls so stark gesenkt wird, daß der für das Grenzprodukt der Kapitalverwendung im Grenzbetrieb zu erzielende Preis gleich dem im Grenzbetrieb für das Grenzprodukt der Kapitalverwendung aufzuwendenden Kosten ist. Der Grenzbetrieb unserer Volkswirtschaft kann also nicht mehr weiterhin mit 20 Mark Kapitalkosten (Amortisation und Verzinsung) des Kapitals „rechnen", er muß vielmehr einen Teil des Anlagekapitals als Verlust abschreiben und sein Anlagekapital um einen solchen Betrag niedriger bewerten, daß die unter Zugrundelegung des verminderten Geldausdrucks des Anlagekapitals sich ergebenden Kapitalkosten (Kosten für Amortisation und Verzinsung) nur noch so hoch sind, daß sie dem Wert des Grenzprodukts der Kapitalverwendung im Grenzbetrieb entsprechen. Dann werden, bei gleichbleibender Ausbringung und gleichbleibendem Aufwand an Arbeitstagen, die Stückkosten des Grenzbetriebes gleich seinen Grenzkosten und gleich dem Produktpreis, und das im Grenzbetrieb erzielte Grenzprodukt des Arbeitstages ist gleich dem Lohn je Arbeitstag; das im Grenzbetrieb erzielte Grenzprodukt der Kapitalverwendung ist dann gleich dem für dieses Grenzprodukt zu zahlenden Preis, d. h. gleich den vergüteten Kapitalkosten. (Die Kapitalkosten werden mit und im Preis des verkauften Produkts vergütet.) Erst jetzt produziert der Grenzbetrieb im „optimalen Punkt" gewinn- und verlustlos. Durch die Einführung des produktionstechnischen Fortschritts im Betrieb I bleiben das Grenzprodukt der Arbeit und das Grenzprodukt des Kapitals, in Produkteinheiten gerechnet, im Grenzbetrieb (Betrieb II) unverändert. Der Lohn entspricht bei gleichbleibendem Geldlohn jedoch nicht mehr dem Wert dieses hier im Grenzbetrieb erzielten Grenzprodukts der Arbeit, da der Preis des erzeugten Produkts sinkt. Und bei gleichbleibendem Geldpreis für das hier erzielte Grenzprodukt der Kapitalverwendung (d. h. bei gleichbleibenden Kapitalkosten in Geld gerechnet) ist der im Produktpreis vergütete Preis für das erzielte Grenzprodukt der Kapitalverwendung geringer als die Kapitalkosten. Wird der Geldlohn prozentual um den gleichen Satz gesenkt, um den der Produktpreis sinkt, dann entspricht er dem im Grenzbetrieb erzielten Wert des Grenzprodukts der Arbeit. Wird der Preis für die Kapitalverwendung durch „Abwertung" der investierten Kapitalsumme um den gleichen Prozentsatz gesenkt, um den der Produktpreis gesunken ist, dann entsprechen die Kapitalkosten dem Wert des Grenzprodukts der Kapitalverwendung im Grenzbetrieb. Und dann kommt der Grenzbetrieb auf seine Kosten. Wird ein so großer Teil des Anlagekapitals des Grenzbetriebes als Verlust abgeschrieben, daß die im Grenzbetrieb zu rechnenden Kapitalkosten gleich dem Preis des Grenzprodukts der Kapitalverwendung werden, dann gestalten sich die Produktions- und Kostenverhältnisse in unserer Volkswirtschaft in folgender Weise:

Tabelle 18

	Betrieb I (mit neuer Produktionstechnik)	Betrieb II (mit alter Produktionstechnik)	Insgesamt
Geldvolumen	—	—	240 Mark
Arbeitstage	110	110	220
Ausbringung	150 Ster	120 Ster	270 Ster
Preis je Ster Holz	0,8888 . . . Mark	0,8888 . . . Mark	—
	(0,889 Mark)	(0,889 Mark)	—
Lohn je Arbeitstag in Mark	0,8079 Mark	0,8079 Mark	—
	(0,808 Mark)	(0,808 Mark)	—
Lohn je Arbeitstag in Ster Holz	0,909 Ster	0,909 Ster	—
Grenzprodukt des Arbeitstages in Ster Holz	1,136 Ster	0,909 Ster	—
Lohnkosten	88,87 Mark	88,87 Mark	177,74 Mark
Grenzprodukt der Kapitalverwendung[1]) in Ster Holz	1,25 Ster	1 Ster	—
Grenzprodukt der Kapitalverwendung[1]) in Mark	1,111 Mark	0,889 Mark	—
Preis für das Grenzprodukt der Kapitalverwendung[1])	1 Mark	1 Mark	
Entgelt für die gesamte Kapitalverwendung und demgemäß Kapitalkosten[1])	20 Mark	17,78 Mark	37,78 Mark
Gesamtkosten	108,87 Mark	106,65 Mark	215,52 Mark
Gesamterlös	133,35 Mark	106,65 Mark	240 Mark
Differentialgewinn	24,48 Mark	—	24,48 Mark
Verlust	—	—	—
Stückkosten[2])	—	0,888 Mark	—
Grenzkosten[3])	—	0,888 Mark	—

Anmerkungen zu Tabelle 18: [1]) Unter Zugrundelegung von 20 Einheiten Kapitalverwendung beträgt das Grenzprodukt der Kapitalverwendung im Betrieb II 1 Ster Holz oder – da sich der Holzpreis auf 0,889 Mark beläuft – 0,889 Mark. Die 20 Einheiten Kapitalverwendung des Betriebes II sind also wegen des Sinkens des Produktpreises von 1 Mark auf 0,889 Mark nur noch $0{,}889 \cdot 20 = 17{,}78$ Mark wert, d. h. die Kapitalkosten des Betriebes II belaufen sich unter Berücksichtigung der für den Betrieb II eingetretenen Entwertung des Realkapitals nur noch auf 17,78 Mark. – [2]) Die Stückkosten des Betriebes II errechnen sich durch Division seiner Gesamtkosten durch seine Ausbringung. – [3]) Der Geldlohn ist gleich dem Wert des im Grenzbetrieb erzielten Grenzprodukts des Arbeitstages (0,8079 Mark). Der Kostenzuwachs für die „letzten" 0,909 Ster Holz beträgt also 0,8079 Mark, so daß für den „letzten" Ster Holz ein Kostenzuwachs (Grenzkosten) in Höhe von 0,888 Mark entsteht.

Wird in einem Wirtschaftszweig ein produktionstechnischer Fortschritt eingeführt, so ergibt sich durch die so bewirkte Erhöhung der Ausbringung beim

Neutralbleiben des Geldes (Konstantbleiben des Geldvolumens) ein Sinken des Preises des von dem betreffenden Wirtschaftszweig hergestellten Produktes. Diejenigen Betriebe des betreffenden Wirtschaftszweiges, die den produktionstechnischen Fortschritt nicht eingeführt haben, vielmehr mit der alten Produktionstechnik weiterproduzieren, können in der bisherigen Weise ihre Produktion gewinn- und verlustlos fortsetzen, wenn der Lohnpreis (Geldlohn) um den gleichen Prozentsatz sinkt, um den der Produktpreis gesunken ist, und wenn die betreffenden Betriebe gleichzeitig ihre Kapitalkosten (in Geldeinheiten gerechnet) — durch „Abwertung" ihres Anlagekapitals — um den gleichen Prozentsatz vermindern, um den der Produktpreis gesunken ist. Daß bei ihnen unter dieser Voraussetzung die Produktion in unveränderter Weise weiter vor sich gehen kann, ist ein Beweis dafür, daß die „Einführung des produktionstechnischen Fortschritts in anderen Betrieben" an ihren Kostenverhältnissen, in Produkteinheiten gerechnet, nichts ändert. Es bleiben in diesen Betrieben also sowohl das Grenzprodukt der Arbeit in Produkteinheiten gerechnet als auch das Grenzprodukt der Kapitalverwendung in Produkteinheiten gerechnet gleich, wenn in einem anderen Betrieb ihres Wirtschaftszweiges ein produktionstechnischer Fortschritt eingeführt wird und durch die so ausgelöste Erhöhung der Produktmenge ein Sinken des Produktpreises eintritt. Würde sich durch einen solchen Vorgang bei ihnen das Grenzprodukt der Arbeit oder das Grenzprodukt der Kapitalverwendung, beide in Produkteinheiten gerechnet, in irgendeiner Weise verändern, dann könnten bei ihnen die Kosten- und Preisrelationen nicht völlig unverändert bleiben, wenn der Geldlohn und die Vergütung für die Kapitalkosten prozentual dem Sinken des Produktpreises gesenkt werden. Werden in der Volkswirtschaft unseres Beispiels der Geldlohn und die Kapitalkosten um den gleichen Prozentsatz, nämlich um 11,75% gesenkt, um den der Preis je Ster Holz sinkt, dann kann der Betrieb II (Grenzbetrieb) seine Produktion wie im „statischen Ausgangszustand" in unveränderter Weise gewinn- und verlustlos fortsetzen. In Produkteinheiten gerechnet hat sich bei ihm also durch die Einführung des produktionstechnischen Fortschritts im Betrieb I an der Höhe des Grenzprodukts der Arbeit und an der Höhe des Grenzprodukts der Kapitalverwendung nichts geändert.

III

Wird das Steigen des Reallohns bei der Einführung produktionstechnischer Fortschritte verhindert, dann ist die Methode, den Reallohn ohne eine Herabsetzung des Geldlohns durch eine preisstabilisierende Kreditausweitung am Steigen zu verhindern und stabil zu halten, in ihren Auswirkungen für die Arbeiter (Lohnempfänger) zweifellos günstiger als die Methode, den Reallohn durch eine Herabsetzung des Geldlohns zu stabilisieren. Wir haben in unseren Darlegungen vorausgesetzt, daß die Volkswirtschaft nur aus einem Wirtschaftszweig besteht. Würde das Geld neutral sein, so würde es in der Wirkung für die Arbeiter gleichgültig sein, ob der Reallohn durch ein Sinken des Geldlohns oder durch ein Steigen der Preise auf einen bestimmten Stand gebracht würde (nämlich auf den Stand gebracht würde, der dem Grenzprodukt der Arbeit entspricht). Im dynamischen Zustand[54]) der Volkswirtschaft sind die Auswirkungen der beiden Maßnahmen zur Verhinderung eines Steigens des Reallohnes verschieden. In unseren Darlegungen über die Herabsetzung des Nominallohns (Geldlohns) haben wir angenommen, daß die Volkswirtschaft nur aus einem einzigen Wirtschaftszweig, nämlich aus der Sägeindustrie besteht. In diesem Wirtschaftszweig wird ein produktionstechnischer Fortschritt eingeführt und der Geldlohn herabgesetzt, um den Reallohn, ausgedrückt in Einheiten des von diesem Wirtschaftszweig erzeugten Produkts, stabilzuhalten. Machen wir endlich noch die der Wirklichkeit entsprechende weitere Voraussetzung, daß die Volkswirtschaft aus vielen Wirtschaftszweigen besteht. Befindet sich die Volkswirtschaft mit vielen Wirtschaftszweigen im „statischen Zustand", dann ist der Wert des Grenzprodukts der Arbeit in allen Wirtschaftszweigen (und in allen Betrieben) gleich hoch, und der Lohnpreis gleich dem Wert des Grenzprodukts der Arbeit. Wird nun in einem der Wirtschaftszweige unserer Volkswirtschaft, beispielsweise in der Sägeindustrie, ein produktionstechnischer Fortschritt eingeführt, während in allen anderen Wirtschaftszweigen alles unverändert bleibt[55]), dann sinkt der Preis für die Sägeleistung (Sägen des Holzes). Wird jetzt der Geldlohn machtmäßig gesenkt, so daß er in Ster Holz gerechnet unverändert bleibt, dann bedeutet das Sinken des Geldlohnes zwar in Ster Holz gerechnet ein Gleichbleiben des Reallohnes, nicht aber in Einheiten anderer Güter gerechnet. In anderen Gütereinheiten gerechnet sinkt der Lohn der Arbeiter der Sägeindustrie, wenn die Preise aller anderen Güter unverändert bleiben. Sinkt der Geldlohn in der Sägeindustrie, dann kann das Sinken des Geldlohns, sofern das Prinzip der Lohneinheitlichkeit (der Grundsatz: gleicher Geldlohn für gleiche Leistung in allen Wirtschaftszweigen) wirksam ist, nicht gleichbleiben. Es muß zu einem Sinken des Geldlohnes auch in den anderen Wirtschaftszweigen kommen. Es liegt in diesen Wirtschaftszweigen sodann der Geldlohn unter dem dort erarbeiteten Grenzprodukt der Arbeit, d. h. die Arbeit wird in diesen Wirtschaftszweigen nicht mehr entsprechend dem Wert ihres Grenzprodukts bezahlt, alle Unternehmer dieser Wirtschaftszweige erzielen Gewinne auf Kosten der Arbeiter. Werden die Beträge, um die die Geldlohnsumme der Arbeiter auf diese Weise verkürzt wird und die den Unternehmern nun als Gewinne zufließen, in der gleichen Weise von den Unternehmern ausgegeben (bzw. gespart), wie diese Beträge vor der Geldlohnherabsetzung von den Arbeitern ausgegeben (bzw. gespart) wurden, dann ändert sich an den Produktionsverhältnissen der anderen Wirtschaftszweige nichts. Werden diese Gewinne jedoch, was in der Regel der Fall sein dürfte, von den Unternehmern in anderer Weise ausgegeben, dann fallen ein-

[54]) Unter „dynamischem Zustand" der Volkswirtschaft verstehen wir in unseren Darlegungen eine Volkswirtschaft, bei der durch Verwendung eines produktionstechnischen Fortschritts das statische Gleichgewicht aufhört zu bestehen, die Ausstattung der Volkswirtschaft mit Produktionsfaktoren (Arbeit, Boden und Kapital) jedoch unverändert bleibt. Der „dynamische Zustand" der Volkswirtschaft ist also bei uns eine Abstraktion, er erfaßt natürlich nicht die „volle wirtschaftliche Dynamik", in der Veränderungen nicht nur durch produktionstechnische Fortschritte stattfinden, sondern in der sich in jedem Augenblick zugleich das Verhältnis der Produktionsfaktoren verschiebt.

[55]) Diese Voraussetzung kann nur realisiert sein, wenn die Elastizität der Nachfrage bei dem Gut, bei dessen Herstellung ein produktionstechnischer Fortschritt Verwendung findet, gleich eins ist. Denn nur dann bleibt die Nachfrage bei allen anderen Gütern unverändert.

zelne Güterpreise, während andere Güterpreise steigen. Die Gewinne einzelner Wirtschaftszweige erhöhen sich, die anderer Wirtschaftszweige vermindern sich, es können in einzelnen Wirtschaftszweigen sogar Verluste auftreten. Die Geldlohnherabsetzung ruft also in den anderen Wirtschaftszweigen Störungen hervor, sie ruft Kräfte hervor, die die Entwicklung nicht zum neuen Gleichgewicht hin, sondern vom neuen Gleichgewicht fortführen.

Sobald in einem von vielen Wirtschaftszweigen ein produktionstechnischer Fortschritt gemacht wird und der Reallohn, ausgedrückt in Einheiten des hier erzeugten Produkts, durch eine Geldlohnsenkung stabil gehalten wird, kommt es, sofern das Prinzip der Lohnpreiseinheitlichkeit wirksam ist, zu einem Sinken des Geldlohns in allen anderen Wirtschaftszweigen und damit auch zu einem Sinken des Reallohns der Arbeiter, ausgedrückt in Produkteinheiten der „anderen Wirtschaftszweige". Das Stabilhalten des Reallohns durch eine Geldlohnsenkung wird damit zugleich zu einer Reallohnsenkung.

Wird ein produktionstechnischer Fortschritt in einem der vielen Wirtschaftszweige eingeführt und ist die Einkommenselastizität der Nachfrage bei dem betreffenden Gut, bei dessen Herstellung der produktionstechnische Fortschritt Verwendung findet, gleich eins, dann führt eine preisstabilisierende Kreditausweitung zu einem Stabilhalten des Reallohns, nicht aber zu einem Sinken des Reallohns. Die Vermehrung des Geldvolumens führt dann dazu, daß der Preis des Gutes, bei dessen Herstellung der produktionstechnische Fortschritt Verwendung findet, nicht sinkt. Der Geldlohn und alle Güterpreise bleiben unverändert, so daß der Reallohn in unveränderter Höhe bestehen bleibt. Ist die Einkommenselastizität des betreffenden Gutes kleiner oder größer als eins, d. h. wird das zusätzliche Geldvolumen, das dem Betrag entspricht, der notwendig ist, um die durch den produktionstechnischen Fortschritt zusätzlich an den Markt kommende Produktmenge zum alten Preis kaufen zu können, nicht restlos zum Kauf des betreffenden Gutes (dessen Herstellung mit Hilfe des produktionstechnischen Fortschritts erfolgt) ausgegeben, dann kann ebenfalls kein Sinken des Reallohns eintreten. Denn wird dieser Betrag nicht restlos zum Kauf des betreffenden Gutes verwendet, werden also Teile dieses Betrages für andere Güter ausgegeben, so muß der Preis des betreffenden Gutes sinken, während der Preis eines anderen Gutes (bzw. die Preise anderer Güter) entsprechend steigen. Dem Steigen des Preises an einer Stelle entspricht also ein Sinken des Preises an einer anderen Stelle, so daß der durchschnittliche Preisstand bei gleichbleibendem Nominallohn unverändert bleibt[56]).

IV

Wird der Lohn machtmäßig gesenkt, dann sind bei einem Gleichbleiben des Geldvolumens die gesamten Produktionskosten in der Volkswirtschaft nicht mehr gleich den gesamten Erlösen in der Volkswirtschaft, sondern die gesamten Produktionskosten (gesamten Entgelte für die Produktionsfaktoren) sind kleiner als die gesamten Erlöse. (In der Volkswirtschaft unseres Beispiels be-

[56]) Das gilt natürlich nur „im großen und ganzen" gesehen, da die Gewichtigkeit der einzelnen Waren für die einzelnen Einkommenskategorien verschieden ist.

tragen die gesamten Produktionskosten nach der machtmäßigen Senkung des Lohnpreises 217,74 Mark, während sich die gesamten Erlöse auf 240 Mark belaufen.) Demgemäß können in der Volkswirtschaft die gesamten Differentialgewinne auch nicht mehr gleich den gesamten Verlusten sein. Der künstliche (machtmäßige) Eingriff in die Lohnpreisbildung hebt die Wirksamkeit des konkurrenzwirtschaftlichen Preisbildungsprozesses auf. Das Geldvolumen ist nun größer als das zur Bezahlung für die Entgelte der Produktionsfaktoren benötigte Geldvolumen. Demgemäß entsteht mit Hilfe des so geschaffenen „überschüssigen" Geldvolumens eine wirksame Nachfrage, die nicht auf der Einkommensbildung (Bildung der Entgelte für die Produktionsfaktoren) beruht. Der Fall der machtmäßigen Senkung des Lohnpreises stimmt also in dieser Hinsicht mit dem Fall der preisstabilisierenden Kreditausweitung überein. Solange der Zustand der machtmäßigen Senkung des Lohnpreises aufrechterhalten wird, solange können in der Volkswirtschaft die gesamten Produktionskosten nicht gleich den gesamten Erlösen in der Volkswirtschaft sein. Und solange dieser Zustand aufrechterhalten wird, gibt es demgemäß ein Residualeinkommen, das nicht nur Residualeinkommen vom Standpunkt des einzelnen Unternehmers ist, sondern das auch Residualeinkommen vom Standpunkt der gesamten Volkswirtschaft ist. Denn solange ist ja die Summe der Entgelte für die Produktionsfaktoren, also die Summe der Preiseinkommen, nicht gleich der Summe der Erlöse, d. h. nicht gleich dem gesamten Volkseinkommen in der Volkswirtschaft. Wird der konkurrenzwirtschaftliche Preisbildungsprozeß wieder wirksam, dann steigt der Lohnpreis wieder auf den Satz, den er vor der machtmäßigen Senkung hatte. Dann kommt der Grenzbetrieb nicht mehr auf seine Kosten, die gesamten Produktionskosten in der Volkswirtschaft werden gleich den gesamten Erlösen, und die gesamten Differentialgewinne werden wieder gleich den gesamten Verlusten.

ZWEITER TEIL

Das Handeln nach dem Grundsatz „Grenzkosten gleich Preis“ in den einzelnen Betrieben und die Differentialgewinn- und Verlustbildung

1. Das Prinzip „Grenzkosten gleich Preis“ im dynamischen Zustand der Volkswirtschaft

Zur Vereinfachung der Darstellung haben wir bisher immer vorausgesetzt, daß jeder Betrieb auch im „dynamischen Zustand“ der Volkswirtschaft die Produktmenge ausbringt, die seinem optimalen Punkt (Punkt der Gleichheit von Grenzkosten und Stückkosten) entspricht, d. h. daß jeder Betrieb mit seinen geringstmöglichen Stückkosten produziert. In der Volkswirtschaft unseres Beispiels produziert der Grenzbetrieb (Betrieb II) im optimalen Punkt (Punkt der Gleichheit von Grenzkosten und Stückkosten), und auch der Betrieb I, der den produktionstechnischen Fortschritt verwendet, bringt die Produktmenge aus, die seinem optimalen Punkt entspricht. Der optimale Punkt (Punkt der niedrigsten Stückkosten) ist jedoch für den Grenzbetrieb (Betrieb II) nicht der Punkt des geringstmöglichen Gesamtverlustes. Der Punkt des geringstmöglichen Gesamtverlustes liegt vielmehr für den Grenzbetrieb (Betrieb II) dort, wo seine Grenzkosten gleich dem Preis (Preis je Ster Holz) werden. Der Grenzbetrieb (Betrieb II) wird daher, wenn der Holzpreis durch die Einführung des produktionstechnischen Fortschritts im Betrieb I sinkt, seine Ausbringung so weit verringern, daß seine Grenzkosten gleich dem Preis je Ster Holz werden (vorausgesetzt, daß diese Grenzkosten nicht niedriger als seine variablen Durchschnittskosten sind). Er produziert, um mit dem geringstmöglichen Gesamtverlust zu arbeiten, in der Weise, daß seine Stückkosten über seinen Grenzkosten liegen, seine Grenzkosten jedoch den Produktpreis nicht überschreiten. Dieser Punkt der Gleichheit von Grenzkosten und Preis ist der Punkt des geringstmöglichen Gesamtverlustes, weil beim Überschreiten dieses Punktes jede weitere Produkteinheit mit einem Kostenzuwachs produziert wird, der nicht durch den Erlöszuwachs (d. h. bei einem für den Betrieb gegebenen Preis nicht durch den für die zusätzliche Produkteinheit zu erzielenden Preis) gedeckt wird. Überschreitet der Grenzbetrieb diesen Punkt, dann wendet er also für eine zusätzlich erzeugte Produkteinheit einen zusätzlichen Kostenaufwand auf, der über dem für die zusätzliche Produkteinheit zu erzielenden Erlös liegt, sodaß der Gesamtverlust größer wird.

Auf der anderen Seite erreicht der Betrieb, der den produktionstechnischen Fortschritt eingeführt hat, nicht den größtmöglichen Gesamtgewinn, wenn er im optimalen Punkt produziert. Denn bei ihm liegt der Preis dann über seinen Grenzkosten, die im optimalen Punkt gleich seinen Stückkosten sind. Er kann seinen Gesamtgewinn durch Überschreiten des optimalen Punktes so lange erhöhen, bis die Grenzkosten gleich dem Preis je Ster Holz werden. Der „dynamische Zustand“ ist also noch dadurch gekennzeichnet, daß der Grenzbetrieb (Betrieb II) seine Ausbringung vermindert und Arbeitstage freisetzt, während der Betrieb I, der den produktionstechnischen Fortschritt eingeführt hat, seine Ausbringung über den optimalen Punkt hinaus steigert und Arbeitskräfte einstellt. Bei gleichbleibendem Geldlohn wird also ein Teil der bisher im Betrieb II verwendeten Arbeitstage nicht mehr im Betrieb II (Grenzbetrieb), sondern im Betrieb I zur Verwendung gelangen.

Um den kurz dargelegten Sachverhalt anschaulich zu verdeutlichen, stellen wir ihn in der üblichen geometrischen Darstellung dar. Nach unseren bisherigen Voraussetzungen produzieren die beiden Betriebe „im optimalen Punkt", so daß sich folgendes Bild ergibt:

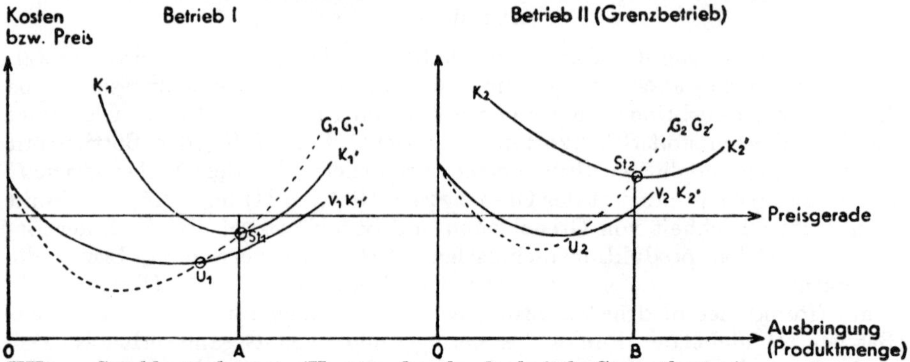

KK' = Stückkostenkurven (Kurven der durchschnittl. Gesamtkosten)
GG' = Grenzkostenkurven
VK' = Kurven der durchschnittlichen variablen Kosten
St = Punkt der niedrigsten Stückkosten (Optimalpunkt)
U = Punkt der niedrigsten durchschnittlichen variablen Kosten

Jeder der beiden Betriebe produziert die Produktmenge, die seinem optimalen Punkt entspricht. Dem optimalen Punkt des Betriebes I St_1 entspricht die Produktmenge OA, dem optimalen Punkt des Betriebes II (Grenzbetrieb) St_2 entspricht die Produktmenge OB.

Handelt nun jeder der Betriebe so, daß seine Grenzkosten gleich dem Preis werden, so zeigt die geometrische Darstellung folgendes Bild (schematisch):

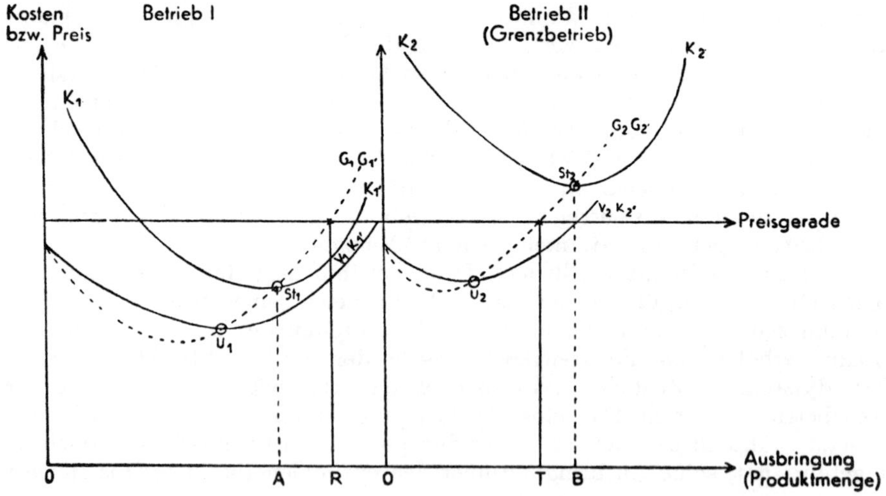

Der Betrieb I bringt nicht mehr die Menge OA aus, sondern er produziert nun die Produktmenge OR, die dem Schnittpunkt seiner Grenzkostenkurve G_1G_1' mit der Preislinie, also dem Punkt entspricht, bei dem die Grenzkosten gleich dem Preis werden. Und der Betrieb II (Grenzbetrieb) bringt nicht die Menge OB, sondern die kleinere Produktmenge OT aus, die dem Punkt entspricht, bei dem die Grenzkosten gleich dem Preis werden.

Bei dem Satz „Jeder Betrieb handelt so, daß die Grenzkosten gleich dem Preis werden" werden freilich Voraussetzungen gemacht, die in der Wirklichkeit nur sehr modifiziert anzutreffen sind. Der Kostenverlauf in einem Betrieb ist in der Wirklichkeit nicht so kontinuierlich, wie wir mit unseren Kostenkurven annehmen, sondern der Kostenverlauf in einem gegebenen Betrieb ist in Wirklichkeit durch eine gewisse Diskontinuität gekennzeichnet. Daher ist es für die Unternehmer nicht so leicht, die Grenzkosten in ihrem Betrieb festzustellen, und sie pflegen häufig ihr Handeln nach den Stückkosten auszurichten, d. h. den Punkt der geringsten Stückkosten anzustreben.

Vor allem ist aber bei dem Sachverhalt, daß der Grenzbetrieb den geringstmöglichen Gesamtverlust erreicht, wenn die Grenzkosten bei ihm gleich dem Preis werden, und daß sich für einen Betrieb dann der größtmögliche Gesamtgewinn ergibt, wenn er den optimalen Punkt überschreitet und die Grenzkosten bei ihm gleich dem Preis werden, folgendes zu beachten: Der Punkt, bei dem ein einzelner Unternehmer (Betrieb) den größtmöglichen Gesamtgewinn erreicht, ist auf gegebene Kostenpreise (gegebenen Lohnpreis, gegebenen Zinspreis, gegebene Materialpreise usw.) bezogen. Unter der Voraussetzung des gegebenen Geldlohnpreises, der dem Wert des durchschnittlichen Grenzprodukts der Arbeit entspricht, erreicht der Betrieb, der den produktionstechnischen Fortschritt eingeführt hat, sein Gewinnmaximum, wenn er den optimalen Punkt solange überschreitet, bis die Grenzkosten in ihm gleich dem Preis werden. Und ebenso wird bei der Bestimmung des Punktes des größtmöglichen Gesamtgewinns ein gegebener Preis für das erzeugte Produkt vorausgesetzt. Es werden also bei der Bestimmung des Gewinnmaximums bzw. des Verlustminimums gegebene Preise der Kostengüter und ein gegebener Produktpreis vorausgesetzt. Für die „partielle Analyse", d. h. für die Frage, wie sich der einzelne gegebene Betrieb (Betrieb gegebener technischer Produktionsausstattung) unter der Voraussetzung gegebener Kostenpreise und gegebener Produktpreise (Verkaufspreise für die erzeugten Produkte) verhält, ist die Setzung solcher Voraussetzungen angebracht. Bei der „totalen Analyse", d. h. bei der Betrachtung der gesamtwirtschaftlichen Zusammenhänge, können natürlich die Kostenpreise und die Verkaufspreise nicht als gegeben vorausgesetzt werden, sondern hier ist zu untersuchen, wie und in welcher Höhe sich die Kostenpreise (Lohnpreis, Zinspreis usw.) und die Preise der erzeugten Produkte bilden, die dann in der partiellen Analyse als für den einzelnen Unternehmer „gegeben" vorausgesetzt werden. Außerdem ist in der totalen Analyse demgemäß auch zu prüfen, wie und in welcher Weise sich die Kostenpreise und die Verkaufspreise durch das Handeln der Unternehmer ändern[1]).

---

[1]) Die Formulierung, daß der einzelne Produzent bei vollkommener Konkurrenz bestrebt sei, seine Grenzkosten gleich dem für ihn gegebenen Preis zu machen, darf also nicht so verstanden werden, als ob der Preis für den einzelnen Produzenten eine Größe sei, die von ihm nicht beeinflußt wird. Bei vollkommener Konkurrenz ist der Preis durch den

2. Die Veränderung des für den einzelnen Betrieb „gegebenen“ Produktpreises beim Handeln nach dem Prinzip „Grenzkosten gleich Preis“

Wenn wir die Erkenntnisse der „partiellen Analyse“ bei den von uns untersuchten Zusammenhängen verwenden wollen, wenn wir also annehmen wollen, daß der Betrieb I seine Produktion über den optimalen Punkt (Punkt der niedrigsten Stückkosten) ausdehnt, der Grenzbetrieb (Betrieb II) dagegen den optimalen Punkt (Punkt der niedrigsten Stückkosten) unterschreitet und seine Produktion einschränkt, dann müssen wir zunächst prüfen, ob wir die Annahme gleichbleibender Kostenpreise („gegebener Lohnpreis“) und eines unverändert bleibenden Holzpreises machen können.

Wir wollen zunächst feststellen, ob und wann diese Voraussetzungen in unserer Volkswirtschaft gegeben sein könnten. Soll der Preis je Ster in unveränderter Höhe bestehen bleiben, wenn der Grenzbetrieb seinen optimalen Punkt unterschreitet und der Betrieb, der den produktionstechnischen Fortschritt eingeführt hat, seinen optimalen Punkt überschreitet, dann muß die Verminderung der Ausbringung beim Betrieb II (Grenzbetrieb) gleich der Vergrößerung der Ausbringung beim Betrieb I sein. Denn soll die Voraussetzung eines unverändert „gegebenen“ Holzpreises für unsere Volkswirtschaft zutreffen, dann darf sich die Gesamtausbringung in unserer Volkswirtschaft nicht dadurch ändern, daß der Grenzbetrieb (Betrieb II) seinen optimalen Punkt unterschreitet und der Betrieb I seinen optimalen Punkt überschreitet. Soll der Lohnpreis durch die Überschreitung des Punktes der niedrigsten Stückkosten bei Betrieb I und die Unterschreitung des Punktes der niedrigsten Stückkosten bei Betrieb II (Grenzbetrieb) keine Veränderung erfahren, dann muß die Zahl der Arbeitstage, die im Grenzbetrieb durch die Produktionseinschränkung frei wird, gleich der Zahl der Arbeitstage sein, die der Betrieb I durch seine Produktionsausdehnung auf Grund des Überschreitens des optimalen Punktes zusätzlich verwendet. Daß diese beiden Voraussetzungen gegeben sein können, ist jedoch unmöglich. Denn führt das Unterschreiten des optimalen Punktes beim Grenzbetrieb (Betrieb II) zu einer Verminderung des Verlustes, so kann die Verwendung der im Grenzbetrieb (Betrieb II) freiwerdenden Arbeitstage im Betrieb I, wenn mit ihrer Hilfe ein Produktmengenzuwachs in Höhe der Produktmengenverminderung des Grenzbetriebs erzielt wird, nicht zu einer Erhöhung des Gesamtgewinns im Betrieb I führen. Es muß sich dann für den Betrieb I — isoliert für sich betrachtet — ein Verlust in Höhe des Betrages ergeben, um den sich der Verlust im Grenzbetrieb (Betrieb II) durch das

---

Schnittpunkt der Angebotskurve mit der Nachfragekurve bestimmt. Jede, auch die kleinste Änderung der Angebotsmenge beeinflußt daher grundsätzlich den Preis. Der einzelne Produzent faßt auch bei vollkommner Konkurrenz den Preis nicht als eine Größe auf, die von ihm nicht nach unten verändert werden könnte. Im Gegenteil. Er unterbietet ja den bestehenden Marktpreis, wenn er zu dem bestehenden Preis seine Ausbringung nicht absetzen kann. Um Mißverständnisse zu vermeiden, wäre es daher besser zu sagen, daß bei vollkommner Konkurrenz der einzelne Produzent bestrebt ist, seine Grenzkosten gleich dem am Markt durch das Zusammentreffen von Angebot und Nachfrage sich jeweils bildenden Preis zu machen. Der Preis ist für den einzelnen Produzenten bei vollkommner Konkurrenz nur in dem Sinne gegeben, daß er ihn nicht setzen kann, sondern daß er sich durch das Zusammentreffen von Angebot und Nachfrage bildet. Der einzelne Produzent paßt seine Produktmenge dem jeweils am Markt gebildeten Preis an, kann er diese Menge nicht absetzen, dann unterbietet er den bestehenden Preis.

Unterschreiten des optimalen Punktes vermindert. Der, bei der dem optimalen Punkt entsprechenden Ausbringung des Betriebes I sich ergebende gesamte Differentialgewinn müßte sich dann also um den Betrag vermindern, um den sich der Verlust des Grenzbetriebes vermindert. Denn eine Verlustverminderung für den Grenzbetrieb kann sich ja nur dadurch ergeben, daß die Einschränkung der Produktion zu einer Verminderung der gesamten variablen Kosten, also in unserem Fall zu einer Verminderung der Lohnsumme des Grenzbetriebs führt, die größer ist als die durch die Verringerung der Ausbringung sich ergebende Verminderung des Bruttoerlöses. Der Betrag, der vom Grenzbetrieb an der Lohnsumme durch Freisetzung von Arbeitstagen eingespart wird, muß also höher sein als der Betrag, der aus derjenigen Produktmenge bei dem gegebenen Verkaufspreis zu erlösen ist, um den die Ausbringung des Grenzbetriebes vermindert worden ist.

Nehmen wir beispielsweise an, in der Volkswirtschaft unseres Beispiels werden bei dem gegebenen Lohnpreis von 0,909 Mark je Arbeitstag 10 Arbeitstage im Grenzbetrieb freigesetzt, so daß sich eine Verminderung der Lohnsumme des Grenzbetriebes in Höhe von 9,09 Mark ergibt, während die Ausbringung um 9 Ster Holz zurückgeht, so daß sich bei einem gegebenen Holzpreis von 0,8888 Mark je Ster eine Verminderung des Bruttoerlöses um 7,99 Mark ergibt. Dadurch würde sich also der Gesamtverlust des Grenzbetriebes um 1,10 Mark verringern. Sollen der Preis je Ster Holz und der Lohnpreis unverändert bleiben, so müßten im Betrieb I mit Hilfe der im Grenzbetrieb freigesetzten 10 Arbeitstage, also mit einer zusätzlichen Lohnsumme von 9,09 Mark, 9 Ster Holz zu einem Preis von 0,8888 Mark, also eine zusätzliche Holzmenge im Werte von 7,99 Mark erzeugt werden. Durch diese zusätzliche Produktion würde also, wenn man sie für sich betrachtet, im Betrieb I eine Verlustproduktion in Höhe von 1,10 Mark entstehen.

Wir kommen somit zu dem Ergebnis, daß die Annahme, unter der Voraussetzung eines unverändert gegebenen Lohnpreises und eines unverändert gegebenen Produktpreises könne der Betrieb I seine Produktion über den optimalen Punkt hinaus ausdehnen und der Grenzbetrieb könne durch Unterschreiten des optimalen Punktes seine Produktion einschränken, in sich unmöglich ist. Würde die Gesamtausbringung der Volkswirtschaft durch das „Unterschreiten des optimalen Punktes" im Grenzbetrieb und das „Überschreiten des optimalen Punktes" bei dem Betrieb, der den produktionstechnischen Fortschritt verwendet, unverändert bleiben, so würde das ja besagen, daß dieses Vorgehen für die Volkswirtschaft völlig gleichgültig wäre.

3. Die Gestaltung des Grenzproduktes der Arbeit beim Über- und Unterschreiten des optimalen Punktes

Die Verwendung der im Grenzbetrieb (Betrieb II) freigesetzten Arbeitstage ist für den Betrieb I nur dann gewinnbringend, wenn bei dem gegebenen Lohnpreis und dem gegebenen Holzpreis der Kostenzuwachs (Zuwachs an Lohnsumme) geringer als der Erlöszuwachs (Zuwachs an der Bruttoerlössumme) ist. Nur unter dieser Voraussetzung kann das Überschreiten des optimalen Punktes (Punktes der niedrigsten Stückkosten) den Gesamtgewinn des Betriebes I erhöhen. Bei gegebenem Lohnpreis und dem gegebenen Holzpreis kann jedoch der Erlöszuwachs den Kostenzuwachs nur dann übersteigen, wenn im Betrieb I mit den im Grenzbetrieb freigesetzten Arbeitstagen eine größere Produktmenge als im Grenzbetrieb erzielt werden kann. Und das muß in der Tat der Fall sein. Beim optimalen Punkt beträgt — wie wir sahen — das Grenzprodukt des Arbeitstages im Grenzbetrieb 0,909 Ster Holz, während es beim optimalen Punkt im Betrieb I sich auf 1,136 Ster Holz beläuft. Das Grenzprodukt des Arbeitstages liegt also beim optimalen Punkt im Betrieb I höher als im Grenzbetrieb (Betrieb II). Dem Satz, daß der einzelne gegebene Betrieb den größtmöglichen Gesamtgewinn (bzw. den geringstmöglichen Gesamtverlust) erreicht, wenn er den optimalen Punkt so weit überschreitet (bzw. so weit unterschreitet), daß die Grenzkosten gleich dem Preis werden, liegt die Voraussetzung eines kontinuierlichen Verlaufs der Grenzkosten im Betrieb zugrunde. Verlaufen die Grenzkosten im Betrieb kontinuierlich, dann muß, da das Grenzprodukt des Arbeitstages im Optimalpunkt beim Betrieb I größer als das Grenzprodukt im Optimalpunkt beim Grenzbetrieb ist, das Grenzprodukt des Arbeitstages, das im Grenzbetrieb durch Freisetzung des vor dem Optimalpunkt liegenden Arbeitstages aufgegeben wird, kleiner sein als das Grenzprodukt, das durch die Verwendung dieses Arbeitstages durch Überschreiten des optimalen Punktes im Betrieb I gewonnen wird. Und das gilt auch für weitere Arbeitstage, es gilt so lange, bis das Grenzprodukt des Arbeitstages im Grenzbetrieb durch die Freisetzung von Arbeitstagen so weit steigt und das Grenzprodukt im Betrieb I durch die Verwendung weiterer Arbeitstage so weit sinkt, daß das Grenzprodukt des Arbeitstages in beiden Betrieben gleich wird. Wir wollen uns diesen Zusammenhang mit Hilfe einer kurzen Tabelle verdeutlichen, bei der wir freilich, um nicht zu lange Zahlenreihen zu bekommen, ein gewisses „Springen“ des Grenzprodukts des Arbeitstages von Arbeitstag zu Arbeitstag mit in Kauf nehmen müssen, also keine strenge Kontinuität des Verlaufs haben:

Tabelle 19

Betrieb I		Betrieb II	
Zahl der Arbeitstage	Grenzprodukt des Arbeitstages	Zahl der Arbeitstage	Grenzprodukt des Arbeitstages
110	1,136	110	0,909
111	1,133	109	0,915
112	1,128	108	0,922
113	1,121	107	0,933
114	1,112	106	0,945
115	1,100	105	0,960
116	1,085	104	0,980
117	1,060	103	1,000
118	1,025	102	1,025
119	0,980	101	1,059

In der Tabelle gehen wir davon aus, daß das Grenzprodukt des Arbeitstages im Betrieb I 1,136 Ster Holz beim Optimalpunkt beträgt (es wird bei Verwendung von 110 Arbeitstagen erreicht), während das Grenzprodukt des Arbeitstages im Betrieb II (Grenzbetrieb) beim Optimalpunkt nur 0,909 Ster

Holz beträgt (es wird bei Verwendung von 110 Arbeitstagen erreicht). Beim Überschreiten des optimalen Punktes im Betrieb I nimmt das Grenzprodukt der Arbeit mit jedem weiteren Arbeitstag ab, beim Unterschreiten des optimalen Punktes im Grenzbetrieb nimmt es mit jeder Freisetzung eines weiteren Arbeitstages zu. Vom Standpunkt der Volkswirtschaft wird die größtmögliche Produktmenge erzeugt, wenn die Freisetzung noch eines weiteren Arbeitstages im Grenzbetrieb und die Verwendung dieses weiteren Arbeitstages im Betrieb I keinen Zuwachs an Produktmenge mehr bringen kann. Dieser Punkt ist erreicht, wenn das Grenzprodukt des Arbeitstages in allen Betrieben gleich wird. In dem Beispiel unserer Tabelle ist das der Fall, wenn der Grenzbetrieb nur noch 102 Arbeitstage „behält" und der Betrieb I acht, bisher vom Grenzbetrieb verwendete Arbeitstage (Arbeitstage 110 mit 103 des Grenzbetriebes) bei sich als Arbeitstage 111 mit 118 verwendet. Denn dann beläuft sich das Grenzprodukt des „letzten" (118.) Arbeitstages im Betrieb I auf 1,025 Ster Holz und das Grenzprodukt des „letzten" (102.) Arbeitstages im Grenzbetrieb beträgt ebenfalls 1,025 Ster Holz. Würde auch der 102. Arbeitstag, der im Grenzbetrieb 1,025 Ster Holz bringt, vom Grenzbetrieb freigesetzt und im Betrieb I als 119. Arbeitstag verwendet werden, so würde man im Grenzbetrieb ein Grenzprodukt von 1,025 Ster Holz „aufgeben" und im Betrieb I dafür nur ein Grenzprodukt von 0,980 Ster Holz erzielen. Es würde dann also die Produktmenge in der Volkswirtschaft nicht ihre größtmögliche Höhe erreichen.

4. Das Gleichwerden von Grenzkosten und Preis unter der Voraussetzung eines Gleichbleibens des Geldlohnpreises und restloser Verwendung der Arbeitsausstattung der Volkswirtschaft

Da der Grenzbetrieb durch Unterschreiten des optimalen Punktes den Punkt des geringstmöglichen Gesamtverlustes erreichen will, und gleichzeitig der Betrieb I durch Überschreiten seines optimalen Punktes den Punkt seines größtmöglichen Gesamtgewinns anstrebt, so kommt es dazu, daß die Ausbringung im Grenzbetrieb (Betrieb II) verringert wird und die Ausbringung im Betrieb I sich erhöht. Da jedoch mit jedem weiteren Arbeitstag — bis zum Punkt des Gleichwerdens des Grenzprodukts des Arbeitstages in beiden Betrieben — der Zuwachs an Produktmenge im Betrieb I größer ist als die Verringerung an Produktmenge, die im Grenzbetrieb entsteht, so übersteigt die Vergrößerung der Ausbringung im Betrieb I die Verringerung der Ausbringung im Grenzbetrieb. Damit erhöht sich die gesamte Ausbringung der Volkswirtschaft.

Beim Überschreiten des optimalen Punktes sinkt in einem gegebenen Betrieb das Grenzprodukt des Arbeitstages, beim Unterschreiten dagegen steigt es. Da die Grenzkosten der Kostenzuwachs sind, der bei der Produktion der „letzten" Produkteinheit entsteht, so müssen — unveränderlicher (gegebener) Lohnpreis vorausgesetzt — die Grenzkosten nach dem Überschreiten des optimalen Punktes in einem gegebenen Betrieb steigen, beim Unterschreiten des optimalen Punktes dagegen fallen. Denn beim Überschreiten des optimalen Punktes bringt jeder weitere Arbeitstag ein immer kleineres Grenzprodukt des Arbeitstages, so daß bei gegebenem Lohnpreis für jede weitere Produkteinheit ein immer größerer Kostenzuwachs entsteht. Beim Unterschreiten des optimalen Punktes in einem gegebenen Betrieb gilt das Umgekehrte. Aus dem Gesagten folgt, daß in unserer Volkswirtschaft bei gegebenem Lohnpreis gleichen Grenzkosten ein gleiches Grenzprodukt des Arbeitstages entspricht. Da in beiden Betrieben die Grenzkosten gleich dem (einheitlichen) Preis werden, wenn der größtmögliche Gesamtgewinn bzw. der geringstmögliche Gesamtverlust erreicht wird, so heißt das, daß dann die Grenzkosten und demgemäß auch das Grenzprodukt des Arbeitstages in beiden Betrieben gleich werden.

Es fragt sich nun, wie es möglich sein soll, daß in beiden Betrieben die Grenzkosten gleich dem Preis werden. Bei dem in bestimmter Höhe gegebenen Preis (d. h. bei dem Preis, der dann gegeben ist, wenn beide Betriebe „im Optimalpunkt" produzieren) müßte es ja reiner Zufall sein, wenn der Grenzbetrieb zur Erreichung des Gleichwerdens von Grenzkosten und Preis genau so viele Arbeitstage freisetzen würde, wie der Betrieb I Arbeitstage benötigt, um seine Produktion über den optimalen Punkt so weit auszudehnen, daß auch bei ihm die Grenzkosten gleich diesem gegebenen Preis werden. Unterschreitet der Grenzbetrieb seinen optimalen Punkt und überschreitet der Betrieb I gleichzeitig seinen optimalen Punkt, *so kann der Produktpreis* (Holzpreis) *nicht unverändert bleiben.* Denn mit jedem weiteren Arbeitstag, den der Grenzbetrieb freisetzt und den der Betrieb I verwendet, tritt ja eine Erhöhung der gesamten Produktmenge in der Volkswirtschaft ein, so daß der Preis sinkt. Bei dem Prozeß des gleichzeitigen Unterschreitens des optimalen Punktes im Grenzbetrieb und Überschreitens des optimalen Punktes im Betrieb I kann also der Preis nicht mehr in unveränderter Höhe gegeben sein, sondern es tritt ein Sinken dieses Preises ein. (Wenn wir die geometrische Darstellung zugrunde legen, können wir sagen: Die Preisgerade verschiebt sich fortlaufend parallel zur X-Achse nach unten.) Um die Grenzkosten gleich dem Preis werden zu lassen, muß also der Grenzbetrieb den optimalen Punkt noch weiter unterschreiten, als es bei einem Gleichbleiben des Produktpreises notwendig wäre. Und der Betrieb I überschreitet, da der Produktpreis sinkt, seinen Optimalpunkt nicht so weit, wie es bei einem Weiterbestehen des Preises, der der Produktion im optimalen Punkt bei beiden Betrieben entspricht, der Fall sein würde. Der Grenzbetrieb ist gezwungen, Arbeitstage solange freizusetzen, solange der sinkende Preis jeweils unter seinen Grenzkosten liegt. Wann hört dieser Prozeß des Sinkens des Preises auf, d. h. wann ist der Grenzbetrieb nicht mehr gezwungen, Arbeitstage freizusetzen? Das ist dann der Fall, wenn durch die Verwendung eines vom Grenzbetrieb freigesetzten Arbeitstages im Betrieb I der Zuwachs an Produktmenge nicht mehr größer ist als die Verminderung an Produktmenge, die durch die Freisetzung des betreffenden Arbeitstages im Grenzbetrieb eintritt. Dann erhöht sich die gesamte Produktmenge in der Volkswirtschaft nicht mehr, dann ist das Grenzprodukt des Arbeitstages im Betrieb I gleich dem Grenzprodukt des Arbeitstages im Grenzbetrieb (Betrieb II). Und damit werden in beiden Betrieben die Grenzkosten gleich und gleich dem Preis. Nur über dieses Sinken des Produktpreises und durch dieses Sinken des Produktpreises wird der Zustand erreicht, daß in beiden Betrieben die Grenzkosten gleich dem Preis werden, so daß keiner der gegebenen Betriebe mehr bestrebt ist, seine Ausbringung zu erhöhen oder zu vermindern.

Das Bestreben der einzelnen Betriebe, durch Überschreiten des optimalen Punktes (Punkt der Gleichheit von Grenzkosten und Stückkosten) den größtmöglichen Gesamtgewinn bzw. durch Unterschreiten des optimalen Punktes den geringstmöglichen Gesamtverlust zu erreichen, führt also erst zu einem Preis bestimmter Höhe, bei dem die Grenzkosten für alle Betriebe, die das betreffende Gut erzeugen, gleich dem Preis werden. Auf diesen, sich in der dargestellten Weise ergebenden Preis bezogen, erreichen dann alle Betriebe den Punkt des größtmöglichen Gesamtgewinns bzw. den Punkt des geringstmöglichen Gesamtverlusts.

5. Die Gleichheit des „gesamten Differentialgewinns" und des „gesamten Verlusts" in der Volkswirtschaft beim Handeln nach dem Grundsatz „Grenzkosten gleich Preis"

I

Welche Produktions-, Preis- und Kostenverhältnisse ergeben sich nun in einer Volkswirtschaft, die durch einen produktionstechnischen Fortschritt aus dem statischen Zustand in den dynamischen Zustand übergeht, wenn die Unternehmer auch im dynamischen Zustand den Grundsatz „Grenzkosten gleich Preis" realisieren? Zur Beantwortung dieser Frage wollen wir uns die bestehenden Zusammenhänge an der Volkswirtschaft unseres Beispiels verdeutlichen. Nehmen wir an, daß die Grenzkosten in beiden Betrieben dann gleich werden, wenn der Grenzbetrieb (Betrieb II) seine Produktion durch Freisetzung von acht Arbeitstagen um 7,5 Ster Holz (also von 120 Ster auf 112,5 Ster) einschränkt und der Betrieb I seine Ausbringung durch zusätzliche Verwendung von acht Arbeitstagen um 9 Ster (also von 150 Ster auf 159 Ster) erhöht. Werden die Grenzkosten in „allen" (beiden) Betrieben gleich, dann wird in ihnen auch das Grenzprodukt des Arbeitstages gleich und der Wert des Grenzprodukts des Arbeitstages wird gleich dem Lohnpreis. Produzieren die (beiden) Betriebe nicht im optimalen Punkt, sondern überschreiten bzw. unterschreiten sie den optimalen Punkt, so daß die Grenzkosten gleich dem Preis werden, dann erhöht sich durch dieses Über- bzw. Unterschreiten des optimalen Punktes die Gesamtausbringung aller (beider) Betriebe. In unserer Volkswirtschaft beträgt die Gesamtausbringung nach Einführung des produktionstechnischen Fortschritts, wenn beide Betriebe im optimalen Punkt (Punkt der Gleichheit von Grenzkosten und Stückkosten) produzieren, 270 Ster Holz. Da wir nun angenommen haben, daß die Grenzkosten gleich dem Preis werden, wenn der Grenzbetrieb (Betrieb II) seine Produktion um 7,5 Ster vermindert und der Betrieb I seine Ausbringung um 9 Ster erhöht, so ergibt sich durch das Über- bzw. Unterschreiten des optimalen Punktes eine Erhöhung der gesamten Produktmenge in der Volkswirtschaft um 1,5 Ster. Da die Gesamtproduktmenge unserer Volkswirtschaft demgemäß auf 271,5 Ster Holz steigt, so beträgt der Preis je Ster Holz bei dem gleichbleibenden Geldvolumen (240 Mark) nur noch 0,88397 Mark. Das Überschreiten bzw. Unterschreiten des optimalen Punktes erfolgt, wie wir sahen, bis zu dem Punkt, bei dem die Grenzkosten gleich dem Preis (0,88397 Mark je Ster) werden, es betragen also die Grenzkosten 0,88397 Mark. Daraus ergeben sich für die Volkswirtschaft unseres Beispiels folgende Produktions-, Preis- und Kostenverhältnisse:

Tabelle 20

	Betrieb I (mit neuer Produktionstechnik)	Betrieb II (mit alter Produktionstechnik)	insgesamt
Kapitalkosten	20 Mark	20 Mark	40 Mark
Lohnpreis je Arbeitstag	0,909 Mark	0,909 Mark	—
Aufgewendete Arbeitstage	118	102	220
Lohnkosten[1])	107,27 Mark	92,73 Mark	200 Mark
Gesamtkosten[2])	127,27 Mark	112,73 Mark	240 Mark
Ausbringung	159 Ster	112,5 Ster	271,5 Ster
Preis je Ster	0,88397 Mark	0,88397 Mark	—
Grenzkosten	0,88397 Mark	0,88397 Mark	
Stückkosten[3])	0,8004 Mark	1,00201 Mark	
Variable Durchschnittskosten	0,674 Mark	0,824 Mark	
Gesamterlös	140,55 Mark	99,45 Mark	240 Mark
Differentialgewinn	13,28 Mark	—	13,28 Mark
Verlust	—	13,28 Mark	13,28 Mark
Reallohn je Arbeitstag in Ster Holz	1,0283 Ster	1,0283 Ster	
Grenzprodukt der Arbeit in Ster Holz	1,0283 Ster	1,0283 Ster	
Grenzprodukt (Grenzertrag) der Arbeit in Mark	0,909 Mark	0,909 Mark	
Durchschnittsertrag des Arbeitstags in Mark[4])	1,1911 Mark	0,975 Mark	
Geldvolumen	—	—	240 Mark

Anmerkungen zu Tabelle 20: [1]) Die Lohnkosten errechnen sich durch Multiplikation des Lohnpreises je Arbeitstag mit der Zahl der – in dem betreffenden Betrieb – aufgewendeten Arbeitstage. – [2]) Die Gesamtkosten ergeben sich durch Addition der Kapitalkosten mit den Lohnkosten. – [3]) Die Stückkosten finden wir durch Division der Gesamtkosten (des betreffenden Betriebes) durch die Ausbringung (des betreffenden Betriebes). – [4]) Der „Durchschnittsertrag des Arbeitstages" errechnet sich durch Division des Gesamterlöses (des betreffenden Betriebes) durch die Zahl der aufgewendeten Arbeitstage (des betreffenden Betriebes).

Wir sehen, daß dann, wenn die Betriebe nach dem Grundsatz „Grenzkosten gleich Preis" handeln und dabei ihren optimalen Punkt über- bzw. unterschreiten, der Sachverhalt unverändert bestehen bleibt, daß die gesamten Differentialgewinne gleich den gesamten Verlusten werden. In der Volkswirtschaft unseres Beispiels ergibt sich ein gesamter Differentialgewinn in Höhe von 13,28 Mark, dem ein gesamter Verlust in Höhe von 13,28 Mark gegenübersteht. Die bereits gewonnene Erkenntnis, daß bei einer Neutralität des Geldes die Summe der durch Einführung eines produktionstechnischen Fortschritts sich ergebenden Differentialgewinne gleich der Summe der sich ergebenden Verluste ist, wird also *nicht* dadurch modifiziert, daß die Betriebe nicht im optimalen Punkt produzieren, sondern den optimalen Punkt über- bzw. unterschreiten, um die Grenzkosten gleich dem Preis werden zu lassen.

II

Handeln die Betriebe nach dem Grundsatz „Grenzkosten gleich Preis", dann bleibt auch weiterhin im dynamischen Zustand der Volkswirtschaft der Sachverhalt bestehen, daß die Gesamtkosten der Volkswirtschaft — in Geldeinheiten ausgedrückt — (240 Mark) gleich dem Gesamterlös (240 Mark) sind.

Der Gesamterlös (Y), den wir auch als Brutto-Volkseinkommen bezeichnen können, ist gleich dem Produktpreis (p) multipliziert mit der „gesamten Ausbringung in der Volkswirtschaft“ (m_v). Es gilt:

$$(1) \qquad Y = p \cdot m_v.$$

In der Volkswirtschaft unseres Beispiels ist demnach:

$$Y = 0{,}88397 \cdot 271{,}5 = 240 \text{ Mark}.$$

Da in der Volkswirtschaft in aller Regel nicht nur ein einziges Gut, sondern zahlreiche Güter produziert werden, so müssen wir die Gleichung (1) folgendermaßen schreiben:

$$(1a) \qquad Y = p_1 \cdot m_1 + p_2 \cdot m_2 + p_3 \cdot m_3 + \cdots\cdots + p_n \cdot m_n.$$

(In dieser Gleichung bezeichnen p_1, p_2, p_3, p_n die Preise der verschiedenen (n) Güter, m_1, m_2, m_3, m_n die entsprechenden Mengen der Güter.)

Ebenso ist im dynamischen Zustand der Volkswirtschaft, sofern die Grenzkosten überall gleich werden[2]) (d.h. sofern kein Gut mit verschiedenen Grenzkosten hergestellt wird), der Sachverhalt gegeben, daß die Grenzkosten (G_K) multipliziert mit der gesamten Ausbringung in der Volkswirtschaft (m_v) gleich den gesamten, in der Volkswirtschaft aufgewendeten Kosten (S) [3]) und gleich dem gesamten Erlös (Y) werden. Es gilt also im dynamischen Zustand der Volkswirtschaft:

$$(2) \qquad Y = S = G_K \cdot m_v.$$

In der Volkswirtschaft unseres Beispiels ist demnach:

$$240 \text{ Mark} = 240 \text{ Mark} = 0{,}88397 \cdot 271{,}5.$$

Da in einer Volkswirtschaft nicht nur ein Gut, sondern zahlreiche Güter produziert werden, so müssen wir die Gleichung (2) unter Berücksichtigung dieses Tatbestandes folgendermaßen schreiben:

$$(2a) \qquad Y = S = G_{K1} \cdot m_1 + G_{K2} \cdot m_2 + G_{K3} \cdot m_3 + \cdots\cdots G_{Kn} \cdot m_n.$$

---

[2]) Das ist dann der Fall, wenn das Bestreben, die Grenzkosten gleich dem Preis zu machen, von allen Betrieben in der Volkswirtschaft erreicht wird.

[3]) Für den *einzelnen Betrieb* sind im dynamischem Zustand der Volkswirtschaft die Gesamtkosten gleich den Stückkosten mal der Ausbringung; die Gesamtkosten sind im einzelnen Betrieb im dynamischen Zustand nicht gleich der Größe „Grenzkosten mal Ausbringung“. Die gesamten, in der *ganzen Volkswirtschaft* aufgewendeten Kosten sind aber auch im dynamischen Zustand der Volkswirtschaft gleich der Größe „Grenzkosten mal gesamte Ausbringung“, sofern die Grenzkosten in allen Betrieben eines jeden Wirtschaftszweiges gleich werden. Es gilt:
$S = G_{K_1} \cdot M_1 + G_{K_2} \cdot M_2 + G_{K_3} \cdot M_3 + \cdots\cdots G_{Kn} \cdot M_n.$
(G_{K_1} sind die Grenzkosten im Wirtschaftszweig 1, G_{K_2} die Grenzkosten im Wirtschaftszweig 2 usw.; M_1, M_2 usw. sind die gesamte Ausbringung der entsprechenden Wirtschaftszweige).

(In dieser Gleichung bezeichnet G_{K_1} die Grenzkosten des Gutes 1, G_{K_2} die Grenzkosten des Gutes 2, G_{K_3} die Grenzkosten des Gutes 3, G_{K_n} die Grenzkosten des nten Gutes. m_1 bezeichnet die gesamte Menge des Gutes 1, m_2 die gesamte Menge des Gutes 2, m_3 die gesamte Menge des Gutes 3 und m_n die gesamte Menge des nten Gutes.)

III

Produzieren die Betriebe im dynamischen Zustand der Volkswirtschaft im optimalen Punkt, also mit den niedrigsten Stückkosten, so verhält sich — wie wir in unseren früheren Darlegungen S. 29 ff. ableiten konnten — der „Differentialgewinn je Produkteinheit" (D) zum „Verlust je Produkteinheit" (V) wie die „Ausbringung mit alter Produktionsmethode" (M_1) zur „Ausbringung mit neuer Produktionsmethode" (M_2). Diese Beziehung gilt auch dann, wenn die Betriebe nicht im optimalen Punkt produzieren, sondern den optimalen Punkt über- bzw. unterschreiten, so daß die Grenzkosten gleich dem Preis werden.

Werden die Grenzkosten gleich dem Preis, so liegen bei jedem Betrieb mit „alter Produktionstechnik", der den optimalen Punkt (Punkt der niedrigsten Stückkosten) unterschreitet, die Grenzkosten unter den Stückkosten. Werden die Grenzkosten gleich dem Preis, so ist der „Verlust je Produkteinheit" (V), der in einem Betrieb mit „alter Produktionstechnik" entsteht, gleich der Differenz seiner „Stückkosten" (St_1) minus seiner „Grenzkosten" (G_K). Es gilt also:

$$(3)\qquad V = St_1 - G_K.$$

Werden die Grenzkosten gleich dem Preis, so liegen bei jedem Betrieb, der mit der „neuen Produktionstechnik" arbeitet und den optimalen Punkt überschreitet, die Grenzkosten über den Stückkosten eines solchen Betriebes. Der „Gewinn je Produkteinheit" (D) eines Betriebes mit „neuer Produktionstechnik" ist gleich der Differenz „Grenzkosten" (G_K) minus „Stückkosten" (St_2) eines solchen Betriebes. Es gilt also:

$$(4)\qquad D = G_K - St_2.$$

Aus Gleichung IV folgt:

$$(4a)\qquad G_K = D + St_2.$$

Setzen wir in der Gleichung (3) für G_K die Größe $D + St_2$ gemäß Gleichung (4 a), so ergibt sich:

$$(5)\qquad V = St_1 - (D + St_2).$$

Daraus folgt:

$$(6)\qquad St_1 - V = St_2 + D.$$

$$(6a)\qquad St_1 - St_2 = V + D.$$

Würden die Betriebe, wenn die Grenzkosten gleich dem Preis werden, gewinn- und verlustlos produzieren, dann müßte D + V gleich Null werden. Wird die Größe D + V gleich Null, dann gilt gemäß Gleichung (4a): $St_1 = St_2$, d. h. die Stückkosten werden dann in allen Betrieben gleich. Die gewinn- und verlustlose Produktion ist bekanntlich nur im statischen Zustand der Volkswirtschaft möglich, also dann, wenn nicht nur die Grenzkosten, sondern auch die Stückkosten gleich dem Preis werden; das ist nur möglich, wenn die Stückkosten in allen Betrieben gleich werden. Im dynamischen Zustand der Volkswirtschaft sind die Stückkosten der einzelnen Betriebe verschieden, wenn diese die Produktion so gestalten, daß die Grenzkosten gleich dem Preis werden. Und zwar ist — wie wir aus Gleichung (4a) ersehen — im dynamischen Zustand der Volkswirtschaft der Verlust je Produkteinheit im Betrieb mit alter Produktionstechnik plus dem Gewinn je Produkteinheit im Betrieb mit neuer Produktionstechnik gleich der Differenz „Stückkosten im Betrieb mit alter Produktionstechnik" (St_1) minus „Stückkosten im Betrieb mit neuer Produktionstechnik" (St_2).

Der „*gesamte* Verlust" (U), der in einem Betrieb mit alter Produktionstechnik entsteht, ist gleich seinem „Verlust je erzeugte Produkteinheit" (V) multipliziert mit seiner „Ausbringung" (M_1). Multiplizieren wir demgemäß die beiden Seiten der Gleichung (3) mit M_1, so erhalten wir:

$$(7) \qquad M_1 \cdot V = M_1 \cdot (St_1 - G_K).$$

Der „*gesamte* Gewinn" (G), der in einem Betrieb mit neuer Produktionstechnik entsteht, ist gleich dem „Gewinn je Produkteinheit" (D) multipliziert mit seiner Ausbringung (M_2). Multiplizieren wir beide Seiten der Gleichung (4) mit M_2, so ergibt sich:

$$(8) \qquad M_2 \cdot D = M_2 \cdot (G_K - St_2).$$

Da der Gesamtverlust gleich dem Gesamtgewinn, also $M_1 \cdot V = M_2 \cdot D$ ist, so gilt:

$$(9) \qquad M_1 \cdot (St_1 - G_K) = M_2 \cdot (G_K - St_2).$$

$$M_1 \cdot St_1 - M_1 \cdot G_K = M_2 \cdot G_K - M_2 \cdot St_2.$$

$$\frac{M_1 \cdot St_1}{M_2} - \frac{M_1 \cdot G_K}{M_2} = G_K - St_2.$$

$$\frac{M_1}{M_2}(St_1 - G_K) = G_K - St_2.$$

$$(10) \qquad \frac{M_1}{M_2} = \frac{G_K - St_2}{St_1 - G_K}.$$

Setzt man in der Gleichung (10) für $G_K - St_2$ gemäß Gleichung (4) die Größe D und für $St_1 - G_K$ gemäß Gleichung (3) die Größe V, so erhalten wir:

$$(11) \qquad \frac{M_1}{M_2} = \frac{D}{V}.$$

Auch dann, wenn die Betriebe den Grundsatz „Grenzkosten gleich Preis" verwirklichen und den optimalen Punkt (Punkt der niedrigsten Stückkosten) über- bzw. unterschreiten, gilt also die Größenbeziehung: Der „Differentialgewinn je Produkteinheit" (D) verhält sich zum „Verlust je Produkteinheit" (V) wie die „Ausbringung mit alter Produktionstechnik" (M_1) zur „Ausbringung mit neuer Produktionstechnik" (M_2).

IV

Wird in einem oder mehreren Betrieben eines Wirtschaftszweiges ein produktionstechnischer Fortschritt eingeführt und produzieren die Betriebe (sowohl die Betriebe mit „alter" als auch die Betriebe mit „neuer" Produktionstechnik) im optimalen Punkt (Punkt der niedrigsten Stückkosten), dann ist — so fanden wir, siehe S. 36 ff. — das prozentuale Sinken des Produktpreises gleich dem prozentualen Steigen des Reallohns. Auch dieser Sachverhalt bleibt unverändert bestehen, wenn die Betriebe den optimalen Punkt über- bzw. unterschreiten, so daß überall die Grenzkosten gleich dem Preis werden.

Im statischen Zustand der Volkswirtschaft unseres Beispiels beträgt der Preis je Ster Holz 1 Mark. Wird nun in einem der beiden Betriebe unserer Volkswirtschaft ein produktionstechnischer Fortschritt eingeführt und handeln die beiden Betriebe nach dem Grundsatz „Grenzkosten gleich Preis", so erhöht sich die Produktmenge in unserer Volkswirtschaft von 240 Ster Holz auf 271,5 Ster Holz. Durch diese Erhöhung der Produktmenge sinkt der Holzpreis, sofern das Geld neutral bleibt, von 1 Mark auf 0,88397 Mark, also — an der mittleren Größe (0,94198 Mark) gemessen — um 12,32%. Der Geldlohn je Arbeitstag beträgt in der Volkswirtschaft unseres Beispiels sowohl im statischen Ausgangszustand als auch im dynamischen Zustand der Volkswirtschaft 0,909 Mark je Arbeitstag. Als Reallohn steigt er nach der Einführung des produktionstechnischen Fortschritts von 0,909 Ster Holz auf 1,0283 Ster Holz, also um 0,1193 Ster Holz, das sind — an der mittleren Größe (0,9686 Ster) gemessen — 12,32%. Das prozentuale Steigen des Reallohns ist also gleich dem prozentualen Sinken des Produktpreises.

V

Durch das Überschreiten des optimalen Punktes im Betrieb I steigen die variablen Durchschnittskosten, während sie im Grenzbetrieb (Betrieb II) durch das Unterschreiten des optimalen Punktes fallen. Produziert der Grenzbetrieb im optimalen Punkt (Punkt der niedrigsten Stückkosten), dann betragen seine variablen Durchschnittskosten 0,833 Mark, während sie beim Unterschreiten des optimalen Punktes und beim Gleichwerden von Grenzkosten und Preis auf 0,824 Mark sinken. Dieser Sachverhalt ist wichtig, da der Grenzbetrieb erst dann verdrängt (stillgelegt) wird, wenn seine variablen Durchschnittskosten den Preis übersteigen. (Die variablen Durchschnittskosten können bekanntlich beim Unterschreiten des optimalen Punktes so lange sinken, bis sie gleich den Grenzkosten werden.)

6. Das durchschnittliche Grenzprodukt der Kapitalverwendung als Bestimmungsfaktor des Preises der Kapitalverwendung im dynamischen Zustand der Volkswirtschaft

I

Verwirklichen die Betriebe in unserer Volkswirtschaft den Grundsatz „Grenzkosten gleich Preis", dann werden in „allen" Betrieben die Grenzkosten gleich hoch und der Wert des Grenzprodukts des Arbeitstages wird überall gleich dem Lohnpreis. An keiner Stelle der Volkswirtschaft wird dann ein Arbeitstag verwendet, dessen Grenzprodukt einen unter dem Lohnpreis je Arbeitstag liegenden Wert (Preis) hat. Der Lohn entspricht dann im dynamischen Zustand der Volkswirtschaft dem Wert des Grenzprodukts der Arbeit. Daß der Betrieb II (Grenzbetrieb) nicht mehr auf seine Kosten kommt, obwohl bei ihm das Grenzprodukt des Arbeitstages gleich dem Lohnpreis wird, erklärt sich dadurch, daß der Betrieb II (Grenzbetrieb) nicht mehr den für das Grenzprodukt der Kapitalverwendung zu bezahlenden Preis erwirtschaftet. Arbeit und Kapital werden durch das Unterschreiten des optimalen Punktes im Grenzbetrieb so kombiniert, daß zwar der Wert des Grenzprodukts des Arbeitstages gleich dem Lohnpreis wird, daß aber der Wert des Grenzprodukts der Kapitalverwendung unter dem Preis der Kapitalverwendung liegt.

Der Betrieb II (Grenzbetrieb) „arbeitet" mit 20 Einheiten Kapitalverwendung. Diese 20 Einheiten Kapitalverwendung kosten 20 Mark (20 Mark Kapitalkosten für Amortisation und Verzinsung). Da die verdienten Kapitalkosten bei ihm jedoch nur noch 6,72 Mark betragen, so beträgt das Grenzprodukt der Einheit Kapitalverwendung nur 0,336 Mark. (Die „verdienten Kapitalkosten" sind gleich dem „Grenzprodukt der Kapitalverwendung" multipliziert mit der „Zahl der aufgewendeten Einheiten Kapitalverwendung". Daraus folgt, daß das „Grenzprodukt der Kapitalverwendung" gleich den „verdienten Kapitalkosten" dividiert durch die „Zahl der aufgewendeten Einheiten Kapitalverwendung" ist[4].)

Da der Preis je Einheit Kapitalverwendung in der Volkswirtschaft unseres Beispiels 1 Mark beträgt, der Betrieb II (Grenzbetrieb) aber nur ein Grenzprodukt der Kapitalverwendung von 0,336 Mark erwirtschaftet, so erleidet

---

[4]) Sehen wir von der Mitwirkung des Faktors „Boden" ab, dann ist der Gesamtertrag (Gesamterlös), den wir mit Y bezeichnen wollen, gleich dem Wert des „Grenzprodukts des Arbeitstages" (G_p) multipliziert mit der „Zahl der aufgewendeten Arbeitstage" (A) plus dem „Grenzprodukt der Kapitalverwendung" ($G_p{\times}$) multipliziert mit der „Zahl der aufgewendeten Einheiten Kapitalverwendung" (Z_K). Es gilt also:

$$(1) \quad Y = G_p \cdot A + G_p{\times} \cdot Z_K.$$

Daraus folgt: $Y - (G_p \cdot A) = G_p{\times} \cdot Z_K$.

$$(2) \quad G_p{\times} = \frac{Y - (G_p \cdot A)}{Z_K}.$$

Für den Betrieb II (Grenzbetrieb) unserer Volkswirtschaft ergibt sich gemäß Gleichung (2):

$$G_p{\times} = \frac{99.45 - 92.73}{20} = \frac{6.72}{20} = 0{,}336 \text{ Mark.}$$

(Die eingesetzten konkreten Größen finden sich in Tabelle 20. Da in unserer Volkswirtschaft der Wert des Grenzprodukts des Arbeitstages gleich dem Lohnpreis ist, so ist die Größe Gp · A gleich den gesamten Lohnkosten.)

er je Einheit Kapitalverwendung einen Verlust von 0,664 Mark, also bei seinen 20 aufgewendeten Einheiten Kapitalverwendung einen Gesamtverlust von 20 · 0,664 Mark = 13,28 Mark.

Der Betrieb I, der den produktionstechnischen Fortschritt eingeführt hat, überschreitet den optimalen Punkt, so daß bei ihm die Grenzkosten gleich dem Preis und damit der Wert des Grenzprodukts der Arbeit gleich dem Lohnpreis wird. Würde bei ihm auch das Grenzprodukt der Kapitalverwendung gleich dem Preis der Kapitalverwendung werden, so würde er gewinn- und verlustlos produzieren. Da er einen Gesamtgewinn (Differentialgewinn) von 13,28 Mark erzielt, so können wir sagen, daß seine verdienten Kapitalkosten bei einem Aufwand von 20 Einheiten Kapitalverwendung (für die 20 Mark zu zahlen sind) 33,28 Mark betragen. Der Wert des Grenzprodukts des Kapitals liegt im Betrieb I also über dem Preis der Kapitalverwendung.

Der Betrieb I, der den produktionstechnischen Fortschritt eingeführt hat, „arbeitet" mit 20 Einheiten „Kapitalverwendung". Diese 20 Einheiten Kapitalverwendung kosten 20 Mark (20 Mark Amortisationskosten und Verzinsung). Da die „verdienten Kapitalkosten" bei ihm jedoch 33,28 Mark betragen, so beträgt das Grenzprodukt der Kapitalverwendung bei ihm 1,664 Mark. Der Preis je Einheit Kapitalverwendung in der Volkswirtschaft unseres Beispiels beträgt 1 Mark, es erhält also der Betrieb I je Einheit Kapitalverwendung einen Gewinn von 0,664 Mark, also bei seinen 20 aufgewendeten Einheiten Kapitalverwendung einen Gesamtgewinn von 13,28 Mark.

Der Grenzbetrieb (Betrieb II) erzielt ein Grenzprodukt der Kapitalverwendung von 0,336 Mark, der Betrieb I dagegen erreicht ein Grenzprodukt der Kapitalverwendung von 1,664 Mark. Jeder Betrieb arbeitet mit 20 Einheiten Kapitalverwendung. Das durchschnittliche Grenzprodukt der von den beiden Betrieben verwendeten 40 Kapitaleinheiten beträgt demgemäß 1 Mark.

Handeln die beiden Betriebe nach dem Grundsatz „Grenzkosten gleich Preis", so wird in jedem der beiden Betriebe das Grenzprodukt des Arbeitstages gleich. Der Preis für die Einheit Kapitalverwendung richtet sich nach dem durchschnittlichen Grenzprodukt der Kapitalverwendung. Da das Grenzprodukt der Kapitalverwendung im Grenzbetrieb jedoch unter dem durchschnittlich erreichten Grenzprodukt der Kapitalverwendung liegt, so entsteht im Grenzbetrieb (Betrieb II) ein Verlust. Bei Betrieb I, der den produktionstechnischen Fortschritt eingeführt hat, liegt das Grenzprodukt der Kapitalverwendung über dem durchschnittlich erzielten Grenzprodukt, so daß sich für ihn ein Gewinn ergibt.

II

Produzieren die Betriebe (im dynamischen Zustand der Volkswirtschaft) im optimalen Punkt (Punkt der niedrigsten Stückkosten), dann entspricht der Lohnpreis dem durchschnittlichen Grenzprodukt der Arbeit und der Preis für die Kapitalverwendung wird durch das durchschnittliche Grenzprodukt der Kapitalverwendung bestimmt[5]). Verwirklichen die Betriebe den Grundsatz

[5]) Siehe dazu S. 46 ff.

„Grenzkosten gleich Preis", dann wird das Grenzprodukt der Arbeit überall gleich, so daß das überall erreichte Grenzprodukt der Arbeit für den Lohnpreis bestimmend wird. In diesem Fall wird sozusagen das durchschnittliche Grenzprodukt des Arbeitstages gleich dem Grenzprodukt des Arbeitstages. Wird das Grenzprodukt des Arbeitstages in allen Betrieben gleich, dann kann das Grenzprodukt des Kapitals im dynamischen Zustand der Volkswirtschaft nicht in allen Betrieben gleich sein. Würde auch das Grenzprodukt der Kapitalverwendung in allen Betrieben gleich werden und gleich dem Preis der Kapitalverwendung sein, dann wäre ja der statische Zustand erreicht. Für das Kapital ist auch dann, wenn die Betriebe nach dem Grundsatz „Grenzkosten gleich Preis" handeln, der Sachverhalt gegeben, daß der Preis für die Kapitalverwendung durch das durchschnittliche Grenzprodukt der Kapitalverwendung bestimmt ist. Wir können also sagen, daß im dynamischen Zustand der Volkswirtschaft auch dann, wenn die Betriebe nach dem Grundsatz „Grenzkosten gleich Preis" handeln, der Preis jedes Produktionsfaktors durch sein durchschnittliches Grenzprodukt bestimmt wird, daß der Preis für den variablen Produktionsfaktor Arbeit jedoch gleich seinem Grenzprodukt wird, da das Grenzprodukt der Arbeit dann überall gleich wird, also das durchschnittliche Grenzprodukt der Arbeit gleich dem Grenzprodukt der Arbeit wird.

7. Die optimale Kombination der Produktionsfaktoren im dynamischen Zustand der Volkswirtschaft

I

Handeln die gegebenen Betriebe nach dem Grundsatz „Grenzkosten gleich Preis", dann werden die Grenzkosten innerhalb jedes Wirtschaftszweiges gleich hoch. Unter der der Wirklichkeit entsprechenden Voraussetzung, daß für die gegebenen Betriebe das Realkapital (Anlagekapital) der *konstante* Produktionsfaktor und die Arbeit der *variable* Produktionsfaktor ist, wird, wenn die Grenzkosten überall gleich dem Preis werden, der Wert des Grenzprodukts der Arbeit (des variablen Faktors) überall gleich hoch. Eine ertragbringendere Verwendung des Faktors Arbeit ist damit im dynamischen Zustand der Volkswirtschaft nicht möglich, die Arbeit wird im dynamischen Zustand der Volkswirtschaft so verwendet, daß der größtmögliche Ertrag erreicht wird.

Werden die Grenzkosten innerhalb eines Wirtschaftszweiges gleich hoch und werden die Grenzkosten in allen Wirtschaftszweigen gleich dem Preis, dann werden — wie wir sahen — im dynamischen Zustand der Volkswirtschaft die gesamten Differentialgewinne gleich den gesamten Verlusten in der Volkswirtschaft. Rechnet man die Differentialgewinne zu den Amortisationsquoten (plus Verzinsung), dann amortisiert (und verzinst) sich der ursprünglich (historisch) in den Produktionsanlagen investierte Geldkapitalbetrag vom Standpunkt der ganzen Volkswirtschaft gesehen (vom Standpunkt der einzelnen Betriebe gesehen ist das nicht der Fall, da ja einzelne Betriebe [Grenzbetriebe] Verluste erleiden).

Der Sachverhalt, daß beim Handeln nach dem Grundsatz „Grenzkosten gleich Preis" das Grenzprodukt der Arbeit innerhalb eines Wirtschaftszweiges in allen Betrieben gleich hoch wird, und daß in der Volkswirtschaft die Differentialgewinne gleich den Verlusten werden, kommt darin zum Ausdruck, daß die „*durchschnittlichen* Stückkosten" eines Wirtschaftszweiges mutipliziert mit der „gesamten Ausbringung" des betreffenden Wirtschaftszweiges gleich dem Gesamterlös (des betreffenden Wirtschaftszweiges) und gleich den Gesamtkosten (des betreffenden Wirtschaftszweiges) werden.

In der Volkswirtschaft unseres Beispiels ergeben sich folgende Kostenverhältnisse (siehe Tabelle 20 und die Darlegungen zu dieser Tabelle):

Tabelle 21

	Betrieb I (mit neuer Produktionstechnik)	Betrieb II (mit alter Produktionstechnik)	Insgesamt
Stückkosten:	0,8004 Mark	1,00201 Mark	—
Grenzkosten:	0,88397 Mark	0,88397 Mark	—
Preis je Ster:	0,88397 Mark	0,88397 Mark	—
Ausbringung:	159 Ster Holz	112,5 Ster Holz	271,5 Ster
Gesamtkosten:	127,27 Mark	112,73 Mark	240 Mark
Gesamterlös:	140,55 Mark	99,45 Mark	240 Mark

Im Betrieb I betragen die Stückkosten bei einer Ausbringung von 159 Ster 0,8004 Mark, im Betrieb II (Grenzbetrieb) betragen die Stückkosten bei einer Ausbringung von 112,5 Ster 1,00201 Mark. Demgemäß betragen die *durchschnittlichen* Stückkosten der gesamten Ausbringung unserer Volkswirtschaft in Höhe von 271,5 Ster 0,88397 Mark je Ster[6]).

Die durchschnittlichen Stückkosten (0,88397 Mark) werden also gleich den Grenzkosten (0,88397 Mark) und gleich dem Preis (0,88397 Mark). Es werden also in unserer Volkswirtschaft beim Handeln nach dem Grundsatz „Grenzkosten gleich Preis" die Grenzkosten gleich den *durchschnittlichen* Stückkosten und gleich dem Preis. Demgemäß ist die Größe „durchschnittliche Stückkosten mal gesamte Ausbringung" gleich dem Gesamterlös und gleich den Gesamtkosten der Volkswirtschaft.

Was besagt nun das Gleichwerden von Grenzkosten und „*durchschnittlichen Stückkosten*"? Werden die Grenzkosten gleich den „durchschnittlichen Stückkosten" und gleich dem Preis, dann ergibt sich im dynamischen Zustand der Volkswirtschaft das Gütermaximum, d. h. die Produktion wird als Ganzes gesehen mit den geringstmöglichen Stückkosten durchgeführt.

Die Produktionskosten in der Volkswirtschaft werden zu einem Minimum, wenn überall die Grenzkosten gleich den Stückkosten werden[7]). Daß die Stück-

---

[6]) Wir finden die durchschnittlichen Stückkosten der „gesamten Ausbringung der Volkswirtschaft" (271,5 Ster), indem wir die „Stückkosten des Betriebes I" (0,8004 Mark) mit der „Ausbringung des Betriebes I" (159 Ster) und die „Stückkosten des Betriebes II" (1,00201 Mark) mit der „Ausbringung des Betriebes II" (112,5 Ster) multiplizieren, die so gewonnenen beiden rechnerischen Produkte addieren und die erhaltene Summe durch die „gesamte Ausbringung der Volkswirtschaft" (271,5 Ster) dividieren.

[7]) Bezeichnen wir die erzeugte Produktmenge mit m, und sind die „gesamten Kosten" (S) gleich f(m), dann sind die Stückkosten gleich $\frac{f(m)}{m}$. Die Funktion $\frac{f(m)}{m}$ wird zu einem

kosten überall gleich den Grenzkosten werden, setzt ökonomisch gesehen jedoch voraus, daß alle Betriebe eines Wirtschaftszweiges (d. h. alle Betriebe, die ein bestimmtes Gut produzieren) die optimale Betriebsgröße erreicht haben, so daß in einem Wirtschaftszweig bei allen Betrieben im optimalen Punkt die Stückkosten gleich werden. Ist die Kostenstruktur der Betriebe eines Wirtschaftszweiges jedoch auf Grund der historischen Kosten verschieden, d. h. ist der Verlauf der Stückkostenkurve nicht in allen Betrieben eines Wirtschaftszweiges gleich, dann können in allen Betrieben eines Wirtschaftszweiges zwar die Grenzkosten gleich werden (die Grenzkosten werden gleich dem Preis), es besteht beim Gleichwerden der Grenzkosten aber Verschiedenheit der Stückkosten von Betrieb zu Betrieb[8]).

Unter der Voraussetzung, daß der Verlauf der Stückkostenkurven in den verschiedenen Betrieben eines Wirtschaftszweiges verschieden ist, erreichen die durchschnittlichen Stückkosten ein Minimum, wenn sie gleich den Grenzkosten werden. Wenn verschiedene Stückkosten bestehen, dann ergibt sich das Minimum der durchschnittlichen Stückkosten, wenn die Grenzkosten überall gleich und gleich den durchschnittlichen Stückkosten werden.

Da in unserer Volkswirtschaft so produziert wird, daß die „durchschnittlichen Stückkosten" gleich den Grenzkosten werden, so werden also die Güter (das Sägen des Holzes) während des dynamischen Zustandes der Volkswirtschaft mit den in diesem Zustand geringstmöglichen Stückkosten hergestellt. Produziert eine Volkswirtschaft im dynamischen Zustand so, daß die Grenzkosten gleich den durchschnittlichen Stückkosten werden, dann produziert sie vom Standpunkt ihrer gegebenen Ausrüstung mit Produktionsmitteln (Arbeit und Realkapitalanlagen verschiedener Produktionstechnik) mit den geringstmöglichen Kosten. Sie produziert dann im Kostenminimum (Punkt der Gleichheit der durchschnittlichen Stückkosten und der Grenzkosten), wenn der Preis gleich den durchschnittlichen Stückkosten und gleich den Grenzkosten wird. Dann erzielt sie vom Standpunkt ihrer Ausrüstung mit Arbeit und ihrer Ausrüstung mit Produktionsanlagen verschiedener Produktionstechnik das Gütermaximum.

In der Volkswirtschaft unseres Beispiels haben wir nur einen *einzigen* Wirtschaftszweig, nämlich die Sägeindustrie. Da wir in der Wirklichkeit zahlreiche Wirtschaftszweige in einer Volkswirtschaft finden, so muß im dynamischen Zustand der Volkswirtschaft innerhalb jedes Wirtschaftszweiges die Gleichheit von Grenzkosten (des betreffenden Wirtschaftszweiges), durchschnitt-

---

Extremum, wenn die Stückkosten gleich den Grenzkosten sind. Das Extremum ist ein Minimum, wenn der Differentialquotient (d. h. die Grenzkosten) beim Durchschreiten der Stelle zunimmt, d. h. wenn die Grenzkosten im Punkt des Gleichwerdens von Stückkosten und Grenzkosten ansteigen. (Die Grenzkosten sind gleich der ersten Ableitung der Gesamtkostenfunktion nach der Produktmenge (m), also gleich $\frac{dS}{dm}$.)

[8]) Legt man der Kostenrechnung nicht die historischen Kosten (ursprünglich bezahlten Kosten) zugrunde, sondern geht man vom Ertragswert bei der Kostenrechnung aus, dann werden auch im dynamischen Zustand der Volkswirtschaft überall die Grenzkosten gleich den Stückkosten und gleich dem Preis. Denn das Überschreiten und Unterschreiten des optimalen Punktes ist — wie wir noch sehen werden — nur vom Standpunkt der historischen Kosten gegeben. Berechnet man die Kapitalkosten nach dem Ertragswert, dann produzieren beide Betriebe im optimalen Punkt.

lichen Stückkosten (des betreffenden Wirtschaftszweiges) und dem Preis des Gutes, das von dem betreffenden Wirtschaftszweig hergestellt wird, gegeben sein, wenn das Gütermaximum in der Volkswirtschaft erreicht werden soll.

Im statischen Zustand der Volkswirtschaft produzieren die Betriebe eines Wirtschaftszweiges nicht mit verschiedenen Stückkosten, sondern die Stückkosten werden in allen diesen Betrieben gleich. Die „durchschnittlichen Stückkosten" des Wirtschaftszweiges werden also, wenn man so sagen darf, gleich den Stückkosten, die in jedem Betrieb des betreffenden Wirtschaftszweiges gleich hoch sind. Und das Gütermaximum wird im statischen Zustand erreicht, wenn die Grenzkosten gleich den Stückkosten und gleich dem Preis werden. Der statische Zustand kann also als Grenzfall des dynamischen Zustandes der Volkswirtschaft aufgefaßt werden, die durchschnittlichen Stückkosten werden im statischen Zustand gleich den Stückkosten jedes Betriebes.

II

Bezeichnen wir die „gesamte Menge des Produktionsfaktors Arbeit in der Volkswirtschaft" (Zahl der Arbeitstage in der Volkswirtschaft) mit A_v, die „gesamte Menge des Produktionsfaktors Kapital in der Volkswirtschaft" (gemessen in Geldeinheiten) mit K, den „Preis der Arbeit" (Geldlohnpreis je Arbeitstag) mit p_l, den „Preis für die Einheit Kapitalverwendung" mit p_k, die „gesamten Kosten in der Volkswirtschaft" mit S, dann gilt:

$$\text{(I)} \quad S = A_v \cdot p_l + K \cdot p_k.$$

Der „Gesamterlös in der Volkswirtschaft" (Y) ist gleich dem Produktpreis (Preis je Ster Holz) p multipliziert mit der gesamten Ausbringung (gesamte Holzmenge in Ster) der Volkswirtschaft m. Es gilt also:

$$\text{(II)} \quad Y = m \cdot p.$$

Wird der Gesamterlös in der Volkswirtschaft gleich den gesamten Kosten in der Volkswirtschaft, dann wird S = Y. Es gilt demgemäß:

$$\text{(III)} \quad A_v \cdot p_l + K \cdot p_k = m \cdot p.$$

Aus Gleichung (III) folgt:

$$\text{(IV)} \quad p = \frac{A_v \cdot p_l + K \cdot p_k}{m}.$$

Diese Gleichung (IV) besagt jedoch nichts anderes, als daß der Preis gleich den durchschnittlichen Stückkosten wird.

Der Preis kann jedoch nur dann gleich den durchschnittlichen Stückkosten werden, wenn der Gesamterlös in der Volkswirtschaft gleich den gesamten Kosten in der Volkswirtschaft wird. Diese Bedingung ist nur erfüllt, wenn der Preis jedes Produktionsfaktors entweder gleich dem Wert seines durchschnittlichen Grenzprodukts oder gleich dem Wert seines Grenzprodukts wird[9]), wenn

[9]) Wird der Preis *jedes* Produktionsfaktors gleich dem Wert seines Grenzprodukts, dann werden die durchschnittlichen Stückkosten in einem Wirtschaftszweig gleich den

also der Lohnpreis (p_l) gleich dem Wert des durchschnittlichen Grenzprodukts des Arbeitstages oder gleich dem Wert des Grenzprodukts des Arbeitstages, der Preis für die Kapitalverwendung (p_k) gleich dem Wert des durchschnittlichen Grenzprodukts der Kapitalverwendung wird oder gleich dem Wert des Grenzprodukts der Kapitalverwendung (vom Faktor Boden haben wir in unseren Darlegungen abstrahiert). Produzieren die Betriebe der Volkswirtschaft im dynamischen Zustand der Volkswirtschaft im optimalen Punkt, dann wird — wie wir bereits früher darlegten — der Lohnpreis gleich dem Wert des durchschnittlichen Grenzprodukts der Arbeit und der „Preis für die Kapitalverwendung" gleich dem Wert des durchschnittlichen Grenzprodukts der Kapitalverwendung. Verwirklichen die Betriebe in der Volkswirtschaft dagegen im dynamischen Zustand der Volkswirtschaft den Grundsatz „Grenzkosten gleich Preis", dann wird der Lohnpreis gleich dem Wert des überall (in allen Betrieben) erreichten Grenzprodukts der Arbeit und der Preis für die Kapitalverwendung gleich dem Wert des durchschnittlichen Grenzprodukts der Kapitalverwendung[10]).

Stückkosten jedes Betriebes in dem betreffenden Wirtschaftszweig und damit werden die Stückkosten überall gleich dem Preis. Wir können also sagen: Im Grenzfall werden die durchschnittlichen Stückkosten gleich den Stückkosten. Dieser „Grenzfall" ist der „statische Zustand" der Volkswirtschaft.

Daß der Preis nur dann gleich den durchschnittlichen Stückkosten werden kann, wenn der Lohnpreis gleich dem Wert des durchschnittlichen Grenzprodukts des Arbeitstages und der Preis für die Kapitalverwendung gleich dem Wert des durchschnittlichen Grenzprodukts der Kapitalverwendung wird, läßt sich folgendermaßen zeigen:

Der Gesamterlös (Y) ist gleich der „gesamten Menge des Produktionsfaktors Arbeit in der Volkswirtschaft" (A_v) multipliziert mit dem „Wert des durchschnittlichen Grenzprodukts des Arbeitstages" (G_{pd}) plus der „gesamten Menge des Produktionsfaktors Kapital in der Volkswirtschaft" (K) multipliziert mit dem „Wert des durchschnittlichen Grenzprodukts der Kapitalverwendung" (K_{pd}):

$$Y = A_v \cdot G_{pd} + K \cdot K_{pd}.$$

Wird $Y = S$,

dann gilt: $A_v \cdot G_{pd} + K \cdot K_{pd} = A_v \cdot p_l + K \cdot p_k.$

Daraus folgt

$$G_{pd} + \frac{K \cdot K_{pd}}{A_v} = p_l + \frac{K \cdot p_k}{A_v}.$$

$$G_{pd} = p_l + \frac{K \cdot p_k}{A_v} - \frac{K \cdot K_{pd}}{A_v}.$$

Wird $\frac{K \cdot p_k}{A_v} - \frac{K \cdot K_{pd}}{A_v} = 0$, dann wird

$$G_{pd} = p_l.$$

$\frac{K \cdot p_k}{A_v} - \frac{K \cdot K_{pd}}{A_v}$ wird gleich Null, wenn $p_k = K_{pd}$ wird.

(Ökonomisch sinnvoll ist nur die Lösung, daß $p_l = G_{pd}$ und $p_k = K_{pd}$ wird.)

[10]) Produzieren die Betriebe in der Volkswirtschaft unseres Beispiels im optimalen Punkt, dann beträgt die „gesamte Ausbringung in der Volkswirtschaft" (m) 270 Ster Holz. A_v ist gleich 220 Arbeitstage, die „gesamte Menge des Kapitals in der Volkswirtschaft, in Geldeinheiten gerechnet" K ist gleich 40 Mark. Der Lohnpreis p_l beträgt 0,909 Mark je Arbeitstag, der Preis der Kapitalverwendung p_k beläuft sich auf 1 Mark. In der Volkswirtschaft unseres Beispiels gilt demnach gemäß Gleichung (IV):

$$p = \frac{220 \cdot 0{,}909 + 40 \cdot 1}{270}.$$

$$p = \frac{200 + 40}{270} = 0{,}889 \text{ Mark}.$$

Ist der Grundsatz „Grenzkosten gleich Preis" in der Volkswirtschaft verwirklicht, dann werden die Grenzkosten (G_K) gleich den durchschnittlichen Stückkosten und gleich dem Preis. Es gilt dann:

$$\text{(V)}\ G_K = \frac{A_v \cdot p_l + K \cdot p_k}{m}.\text{[11]}$$

Während im statischen Zustand der Volkswirtschaft die Grenzkosten gleich den Stückkosten und gleich dem Preis sind, sind in unserem dynamischen Zustand der Volkswirtschaft die Grenzkosten gleich den durchschnittlichen Stückkosten und gleich dem Preis. Der konkurrenzwirtschaftliche Preisbildungsprozeß der Dynamik hat zur Erreichung des neuen statischen Gleichgewichts darauf „hinzuarbeiten", daß die durchschnittlichen Stückkosten noch gleich den Stückkosten werden. (Das ist freilich nicht bei gleichbleibendem Preis und gleichbleibenden Grenzkosten, sondern nur unter Veränderung dieser beiden Größen zu erreichen.)

8. Die „historischen Kosten" als Voraussetzung des Über- und Unterschreitens des „optimalen Punktes" in den gegebenen Betrieben

I

Wir haben gesehen, daß die Betriebe den optimalen Punkt über- bzw. unterschreiten müssen, wenn bei ihnen im dynamischen Zustand der Volkswirtschaft die Grenzkosten gleich dem Preis werden sollen. Wird in einem Betrieb eines Wirtschaftszweiges ein produktionstechnischer Fortschritt eingeführt, so kommt es zu einer Erhöhung der Angebotsmenge des betreffenden Gutes, so daß der Preis dieses Gutes sinkt. Diejenigen Betriebe, die bisher im Optimalpunkt produzierten, bei denen also die Grenzkosten gleich den Stückkosten und gleich dem bisher (vor der Einführung des technischen Fortschritts) bestehenden Preis waren, kommen nun bei dem gesunkenen Preis (sofern die Preise der variablen Produktionsfaktoren nicht sinken, sondern konstant bleiben) nicht mehr auf ihre Kosten. Der Preis liegt nun unter den Stückkosten

---

Verwirklichen die Betriebe den Grundsatz „Grenzkosten gleich Preis", dann wird m gleich 271,5 Ster, während die übrigen Größen unverändert bleiben. Gemäß Gleichung (IV) gilt dann in der Volkswirtschaft unseres Beispiels:

$$p = \frac{220 \cdot 0{,}909 + 40 \cdot 1}{271{,}5}.$$

$$p = \frac{200 + 40}{271{,}5} = 0{,}88397 \text{ Mark.}$$

[11]) Multiplizieren wir beide Seiten der Gleichung (V) mit m, dann erhalten wir aus Gleichung (V):

$$G_K \cdot m = A_v \cdot p_l + K \cdot p_k.$$

Daraus folgt:

$$\text{(VI)}\ \frac{G_K \cdot m}{p_l} - \frac{K \cdot p_k}{p_l} = A_v.$$

Da A_v die „Zahl der Arbeitstage in der Volkswirtschaft" bedeutet, die im Produktionsprozeß verwendet wird, so haben wir mit der Gleichung (VI) eine Gleichung für den Beschäftigungsgrad in der Volkswirtschaft gewonnen. Im Rahmen dieser Schrift können wir jedoch auf die Fragen des Beschäftigungsgrades nicht näher eingehen.

und den Grenzkosten ihres optimalen Punktes (Punktes der niedrigsten Stückkosten). Um die Grenzkosten gleich dem (gesunkenen) Preis zu machen, müssen sie ihre Ausbringung verringern, also ihren optimalen Punkt unterschreiten. Bleiben die Preise der variablen Kostengüter (Lohnpreis usw.) unverändert und werden die Kapitalkosten (Kosten für Amortisation und Verzinsung des Anlagekapitals) in unveränderter Höhe weiter berechnet, dann bleiben sowohl die Stückkostenkurve als auch die Grenzkostenkurve in den gegebenen Betrieben, die mit der alten Produktionstechnik weiter produzieren, unverändert. Demgemäß ändert sich auch der optimale Punkt (Schnittpunkt von Stückkosten- und Grenzkostenkurve) in den gegebenen Betrieben, die mit der alten Produktionstechnik arbeiten, nicht. Sinkt der Produktpreis, so wird, wenn die Grenzkosten gleich dem Preis werden sollen, ein Unterschreiten des optimalen Punktes (Punkt der niedrigsten Stückkosten) notwendig. Dieses Unterschreiten des optimalen Punktes bezieht sich auf den unverändert gegebenen Verlauf der Stückkostenkurve und der Grenzkostenkurve, und demgemäß auf den unverändert gegebenen optimalen Punkt im gegebenen Betrieb. Der optimale Punkt wird also unterschritten, wenn die ursprünglichen (historischen) Kapitalkosten weiterhin der Kostenrechnung zugrunde gelegt werden, wenn also die Bewertung des Anlagekapitals unverändert bleibt.

Die ursprünglich bezahlten (historischen) Kosten müssen weiterhin der Kostenrechnung zugrunde gelegt werden, damit von einem Unterschreiten des optimalen Punktes gesprochen werden kann. Nur vom Standpunkt der ursprünglich bezahlten, also der historischen Kosten kann von einem Unterschreiten des optimalen Punktes gesprochen werden.

Wird jedoch in einem Wirtschaftszweig ein produktionstechnischer Fortschritt gemacht, so tritt eine Entwertung der „alten“ Anlagen ein. Ist beispielsweise ein produktionstechnischer Fortschritt der Art gemacht worden, daß eine leistungsfähigere Säge für 20 Mark zu kaufen ist, so ist, wenn die alte, bisherige, weniger leistungsfähige Säge ebenfalls 20 Mark gekostet hat, die alte, bisherige, weniger leistungsfähige Säge „entwertet“ worden, also keine 20 Mark mehr wert. Niemand wird, wenn er eine leistungsfähigere Säge am „Sägenmarkt“ für 20 Mark kaufen kann, für eine weniger leistungsfähige, technisch „veraltete“ Säge 20 Mark bezahlen. Legt ein Unternehmer, der noch mit einer weniger leistungsfähigen, technisch „veralteten“ Säge arbeitet, seiner Kalkulation weiterhin den früher von ihm für die technisch veraltete Säge bezahlten Preis zugrunde, so rechnet er mit ursprünglich bezahlten, mit historischen Kosten, nicht aber mit dem tatsächlichen Wert, den die „technisch veraltete“ Säge auf Grund der eingetretenen Entwicklung noch hat.

Der Wert einer technisch veralteten Kapitalanlage bestimmt sich nicht nach dem, was sie vor mehr oder minder langer Zeit einmal gekostet hat, sondern nach ihrem Ertrag, d. h. nach dem, was sie noch „einbringt“ (verdient) (unter Berücksichtigung des in der Volkswirtschaft bestehenden Zinssatzes). Und wird eine technisch veraltete Anlage nach ihrem Ertragswert, nicht aber nach ihrem, vor mehr oder minder langer Zeit bezahlten Anschaffungswert bewertet, dann können nur noch die „verdienten Kapitalkosten“ als Kapitalkosten (Amortisationskosten und Verzinsung) gerechnet werden. Werden die mit der technisch veralteten Anlage noch „verdienten Kapitalkosten“ der Kostenrechnung zugrunde gelegt, dann ändert sich die Stückkostenkurve des gegebenen Betriebes. Wir haben dann in dem gegebenen Betrieb nicht mehr die bisherige („alte“) Stückkostenkurve, auch nicht mehr den bisherigen („alten“) optimalen Punkt, sondern eine „neue“ Stückkostenkurve und demgemäß auch einen „neuen“ Schnittpunkt von Stückkostenkurve und Grenzkostenkurve, d. h. einen „neuen“ optimalen Punkt (Punkt der niedrigsten Stückkosten). Werden nur die „verdienten Kapitalkosten“ als Kapitalkosten (Amortisationskosten und Verzinsung) gerechnet und gestaltet der gegebene Betrieb seine Ausbringung so, daß die Grenzkosten gleich dem (gesunkenen) Preis werden, dann liegt der „neue“ Schnittpunkt von Stückkostenkurve und Grenzkostenkurve (also der „neue“ optimale Punkt) dort, wo die Grenzkosten gleich dem Preis werden. Es sind dann also nicht nur die Grenzkosten, sondern auch die Stückkosten gleich dem Preis, d. h. der Betrieb produziert mit den niedrigsten Stückkosten. Wenn nicht die ursprünglich bezahlten (historischen) Kapitalkosten, sondern die verdienten Kapitalkosten als Kapitalkosten gerechnet werden, dann produziert der Betrieb im Optimalpunkt, wenn die Grenzkosten gleich dem Preis werden. Vom Standpunkt der „verdienten Kapitalkosten“ wird also der Optimalpunkt nicht unterschritten. Nur vom Standpunkt der ursprünglich bezahlten (historischen) Kapitalkosten gibt es in einem gegebenen Betrieb ein Unterschreiten des optimalen Punktes, wenn die Grenzkosten gleich dem Preis werden.

In der Volkswirtschaft unseres Beispiels betragen im Betrieb II (Grenzbetrieb) die „verdienten“ Kapitalkosten 6,72 Mark, die Lohnkosten 92,73 Mark, so daß die Gesamtkosten im Betrieb II (Grenzbetrieb) sich bei einer Ausbringung von 112,5 Ster Holz auf 99,45 Mark belaufen. Demgemäß betragen die Stückkosten 0,884 Mark, sie entsprechen dann also den Grenzkosten in Höhe von 0,884 (0,88397) Mark.

Werden in dem Betrieb, der den produktionstechnischen Fortschritt eingeführt hat und der den optimalen Punkt überschreitet, um die Grenzkosten gleich dem Preis zu machen, die Grenzkosten gleich dem Preis, so liegt ein Überschreiten des optimalen Punktes nur vor, wenn man die für die Kapitalanlage zu bezahlenden Kosten der Kostenrechnung zugrunde legt. Rechnet man die zu bezahlenden Kapitalkosten und den Differentialgewinn zusammen als „verdiente Kapitalkosten“, dann werden die Stückkosten gleich den Grenzkosten, d. h. dann kann von einem Überschreiten des optimalen Punktes nicht gesprochen werden.

In der Volkswirtschaft unseres Beispiels betragen beim Betrieb I, der den produktionstechnischen Fortschritt einführt, die Kapitalkosten 20 Mark. Rechnet man den hier erzielten Differentialgewinn in Höhe von 13,28 Mark zu den Kapitalkosten hinzu, so ergeben sich „verdiente Kapitalkosten“ in Höhe von 33,28 Mark. Die Lohnkosten betragen im Betrieb I 107,27 Mark, so daß sich die Gesamtkosten dann auf 140,55 Mark bei einer Ausbringung von 159 Ster belaufen. Demgemäß betragen die Stückkosten 0,88397 Mark, d. h. sie werden gleich den Grenzkosten (0,88397 Mark).

II

Eine „technisch veraltete“ Anlage wird in einer Volkswirtschaft nur noch mit dem Preis bezahlt werden, der ihrem Ertragswert (unter Berücksichtigung des bestehenden Zinspreises) entspricht. Für eine dem neuesten Stand der

Technik entsprechende Anlage, mit der zu einem gegebenen Zeitpunkt in einem Wirtschaftszweig ein Differentialgewinn zu erzielen ist, weil in diesem Wirtschaftszweig noch technisch veraltete Anlagen zur Deckung des kaufkräftigen Bedarfs herangezogen werden müssen, wird unter Berücksichtigung der bereits erfolgten Abnutzung jedoch nur der Preis bezahlt werden, den diese Anlage am Produktionsgütermarkt kostet. Beträgt beispielsweise der Preis einer dem neuesten Stand der Technik entsprechenden Säge 20 Mark, so wird der Preis dieser Säge nicht über 20 Mark steigen, auch wenn mit ihr — neben der Amortisation und Verzinsung — noch ein Differentialgewinn von beispielsweise 5 Mark zu verdienen ist. Denn eine solche Säge kann ja jederzeit am „Sägemarkt" für 20 Mark gekauft werden, so daß niemand Veranlassung hat, für sie einen höheren Preis zu zahlen. Würde der Wert (Preis) eines Kapitalgutes, mit dem auf Grund der zu einem gegebenen Zeitpunkt bestehenden Produktionsverhältnisse ein Differentialgewinn zu erzielen ist, demjenigen Ertrag entsprechen, der sich — unter Berücksichtigung des gegebenen Zinspreises — als Amortisation *und* Differentialgewinn ergibt, dann könnte es in der Volkswirtschaft auch vorübergehend keinen Differentialgewinn geben. Ein Gewinn für denjenigen Produzenten, der in einem Wirtschaftszweig ein dem neuesten Stand der Produktionstechnik entsprechendes Kapitalgut verwendet, während zu gleicher Zeit in dem betreffenden Wirtschaftszweig noch technisch veraltete Anlagen zur Deckung des kaufkräftigen Bedarfs herangezogen werden müssen, wäre dann nicht möglich. Denn der Käufer eines Kapitalgutes, das dem neuesten Stand der Produktionstechnik entspricht, müßte ja dann dem Verkäufer (Produzenten) eines solchen Kapitalgutes den zu erzielenden Differentialgewinn im und mit dem Preis des Kapitalgutes vergüten. Ist ein Kapitalgut am Kapitalgütermarkt jederzeit zu einem bestimmten Marktpreis zu kaufen[12]), so kann der Wert (Preis) des gleichen Kapitalgutes, wenn es bereits in einer Produktionsanlage (z. B. in einer Fabrik) als Produktionsmittel verwendet wird, nicht höher als sein Marktpreis sein, auch dann nicht, wenn sich mit der Verwendung dieses Kapitalgutes im Produktionsprozeß ein Differentialgewinn erzielen läßt. Die Auffassung, daß der Wert (Preis) jeder Produktionsanlage ihrem kapitalisierten Ertrag („Einkommen") entspricht, ist unzutreffend, wenn der „kapitalisierte Ertrag" die Reproduktionskosten (bzw. die Beschaffungskosten am Kapitalgütermarkt) der Anlage übersteigt (unter Berücksichtigung der bereits erfolgten Abnutzung der Produktionsanlage).

9. Das Über- und Unterschreiten des optimalen Punktes und die Grundgleichungen des gesamten Differentialgewinns und des gesamten Verlustes

I

Verfahren die einzelnen Betriebe im dynamischen Zustand der Volkswirtschaft nach dem Grundsatz „Grenzkosten gleich Preis", indem sie den optimalen Punkt (Punkt der niedrigsten Stückkosten) über- oder unterschreiten, dann wird in allen Betrieben der Wert des Grenzprodukts des Arbeitstages (G_p) gleich dem Lohnpreis je Arbeitstag (l). Es gilt dann also:

[12]) Wird das Kapitalgut unter den Bedingungen der vollkommenen Konkurrenz erzeugt, dann tendiert der Preis dieses Kapitalgutes nach seinen Produktionskosten.

(1) $G_p = 1$.

Unter der Voraussetzung, daß in allen Betrieben die Grenzkosten gleich dem Preis werden, ist in jedem Betrieb die Differenz „Durchschnittsertrag des Arbeitstages" (D_a) minus „Grenzprodukt des Arbeitstages" (G_p), multipliziert mit der „Zahl der (in dem betreffenden Betrieb) verwendeten Arbeitstage" (Z_B) gleich den (in dem betreffenden Wirtschaftszweig) „*verdienten* Kapitalkosten" (K_e)[13]).

Es gilt also:

(2) $(D_a - G_p) \cdot Z_B = K_e$[14]).

Und da gemäß Gleichung (1) $G_p = 1$ ist, gilt auch:

(2a) $(D_a - 1) \cdot Z_B = K_e$.

Die verdienten Kapitalkosten eines gegebenen Betriebes, der den optimalen Punkt unterschreiten muß, damit bei ihm die Grenzkosten gleich dem Preis werden, sind aber gleich seinen „ursprünglich bezahlten (historischen) Kapitalkosten" (K_B) minus seinem „gesamten Verlust" (U), so daß wir folgende Gleichung schreiben können:

(3) $K_e = K_B - U$.

Setzen wir in der Gleichung (2) für K_e die Differenz $K_B - U$ gemäß Gleichung (3), so erhalten wir aus der Gleichung (2):

(4) $(D_a - G_p) \cdot Z_B = K_B - U$.

Daraus folgt:

(5) $U = K_B - (D_a - G_p) \cdot Z_B$.

Wird $(D_a - G_p) \cdot Z_B$ gleich den „ursprünglichen (historischen) Kapitalkosten" (K_B), dann wird die Größe U gleich Null, d. h. der Betrieb produziert gewinn- und verlustlos. Wird die Größe $(D_a - G_p) \cdot Z_B$ kleiner als K_B, dann erleidet der Betrieb einen Verlust, und wird die Größe $(D_a - G_p) \cdot Z_B$ größer als die ursprünglichen (historischen) Kapitalkosten, dann wird die Größe U negativ, es entsteht also ein „negativer Verlust", d. h. der Betrieb produziert mit Gewinn.

In der Volkswirtschaft unseres Beispiels nehmen — siehe Tabelle 22 — die Größen K_B, Z_B, G_p und D_a folgende Werte an:

[13]) Wir abstrahieren von der Mitwirkung des Faktors Boden. Da der einzelne Betrieb die fixen Kosten für die Mitwirkung des Bodens als Kapitalkosten rechnet, so brauchen diese Kosten nur zu den Kapitalkosten im volkswirtschaftlichen Sinne hinzugerechnet werden bzw. als in ihnen enthalten gedacht zu werden. Der „Durchschnittsertrag des Arbeitstages", der „Grenzertrag des Arbeitstages" und die „verdienten Kapitalkosten" werden in Geldeinheiten gerechnet.

[14]) Diese Gleichung läßt sich folgendermaßen ableiten:

(a) $G_a \cdot Z_B = L_B$ (wobei L_B gleich dem Gesamtlohn des betreffenden Betriebes ist.)

(b) $D_a \cdot Z_B = L_B + K_e$.

Daraus folgt: $D_a \cdot Z_B = G_a \cdot Z_B + K_e$.

$D_a \cdot Z_B - G \cdot Z_B = K_e$.

$(D_a - G_a) \cdot Z_B = K_e$.

Tabelle 22

	Betrieb I (mit neuer Produktionstechnik)	Betrieb II (mit alter Produktionstechnik)	Insgesamt
K_B = Kapitalkosten (Ursprünglich bezahlte Kapitalkosten)	20 Mark	20 Mark	40 Mark
Z_B = Zahl der aufgewendeten Arbeitstage	118	102	220
G_p = Grenzprodukt des Arbeitstages in Mark	0,909 Mark	0,909 Mark	—
D_a = Durchschnittsertrag des Arbeitstages in Mark	1,1911 Mark	0,975 Mark	—

Gemäß Gleichung (5) gilt:

$$U = K_B - (D_a - G_p) \cdot Z_B.$$

Für den Betrieb II (Grenzbetrieb) ergibt sich demnach:

$$U = 20 - (0{,}975 - 0{,}909) \cdot 102$$

$$U = 20 - (0{,}066 \cdot 102)$$

$$U = 20 - 6{,}72 = 13.28 \text{ Mark.}$$

Der gesamte Verlust des Betriebes II beträgt also, wie wir schon aus einer anderen, bereits früher gebrachten Ableitung wissen, 13,28 Mark.

Für den mit der neuen Produktionstechnik arbeitenden Betrieb I ergibt sich auf Grund der Gleichung

$$U = K_B - (D_a - G_p) \cdot Z_B.$$

$$U = 20 - (1{,}1911 - 0{,}909) \cdot 118.$$

$$U = 20 - 0{,}2821 \cdot 118.$$

$$U = 20 - 33{,}28 = -13{,}28.$$

Für den Betrieb I entsteht also, wie wir schon aus einem anderen Zusammenhang wissen, ein negativer Verlust, also ein Gesamtgewinn in Höhe von 13,28 Mark.

II

Der „Gesamtlohn jedes Betriebes" (L_B) ist, wenn der Wert des Grenzprodukts des Arbeitstages gleich dem Lohnpreis wird, gleich dem Wert des Grenzprodukts des Arbeitstages (G_p) multipliziert mit der in dem betreffenden Betrieb verwendeten Zahl der Arbeitstage (Z_B). Es gilt also:

$$(6) \quad L_B = G_p \cdot Z_B.$$

Die verdienten Kapitalkosten eines Betriebes, der den optimalen Punkt (Punkt der niedrigsten Stückkosten) unterschreiten muß, um die Grenzkosten gleich dem Preis werden zu lassen, sind gleich den „Gesamtkosten" des betreffenden Betriebes (S_B), vermindert um den Gesamtlohn des betreffenden Betriebes (L_B). Es gilt:

$$(7) \quad K_e = S_B - L_B.$$

Da die „Gesamtkosten eines Betriebes" (S_B) gleich den Grenzkosten (G_K) multipliziert mit der Ausbringung des betreffenden Betriebes (M_B) sind, so können wir folgende Gleichung schreiben:

$$(8) \quad S_B = G_K \cdot M_B.$$

Setzen wir in der Gleichung (7) für S_B die Größe $G_K \cdot M_B$ (gemäß Gleichung (8)), für L_B die Größe $G_p \cdot Z_B$ (gemäß Gleichung (6), und für K_e die Größe $(D_a - G_p) \cdot Z_B$ (gemäß Gleichung (2)), dann erhalten wir:

$$(9) \quad (D_a - G_p) \cdot Z_B = G_K \cdot M_B - G_p \cdot Z_B.$$

Daraus folgt:

$$(10) \quad G_K = \frac{D_a \cdot Z_B}{M_B}.$$

und
$$(11) \quad D_a = \frac{G_K \cdot M_B}{Z_B}.$$

Setzen wir nun in der Gleichung (5) für D_a die Größe $\frac{G_K \cdot M_B}{Z_B}$ gemäß Gleichung (11), so erhalten wir:

$$(12) \quad U = K_B - \left(\frac{G_K \cdot M_B}{Z_B} - G_p\right) \cdot Z_B.$$

Daraus folgt:

$$(13) \quad U = K_B - G_K \cdot M_B + G_p \cdot Z_B.$$

Gemäß Gleichung (13) ergibt sich demnach für den Betrieb II (Grenzbetrieb) unserer Volkswirtschaft:

$$U = 20 - 0{,}88397 \cdot 112{,}5 + 0{,}909 \cdot 102$$

$$U = 20 - 99{,}44 + 92{,}72$$

$$U = 20 - 6{,}72 = 13{,}28 \text{ Mark.}$$

Für den Betrieb I gilt gemäß Gleichung (13):

$$U = 20 - 0{,}88397 \cdot 159 + 0{,}909 \cdot 118$$

$$U = 20 - 140{,}55 + 107{,}27$$

$$U = 20 - 33{,}28 = -13{,}28.$$

Für den Betrieb I, der den produktionstechnischen Fortschritt eingeführt hat, ergibt sich also ein negativer Verlust, d. h. ein Gewinn in Höhe von 13,28 Mark.

III

Es seien in der Volkswirtschaft $p_1, p_2, p_3 \ldots p_n$ die Preise der in der Volkswirtschaft erzeugten n Güter und $m_1, m_2, m_3 \ldots m_n$ die Mengen der erzeugten n Güter. Dann ist der „Gesamterlös in der Volkswirtschaft" (Y) gleich der Summe der aus „Preis mal Menge" gebildeten Produkte der erzeugten n Güter. Es gilt:

$$(14) \quad Y = p_1 \cdot m_1 + p_2 \cdot m_2 \cdot + p_3 \cdot m_3 + \ldots + p_n \cdot m_n.$$

(Da wir in der Volkswirtschaft unseres Beispiels nur ein *einziges* erzeugtes Gut haben, so nimmt hier die Gleichung des Gesamterlöses der Volkswirtschaft die Form $Y = p \cdot m$ an.)

Werden die Grenzkosten überall gleich dem Produktpreis, dann wird jedes einzelne der n Güter in der Volkswirtschaft mit gleichen Grenzkosten hergestellt[15]). Und dann sind die „gesamten Produktionskosten aller n Güter in der Volkswirtschaft" (S) gleich der Summe der n rechnerischen Produkte aus den Grenzkosten und der Ausbringung. Es seien G_{K_1} die Grenzkosten des Gutes 1, G_{K_2} die Grenzkosten des Gutes 2, G_{K_3} die Grenzkosten des Gutes 3, G_{K_n} die Grenzkosten des Gutes n und $m_1, m_2, m_3 \ldots m_n$ die Gesamtmengen der betreffenden Güter. Dann gilt:

$$(15) \quad S = G_{K_1} \cdot m_1 + G_{K_2} \cdot m_2 + G_{K_3} \cdot m_3 + \ldots + G_{K_n} \cdot m_n.$$

(Da wir in der Volkswirtschaft unseres Beispiels nur ein einziges erzeugtes Gut haben, so haben wir auch nur eine einzige Gesamtmenge (m) und auch nur die einen Grenzkosten (G_K) des erzeugten Gutes. Die Gleichung (15) nimmt daher hier folgende Form an: $S = G_K \cdot m$.)

Die Gesamtkosten eines Gutes sind in einem Betrieb gleich den „Stückkosten des betreffenden Betriebes" multipliziert mit der „Ausbringung des betreffenden Betriebes". Die in der Volkswirtschaft für die gesamte Produktmenge eines Gutes insgesamt aufgewendeten Kosten sind gleich der Summe der „gesamten Kosten" der Betriebe, die das betreffende Gut herstellen. Bezeichnen wir die gesamten Kosten der in der Volkswirtschaft produzierten Gesamtmenge des erzeugten Gutes 1 mit S_1, die Stückkosten (je Produkteinheit) des Betriebes a mit St_a, die Stückkosten (je Produkteinheit) des Betriebes b mit St_b, die Stückkosten (je Produkteinheit) des Betriebes c mit $St_c \ldots$ die Stückkosten (je Produkteinheit) des Betriebes x mit St_x, die Ausbringung des Betriebes a mit M_a, die Ausbringung des Betriebes b mit M_b, die Ausbringung des Betriebes c mit $M_c \ldots$ die Ausbringung des Betriebes x mit M_x, dann gilt:

$$(16) \quad S_1 = St_a \cdot M_a + St_b \cdot M_b + St_c \cdot M_c + \ldots + St_x \cdot M_x.$$

---

[15]) D. h. die Grenzkosten bei der Herstellung des Gutes 1 werden überall gleich, die Grenzkosten bei der Herstellung des Gutes 2 werden überall gleich usw.

Die gesamten Produktionskosten aller erzeugten n Güter in der Volkswirtschaft sind gleich der Summe der „*gesamten* Stückkosten" aller erzeugten Güter. (Unter Stückkosten verstehen wir — wie üblich — die „gesamten Durchschnittskosten", d. h. die durchschnittlichen Kosten je Produkteinheit. Wenn wir hier von den „*gesamten* Stückkosten" sprechen, dann meinen wir damit die Größe „Stückkosten mal Ausbringung", also die Gesamtkosten [des Betriebes, des Wirtschaftszweiges, der Volkswirtschaft, je nach näherer Kennzeichnung]. Wir verwenden die Bezeichnung „*gesamte* Stückkosten", um die beiden Möglichkeiten der Ableitung der Gesamtkosten in der Volkswirtschaft aus den Stückkosten oder aus den Grenzkosten unterscheiden zu können.) Es gilt:

$$(17) \quad S = S_1 + S_2 + S_3 + \ldots . + S_n.$$

(S_1 sind die „gesamten Stückkosten" der gesamten in der Volkswirtschaft ausgebrachten Menge des Gutes 1, S_2 sind die Stückkosten der gesamten in der Volkswirtschaft ausgebrachten Menge des Gutes 2, S_n sind die Stückkosten der gesamten in der Volkswirtschaft ausgebrachten Menge des Gutes n.)

Werden in der Volkswirtschaft die Grenzkosten überall gleich dem Preis, dann ist $p_1 = G_{K_1}$, $p_2 = G_{K_2}$, $p_n = G_{K_n}$, so daß die gesamten Produktionskosten in der Volkswirtschaft gleich dem Gesamterlös in der Volkswirtschaft werden. Es gilt dann also:

$$(18) \quad Y = S.$$

Im dynamischen Zustand der Volkswirtschaft werden die Grenzkosten überall gleich dem Preis, die Stückkosten werden aber nicht gleich den Grenzkosten (bzw. dem Preis). Die Betriebe eines Wirtschaftszweiges, bei denen die Stückkosten unter den Grenzkosten liegen, erzielen Differentialgewinne, die Betriebe dagegen, bei denen die Stückkosten die Grenzkosten überschreiten, erleiden Verluste. Werden die Grenzkosten überall gleich dem Preis, dann werden jedoch die gesamten Produktionskosten der Volkswirtschaft gleich dem Gesamterlös in der Volkswirtschaft. Die gesamten Produktionskosten in der Volkswirtschaft sind aber gleich der Summe der Stückkosten aller in der Volkswirtschaft erzeugten Güter. Es kann daher im dynamischen Zustand der Volkswirtschaft keinen Überschuß des Gesamterlöses der Volkswirtschaft über die gesamten Kosten der Volkswirtschaft geben, d. h. es kann vom Standpunkt der Volkswirtschaft als Ganzes kein Überschußeinkommen (Residualeinkommen) über die insgesamt für die Mitwirkung der Produktionsfaktoren gezahlten Entgelte geben[16]). Die Gesamtkosten können aber nur dann gleich den Gesamterlösen in der Dynamik sein, wenn auf Grund der in der Dynamik gegebenen differentiellen Stückkosten bei der Herstellung eines Gutes (d. h. der Verschiedenheit der Stückkosten von Betrieb zu Betrieb innerhalb eines Wirt-

[16]) Wir sehen hier von dem Fall der Kreditausweitung und dem Fall der machtmäßigen Senkung des Lohnpreises ab. Findet eine zusätzliche Kreditausweitung statt, so daß die Gesamtkosten nicht mehr gleich den Gesamterlösen in der Volkswirtschaft sind, oder wird der Lohnpreis machtmäßig gesenkt, so daß die Gesamterlöse in der Volkswirtschaft die Gesamtkosten überschreiten, dann können die Grenzkosten nicht mehr überall gleich dem Preis werden. Wir setzen hier bei unseren Darlegungen voraus, daß der Grundsatz „Grenzkosten gleich Preis" verwirklicht ist.

schaftszweiges) die entstehenden gesamten Differentialgewinne in der Volkswirtschaft gleich den gesamten Verlusten in der Volkswirtschaft sind.

IV

In der Volkswirtschaft unseres Beispiels wird nur ein einziges Gut produziert. Der Gesamterlös (Y) ist gleich dem Preis (p) multipliziert mit der „gesamten Ausbringung der Volkswirtschaft" (m). Es gilt also:

(19) $Y = p \cdot m.$

Da die Grenzkosten überall gleich dem Preis werden, so werden die Grenzkosten überall gleich. Die Gesamtkosten (S) unserer Volkswirtschaft sind gleich den Grenzkosten (G_K) multipliziert mit der „gesamten Ausbringung der Volkswirtschaft" (m). Es gilt demnach:

(20) $S = G_K \cdot m.$

Da sich unsere Volkswirtschaft im dynamischen Zustand befindet, so sind die Stückkosten verschieden. Bezeichnen wir die Stückkosten, die bei der Produktion mit der „alten Säge" entstehen, mit St_a, die mit der „alten Säge" ausgebrachte Produktmenge mit M_a, die Stückkosten, die bei der Produktion mit der „neuen Säge" je Produkteinheit entstehen, mit St_b, und die mit der „neuen Säge" ausgebrachte Produktmenge mit M_b, dann betragen die „Gesamtkosten unserer Volkswirtschaft" (S):

(21) $S = St_a \cdot M_a + St_b \cdot M_b.$

Da die Grenzkosten (G_K) gleich dem Preis (p) sind, so ist:

(22) $G_K \cdot m = p \cdot m.$

Setzen wir in der Gleichung (22) gemäß Gleichung (20) für $G_K \cdot m$ die Größe S und gemäß Gleichung (19) für $p \cdot m$ die Größe Y, so erhalten wir:

(23) $Y = S.$

Der Gesamterlös ist also im dynamischen Zustand unserer Volkswirtschaft gleich den Gesamtkosten.

Setzen wir in der Gleichung (23) gemäß Gleichung (21) statt S die Größe $St_a \cdot M_a + St_b \cdot M_B$, dann gilt:

(24) $Y = St_a \cdot M_a + St_b \cdot M_b.$

Der Gesamterlös ist gleich den gesamten Stückkosten (Summe der Stückkosten der Volkswirtschaft), d. h. es kann in der Volkswirtschaft als Ganzes gesehen keinen Überschuß über die gesamten Produktionskosten, also über die gesamten Entgelte der Produktionsfaktoren geben. Demgemäß müssen die gesamten Differentialgewinne gleich den gesamten Verlusten in der Volkswirtschaft sein.

Werden die Stückkosten der Produkteinheit bei der Herstellung des betreffenden Gutes überall (in allen Betrieben) gleich, dann wird $St_a = St_b = St$. Die Gleichung (24) lautet dann:

(25) $Y = St\ (M_a + M_b)$.

Da $M_a + M_b$ die gesamte Ausbringung unserer Volkswirtschaft ist, so können wir die Gleichung (25) auch schreiben:

(25a) $Y = St \cdot m$.

Da $Y = S$ ist, so gilt gemäß Gleichung (20):

(26) $G_K \cdot m = St \cdot m$.

Daraus folgt:

(27) $G_K = St$.

Handeln die Wirtschaftssubjekte nach dem Grundsatz „Grenzkosten gleich Preis" und werden die Stückkosten überall (in allen Betrieben des betreffenden Wirtschaftszweiges) gleich, dann werden die Stückkosten gleich den Grenzkosten. Dann ist der statische Zustand erreicht, es gibt nirgends (d. h. in keinem Betrieb der Volkswirtschaft) Differentialgewinne oder Verluste, *alle* Betriebe der Volkswirtschaft produzieren gewinn- und verlustlos. Der statische Zustand kann also aus dem dynamischen Zustand der Volkswirtschaft abgeleitet werden. Er ergibt sich, wenn die „durchschnittlichen Stückkosten" (im früher dargelegten Sinne) gleich den Stückkosten in jedem Betrieb des betreffenden Wirtschaftszweiges werden. Im dynamischen Zustand der Volkswirtschaft sind die „durchschnittlichen Stückkosten" (im früher dargelegten Sinne) gleich den Grenzkosten und gleich dem Preis. Im statischen Zustand der Volkswirtschaft werden die „durchschnittlichen Stückkosten" gleich den Stückkosten in jedem Betrieb, so daß überall die Stückkosten gleich den Grenzkosten und gleich dem Preis sind.

V

Aus unseren Darlegungen darf natürlich nicht gefolgert werden, daß in der Dynamik bei jedem Gut die Grenzkosten gleich den empirisch vorfindbaren durchschnittlichen Stückkosten (im dargelegten Sinne) des betreffenden Gutes seien. Unsere Ableitung, daß die durchschnittlichen Stückkosten gleich den Grenzkosten sind, wurde unter der Voraussetzung gegeben, daß die Volkswirtschaft nur aus einem einzigen Wirtschaftszweig besteht, d. h. nur ein einziges Gut produziert. Daher müssen in unserer Volkswirtschaft die gesamten Differentialgewinne gleich den gesamten Verlusten im *gleichen* Wirtschaftszweig sein. Besteht die Volkswirtschaft aus *vielen* Wirtschaftszweigen, dann brauchen sich Differentialgewinne und Verluste nicht in ein und demselben Wirtschaftszweig zu entsprechen, sondern die Gleichheit von Differentialgewinnen und Verlusten ist nur in der gesamten Volkswirtschaft gegeben. Es können also den Differentialgewinnen in einem Wirtschaftszweig entsprechende

Verluste in anderen Wirtschaftszweigen gegenüberstehen. Demgemäß ist bei n Gütern (Güterarten) in der Volkswirtschaft die Gleichung „Grenzkosten gleich durchschnittliche Stückkosten" nicht bei jedem einzelnen Gut (Güterart) dieser n Güter verwirklicht, sondern nur innerhalb der Summe der n rechnerischen Produkte. Es seien G_{K_1} die Grenzkosten des Gutes (Güterart) 1, G_{K_2} die Grenzkosten des Gutes 2, G_{K_3} die Grenzkosten des Gutes 3 .... G_{K_n} die Grenzkosten des Gutes n, DSt_1 die durchschnittlichen Stückkosten des Gutes 1, DSt_2 die durchschnittlichen Stückkosten des Gutes 2, DSt_2 die durchschnittlichen Stückkosten des Gutes 3 .... DSt_n die durchschnittlichen Stückkosten des Gutes n, m_1 die gesamte Ausbringung des Gutes 1, m_2 die gesamte Ausbringung des Gutes 2, m_3 die gesamte Ausbringung des Gutes 3 .... m_n die gesamte Ausbringung des Gutes n. Dann gilt die Gleichung:

$$G_{k1} \cdot m_1 + G_{K_2} \cdot m_2 + G_{K_3} \cdot m_3 + \ldots + G_{K_n} \cdot m_n = DSt_1 \cdot m_1 + DSt_2 \cdot m_2 + DSt_3 \cdot m_3 + \ldots + DSt_n \cdot m_n.$$

Haben wir in der Volkswirtschaft nur ein *einziges* Gut, dann können wir die obenstehende Gleichung in folgender Form schreiben:

$$G_K \cdot m = DSt \cdot m.$$

Daraus folgt: $G_K = DSt.$

Die Grenzkosten werden gleich den durchschnittlichen Stückkosten des betreffenden Gutes.

10. Der Grundsatz „Grenzkosten gleich Preis" und das Produzieren mit geringsten Stückkosten

I

Wir haben gesehen, daß unsere über die Differentialgewinnbildung gewonnenen Ergebnisse im wesentlichen unverändert bleiben, wenn die Betriebe nicht im Punkt der niedrigsten Stückkosten (optimalen Punkt) produzieren, sondern nach dem Grundsatz „Grenzkosten gleich Preis" handeln und den optimalen Punkt über- bzw. unterschreiten. Es liegt im Sinne des ökonomischen Prinzips, die Grenzkosten gleich dem Preis zu machen; denn die „Gesamtproduktmenge der Volkswirtschaft" (Sozialprodukt) erreicht erst dann ihre größtmögliche Höhe, wenn dieser Grundsatz überall verwirklicht ist. Wir dürfen jedoch nicht vergessen, daß sich dieser Grundsatz in der wirtschaftlichen Wirklichkeit leider sehr häufig nicht realisieren läßt. In vielen Fällen ist es innerhalb eines gegebenen Betriebes sehr schwer, die Grenzkosten zu ermitteln. Häufig ist jedoch in den Betrieben der Verlauf der Grenzkosten nicht — wie es unsere Kostenkurven voraussetzen — kontinuierlich. In diesem Fall muß der Betrieb sich an den Punkt der niedrigsten Stückkosten halten. Bei einer nicht geringen Anzahl von gegebenen Betrieben wiederum sind die Grenzkosten bei verschiedener Ausbringung konstant, die variablen Kosten verhalten sich direkt proportional zur Produktmenge, so daß die Grenzkosten gleich den variablen Durchschnittskosten werden[17]). Daher sinken in solchen Betrieben die Stückkosten bis zu einem bestimmten Punkt, bei dem sie ihr Minimum erreichen. In diesem Fall kann durch eine Verringerung der Ausbringung keine Verringerung des Gesamtverlustes erreicht werden, sondern der Betrieb produziert solange die Menge, die dem Punkt seiner niedrigsten Stückkosten entspricht, solange der Preis noch die variablen Durchschnittskosten deckt.

Da das Prinzip „Grenzkosten gleich Preis" in der Wirklichkeit nur sehr unvollständig realisiert werden kann, da in der Wirklichkeit die Betriebe vorwiegend im Punkt der niedrigsten Stückkosten (Optimalpunkt) produzieren, so war es notwendig, bei unseren Darlegungen vorauszusetzen, daß die gegebenen Betriebe die ihrem optimalen Punkt entsprechende Produktmenge ausbringen. Wir haben jedoch die für die Differentialgewinnbildung wesentlichen Zusammenhänge auch unter der Voraussetzung analysiert, daß die gegebenen Betriebe nach dem Grundsatz „Grenzkosten gleich Preis" handeln. Und wir konnten feststellen, daß die für die Differentialgewinnbildung wichtigsten Zusammenhänge, die unter der Voraussetzung des Produzierens im Punkt der niedrigsten Stückkosten gefunden wurden, auch in Geltung bleiben, wenn die gegebenen Betriebe den Grundsatz „Grenzkosten gleich Preis" verwirklichen.

II

Auch wenn die einzelnen Betriebe die Grenzkosten genau feststellen könnten und überall in der Volkswirtschaft vollkommene Konkurrenz herrschen würde, könnte der Grundsatz „Grenzkosten gleich Preis" genau so wenig verwirklicht werden wie der „statische Zustand". Die Verwirklichung des Grundsatzes „Grenzkosten gleich Preis" setzt voraus, daß wenigstens ein Produktionsfaktor für die Unternehmer (Betriebe) variabel ist. Denn die Grenzkosten sind ja nur variable Kosten. In der Regel ist nun bei den „gegebenen Betrieben" (Betriebe gegebener technischer Produktionsausrüstung) der Faktor Kapital der konstante Faktor (in der Landwirtschaft natürlich vor allem der Faktor Boden). Sehen wir davon ab, daß auch der Faktor Arbeit in einigen Fällen für die „gegebenen Betriebe" ein konstanter Produktionsfaktor sein kann, so bleibt für die gegebenen Betriebe — abgesehen von den zu verarbeitenden Rohstoffen — der Faktor Arbeit der variable Faktor. Nehmen wir nun den Faktor Arbeit als variablen Faktor, dann bedeutet die Verwirklichung des Grundsatzes „Grenzkosten gleich Preis", daß der Lohnpreis überall gleich dem Wert des Grenzprodukts der Arbeit sein muß. Das kann jedoch nur dann der Fall sein, wenn der Produktionsprozeß nicht durch zusätzliche Kreditausweitungen gestört wird, d. h. wenn das Geld völlig neutral bleibt. Ein völlig neutrales Geld ist in der Wirklichkeit jedoch nicht gegeben. Bleibt das Geld nicht neutral, kommt es zu irgendeinem Zeitpunkt zu einer zusätzlichen Geldschöpfung, der

[17]) In diesem Fall ist beim Gleichwerden von Grenzkosten und Preis keine bestimmte Ausbringung gegeben, sondern der Unternehmer kann die Produktmenge (Ausbringung) beim Gleichwerden von Grenzkosten und Preis sehr verschieden gestalten. Er wird deshalb die Produktmenge ausbringen, die er mit den niedrigsten Stückkosten erstellen kann.

nicht eine entsprechende *extensive* Produktionsausweitung gegenübersteht, dann entspricht der Lohnpreis nicht mehr dem Grenzprodukt der Arbeit, so daß auch nicht mehr überall die Grenzkosten gleich dem Preis sein können. Wird der Lohn durch irgendwelche Machtmomente über oder unter das Grenzprodukt der Arbeit gedrückt, dann können ebenfalls die Grenzkosten nicht mehr überall gleich dem Produktpreis werden. Kommt es zu einer Änderung des Mengenverhältnisses von Arbeit, Boden und Kapital in der Volkswirtschaft und ändert sich der Lohn dann nicht sofort entsprechend dem veränderten Grenzprodukt der Arbeit, so kann der Grundsatz „Grenzkosten gleich Preis" ebenfalls nicht überall verwirklicht werden. Selbst wenn die Unternehmer also ihre Grenzkosten immer genau feststellen könnten, ließe sich das Prinzip „Grenzkosten gleich Preis" in der Volkswirtschaft immer nur annäherungsweise verwirklichen.

III

Der Satz „Die Grenzkosten werden gleich dem Preis" gilt auch nur unter der Voraussetzung eines kontinuierlichen Verlaufs der Grenzkosten. Nehmen wir beispielsweise einen landwirtschaftlichen Betrieb an, in dem der „vorletzte" Arbeitstag einen Grenzertrag von 0,60 Ztr. Roggen, der „letzte" Arbeitstag einen Grenzertrag von 0,40 Ztr. Roggen bringt. Da der Lohn durch den Grenzertrag der Arbeit bestimmt wird, beträgt der Lohn je Arbeitstag 0,40 Ztr. Roggen. Nehmen wir nun einen beliebigen Geldpreis für den Zentner Roggen an, nehmen wir beispielsweise an, der Roggenpreis beträgt 10 Mark je Ztr., dann beläuft sich der Geldlohn auf 4 Mark (0,40 Ztr. Roggen). Die Grenzkosten sind der Kostenzuwachs, der durch die Produktion des „letzten" Zentners Roggen entsteht. Um den „letzten" Zentner Roggen zu produzieren, muß unser Landwirt 2 Arbeitstage aufwenden (der „vorletzte" Arbeitstag bringt 0,60 Ztr. Roggen, der „letzte" Arbeitstag bringt 0,40 Ztr. Roggen). Da der Lohn je Arbeitstag 4 Mark beträgt, so entsteht für unseren Landwirt bei der Produktion des „letzten" Zentners Roggen tatsächlich ein Kostenzuwachs von 8 Mark. Der Getreidepreis kann sich jedoch unter unseren Voraussetzungen nicht auf 8 Mark belaufen. Denn der Lohnpreis beträgt ja bei einem Grenzertrag des Arbeitstages von 0,40 Ztr. Roggen 4 Mark. Bei einem Roggenpreis von nur 8 Mark würde der Lohnpreis also über den Grenzertrag der Arbeit liegen. Wir können also die Grenzkosten nur in der Weise berechnen, daß wir feststellen: Da der Grenzertrag des Arbeitstages 0,40 Ztr. Roggen beträgt, so sind für den „zuletzt" erzeugten Zentner Roggen zweiundeinhalb Arbeitstage aufzuwenden. Da der Lohnpreis je Arbeitstag sich auf 4 Mark beläuft, so beträgt demgemäß der Kostenzuwachs, der durch die Produktion des „letzten" Zentners Roggen entsteht, 10 Mark. In Wirklichkeit wird unser Landwirt jedoch feststellen, daß ihm der „zuletzt" erzeugte Zentner Roggen tatsächlich nur einen zusätzlichen Kostenaufwand von zwei Arbeitstagen oder 8 Mark „verursacht". Und das deshalb, weil der Grenzertrag des „vorletzten" Arbeitstages höher als der Grenzertrag des „letzten" Arbeitstages ist, der Lohnpreis sich aber nach dem Ertragszuwachs des „zuletzt" aufgewendeten Arbeitstages richtet. Da der „letzte" Arbeitstag (letzte Arbeitseinheit) aber weniger als *eine*

Gütereinheit (Mengeneinheit) an Ertragszuwachs bringen kann, so birgt die Definition der Grenzkosten als „Kostenzuwachs, der durch die zuletzt produzierte Gütereinheit entsteht“ bei einem nicht streng kontinuierlichen Verlauf der Grenzertragskurve die kurz aufgezeigte Problematik, die für die Wirtschaftspraxis gewisse Schwierigkeiten mit sich bringt.

DRITTER TEIL

Über einige Fragen des Zusammenhanges der Differentialgewinnbildung mit dem volkswirtschaftlichen Produktionsprozeß

1. Die Verdrängung der Grenzbetriebe und die Differentialgewinn- und Verlustbildung

I

Der Grenzbetrieb wird verdrängt (stillgelegt), wenn der Preis des von ihm erzeugten Produktes nicht mehr seine variablen Durchschnittskosten deckt. Wie groß muß nun das durch einen produktionstechnischen Fortschritt sich ergebende Sinken des Preises sein, daß der Preis unter den variablen Durchschnittskosten derjenigen Betriebe liegt, die noch mit der „alten" (bisherigen) Produktionstechnik arbeiten?

Befindet sich die Volkswirtschaft im „statischen Zustand", so daß der Preis überall (in allen Betrieben) gleich den Stückkosten und gleich den Grenzkosten ist, und wird nun in einem oder mehreren Betrieben eines Wirtschaftszweiges — beispielsweise in der Sägeindustrie — ein produktionstechnischer Fortschritt eingeführt, so werden die Grenzbetriebe so lange weiter produzieren, bis das prozentuale Sinken des Preises gleich dem prozentualen Anteil ihrer Kapitalkosten an ihren Stückkosten ist[18]). Wenn die Kapitalkosten in einem Betrieb mit der „alten Produktionstechnik" beim Brennholzsägen je Ster beispielsweise 20% der Stückkosten betragen, oder wenn sie — was damit gleichbedeutend ist — 20% des Wertes der von einem solchen Betrieb erzeugten Brennholzmenge ausmachen, dann wird mit der „alten Säge" — wenn sie noch nicht abgenutzt und amortisiert ist — weiter gesägt werden, wenn der Produktpreis (Holzpreis) nicht mehr als 20% sinkt. Denn dann wird die „alte Säge" zwar nicht mehr amortisiert und verzinst werden können, der Ertrag (ohne Berücksichtigung des Differentialgewinns) ist aber, wenn wir die Kapitalkosten der „alten Säge" gleich Null rechnen, nicht kleiner als bei der Verwendung einer „neuen Säge". Gewiß ist beim Sägen mit der „alten Säge" der Bruttoertrag geringer, es wird ja mit der „alten Säge" bei einem gleich großen Arbeitsaufwand weniger Holz gesägt. Werden aber beim Sägen mit der „alten Säge" keine Kapitalkosten mehr gerechnet, während beim Sägen mit der „neuen Säge" ja ein Teil des gesägten Brennholzes für die Kapitalkosten abzurechnen ist, so ist die Verwendung der „alten Säge" für ihren Besitzer nicht

[18]) Wir nehmen zunächst an, daß die Produktion aller Betriebe im optimalen Punkt durchgeführt wird.

unwirtschaftlich. Denn er kann und wird sich sagen: Die alte Säge habe ich bezahlt, sie amortisiert und verzinst sich zwar nicht mehr, würde ich mir aber eine „neue Säge" kaufen, so müßte ich Kapitalkosten aufwenden und einen Teil des gesägten Brennholzes für den „Kapitaldienst" rechnen. Mit der „neuen Säge" kann ich bei dem gleichen Arbeitsaufwand 20% mehr Holz sägen, da aber die Kapitalkosten 20% der erzeugten Brennholzmenge ausmachen, so gewinne ich nichts dabei, wenn ich die „alte Säge" außer Dienst stelle und mir eine „neue Säge" kaufe.

Die Weiterverwendung der „alten Säge" wird aber unter den gemachten Voraussetzungen wirtschaftlich sinnlos, wenn das prozentuale Sinken des Preises den prozentualen Anteil der Kapitalkosten der alten Produktionstechnik je erzeugte Produkteinheit übersteigt. Tritt dieser Punkt ein, dann wird daher der Grenzbetrieb stillgelegt. Denn von diesem Punkt an kann er seine variablen Durchschnittskosten nicht mehr decken.

In der Volkswirtschaft unseres Beispiels wird der Betrieb II (Grenzbetrieb) solange weiter produzieren, solange der Punkt nicht überschritten wird, bei dem der Preis für das Sägen eines Sters Holz um den Betrag gesunken ist, der gleich dem Anteil der Kapitalkosten an den Stückkosten eines Sters Holz ist. Die Stückkosten eines Sters Holz betragen im Betrieb II 1 Mark, die Kapitalkosten je Ster belaufen sich auf 0,166 Mark[19].) Sinkt der Holzpreis (Preis für das Sägen des Holzes), der vor der Einführung des produktionstechnischen Fortschritts 1 Mark betragen hat, um 0,166 Mark (also um den Anteil der Kapitalkosten), dann ergibt sich ein Holzpreis von 0,83 Mark je Ster. Bei diesem Preis von 0,83 Mark je Ster kommt der Betrieb II (Grenzbetrieb) gerade noch auf seine variablen Durchschnittskosten, sinkt der Preis unter diesen Satz, dann muß der Betrieb II (Grenzbetrieb) seine Produktion einstellen.

Ein Sinken des Preises von 1 Mark auf 0,83 Mark bedeutet — an der mittleren Größe gemessen — ein prozentuales Sinken des Preises um 18%. Werden die Kapitalkosten im Betrieb II gleich Null gerechnet, dann sinken die Gesamtkosten von 120 Mark auf 100 Mark, d. h. um 18% (an der mittleren Größe gemessen). Soll also im Grenzbetrieb (Betrieb II) der Anteil der Kapitalkosten an den Stückkosten gleich Null werden, dann muß — an der mittleren Größe gemessen — eine Kostenminderung um 18% eintreten. So gesehen beträgt also der prozentuale Anteil der Kapitalkosten an den Stückkosten 18%. Der Punkt, bei dem das prozentuale Sinken des Produktpreises (in unserem Beispiel 18%) gleich dem prozentualen Anteil der Kapitalkosten an den Stückkosten im Grenzbetrieb (in unserem Beispiel 18%) wird, wird — sofern die Nachfrageelastizität gleich eins ist — erreicht, wenn in der Volkswirtschaft das Gesamtangebot des erzeugten Produkts um den gleichen Prozentsatz steigt, um den der Preis sinkt (in unserem Beispiel 18%). Da in der Volkswirtschaft unseres Beispiels das Gesamtangebot vor der Einführung des technischen Fortschritts im Betrieb I 240 Ster Holz betrug, so muß sich also das Gesamtangebot um 18%, also auf 288 Ster erhöhen, damit der Preis um 18%,

---

[19]) Das gilt unter der Voraussetzung, daß der Grenzbetrieb den optimalen Punkt nicht unterschreitet, sondern im optimalen Punkt (Punkt der niedrigsten Stückkosten) produziert.

d. h. von 1 Mark auf 0,83 Mark je Ster absinkt (alle Prozentsätze an der mittleren Größe gemessen).

Der niedrigste Preis, bei dem der Grenzbetrieb seine Produktion noch fortsetzen kann, ist in der Volkswirtschaft unseres Beispiels also ein Holzpreis (Preis für das Sägen des Holzes) von 0,83 Mark je Ster[20]). Sinkt der Preis in der Volkswirtschaft unseres Beispiels von 1 Mark auf 0,83 Mark, dann haben wir in ihr folgende Kosten-, Preis- und Produktionsverhältnisse:

Tabelle 23

	Betrieb I (mit neuer Produktionstechnik)	Betrieb II (mit alter Produktionstechnik	Insgesamt
Kapitalkosten	20 Mark	20 Mark	40 Mark
Lohnkosten	100 Mark	100 Mark	200 Mark
Gesamtkosten	120 Mark	120 Mark	240 Mark
Ausbringung	168 Ster	120 Ster	288 Ster
Preis je Ster	0,833 Mark	0,833 Mark	—
Gesamterlös	140 Mark	100 Mark	240 Mark
Stückkosten	0,714 Mark	1 Mark	—
Variable Durchschnittskosten	0,595 Mark	0,833 Mark	—
Differentialgewinn	20 Mark	—	20 Mark
Verlust	—	20 Mark	20 Mark
Geldvolumen	—	—	240 Mark

Der gesamte Verlust des Betriebes II (Grenzbetrieb) in Höhe von 20 Mark ist gleich seinen Kapitalkosten (20 Mark). Der Gesamterlös (100 Mark) des Grenzbetriebes deckt gerade noch seine variablen Kosten (Lohnkosten in Höhe von 100 Mark).

II

Je größer der Anteil der „fixen Kosten" an den Stückkosten ist, desto stärker muß das Sinken des Produktpreises sein, damit der Punkt erreicht wird, bei dem es für den Betrieb weniger verlustbringend ist, die Produktion einzustellen und den Betrieb stillzulegen. Denn je größer der Anteil der fixen Kosten an den Stückkosten ist, desto tiefer kann der Produktpreis sinken, bevor der Sachverhalt gegeben ist, daß der Betrieb seine variablen Durchschnittskosten nicht mehr durch den Produktpreis decken kann.

Da der gegebene Betrieb den optimalen Punkt (Punkt der niedrigsten Stückkosten) über- oder unterschreiten kann, so ändert sich der Anteil der „fixen Kosten" an den Stückkosten mit der Änderung der Ausbringung im Betrieb. Unterschreitet der gegebene Betrieb den optimalen Punkt, so verringert er seine Ausbringung und verringert damit zugleich seine gesamten variablen Kosten. Diese Verringerung der gesamten variablen Kosten be-

[20]) Das gilt unter der Voraussetzung, daß der Grenzbetrieb den optimalen Punkt (Punkt der niedrigsten Stückkosten) nicht unterschreitet, sondern im optimalen Punkt produziert.

deutet zugleich, daß der Anteil der „fixen Kosten“ an den Stückkosten größer wird.

Durch das Unterschreiten des optimalen Punktes sinken die variablen Stückkosten des gegebenen Betriebes. Sie sinken solange, bis die variablen Stückkosten gleich den Grenzkosten werden. Durch das Unterschreiten des optimalen Punktes kann der gegebene Betrieb auch dann noch weiterproduzieren, wenn der Preis unter diejenigen variablen Stückkosten sinkt, die bei einer Produktion im optimalen Punkt für den betreffenden Betrieb entstehen. Da das Minimum der variablen Stückkosten in einem gegebenen Betrieb erst erreicht wird, wenn die variablen Stückkosten gleich den Grenzkosten werden, so wird der Grenzbetrieb erst stillgelegt, wenn der Preis unter das Minimum der variablen Stückkosten, d. h. unter den Punkt sinkt, bei dem in dem betreffenden Betrieb die Grenzkosten gleich den variablen Stückkosten werden.

Die wirtschaftliche Entwicklung hat in manchen Wirtschaftszweigen dahingeführt, daß die „fixen Kosten“ einen immer größeren Anteil an den Stückkosten erlangt haben. Sie hat demgemäß die Wirkung gehabt, daß die Grenzbetriebe schwerer als in früheren Zeiten verdrängt werden können, d. h. daß sich der Prozeß der „Verdrängung der Grenzbetriebe“ verlangsamt hat. Sinkt der Preis unter die Stückkosten einer Reihe von Betrieben eines Wirtschaftszweiges, dann werden zuerst diejenigen Betriebe verdrängt, bei denen der Anteil der Kapitalkosten (Kosten des Anlagekapitals, also der „fixen Kosten“) an den Stückkosten am kleinsten ist. Je kleiner der Anteil der „fixen Kosten“ an den Stückkosten ist, desto früher tritt also für einen Betrieb bei sonst gleichen Umständen der Punkt ein, bei dem eine Stillegung für ihn weniger verlustbringend als eine Aufrechterhaltung der Produktion ist. Die größere Bedeutung des „festen Kapitals“ (der „fixen Kosten“) bei der Produktion hat also am Wesen des konkurrenzwirtschaftlichen Verdrängungsprozesses (Prozeß der Verdrängung der Grenzbetriebe) nichts geändert. Das bekannte Argument der Kartelle und der Kartellfreunde, die „fixen Kosten“ würden den konkurrenzwirtschaftlichen Verdrängungsprozeß der Grenzbetriebe außer Kraft setzen, oder sie würden ihn zum mindesten volkswirtschaftlich zu „kostspielig“ machen, so daß an die Stelle der Konkurrenzwirtschaft eine „kartellgebundene Wirtschaft“ oder eine „Wirtschaft mit Marktordnung“ treten müsse, ist unhaltbar. Denn die Wirksamkeit des konkurrenzwirtschaftlichen Verdrängungsprozesses ist — wie wir sahen — auch bei hohen „fixen Kosten“ gegeben. Und gerade die Betriebe, bei denen der Anteil der „fixen Kosten“ (Kosten des Anlagekapitals) an den Stückkosten besonders hoch ist, laufen am wenigsten Gefahr, verdrängt (stillgelegt) zu werden.

Was aber das Argument anbelangt, der Verdrängungsprozeß sei auf Grund der gestiegenen „fixen Kosten“ zu „kostspielig“ geworden, so ist zunächst einmal darauf hinzuweisen, daß das „Gesetz der Erhaltung der investierten Kapitalsumme in der Volkswirtschaft“ gilt. Sinkt der Preis durch produktionstechnische Fortschritte, so stehen den Verlusten an einer Stelle entsprechend hohe Differentialgewinne an anderen Stellen der Volkswirtschaft gegenüber. Ergeben sich durch ein Sinken des Produktpreises, das auf produktionstechnische Fortschritte zurückzuführen ist, in einigen Betrieben Verluste, so geht an der ursprünglich investierten Geldkapitalsumme der Volkswirtschaft trotz des Bestehens dieser Verluste nichts verloren. Vor allem aber ist der Auffassung, die Verdrängung sei zu kostspielig geworden, entgegenzuhalten, daß die Notwendigkeit der Stillegung eines Betriebes als Grenzbetrieb ein Beweis dafür ist, daß die Arbeit an anderer Stelle in der Volkswirtschaft unter Berücksichtigung der Kapitalkosten einen höheren Ertrag als im Grenzbetrieb ohne Berücksichtigung von Kapitalkosten erzielen kann. Es wäre also gesamtwirtschaftlich gesehen eine Verschwendung von Arbeitskraft, wenn man den Grenzbetrieb künstlich weiter aufrechterhalten würde.

Daß der Grenzbetrieb erst dann stillgelegt wird, wenn er nicht mehr auf seine niedrigsten variablen Stückkosten kommt, ist für die Gesamtwirtschaft durchaus vorteilhaft. Wenn der Grenzbetrieb sofort (d. h. in dem Augenblick, in dem der Produktpreis seine Stückkosten nicht mehr deckt) stillgelegt werden würde, dann müßte in der Volkswirtschaft insgesamt gesehen arbeitsintensiver produziert werden, als es beim Weiterbestehen des Grenzbetriebes der Fall ist. Denn die im Grenzbetrieb verwendete Arbeitskraft müßte ja dann mit dem „übrigen Kapital" in der Volkswirtschaft „kombiniert" werden. Das Kapital des Grenzbetriebes wird noch solange zur Produktion herangezogen, bis sein Wert auf Grund der wirtschaftlichen Entwicklung gleich Null geworden ist. Solange das Kapital des Grenzbetriebes noch einen über Null liegenden Wert (Preis) hat, solange ist ja im Grenzbetrieb auch noch Kapital im volkswirtschaftlichen Sinne vorhanden. Erst wenn der Grenzbetrieb nicht mehr seine niedrigsten variablen Stückkosten im und durch den Produktpreis vergütet erhält, repräsentiert er kein Realkapital mehr im volkswirtschaftlichen Sinne, so daß der Wert seiner Kapitalanlage gleich Null wird. Und erst dann ist es gesamtwirtschaftlich gesehen sinnlos geworden, ihn weiter zur Produktion zu verwenden.

III

Gehen wir von einem „statischen Zustand" der Volkswirtschaft aus und lassen wir dann einen produktionstechnischen Fortschritt eintreten, so ergeben sich Differentialgewinne bei denjenigen Betrieben, die ihre Kapitalanlage bereits abgenutzt und amortisiert haben und bei der Erneuerung ihrer Anlage den technischen Fortschritt verwenden, während die übrigen Betriebe, die noch mit der alten Produktionstechnik weiterproduzieren, ihre Kapitalanlagen nicht mehr voll amortisieren können, also — vom Standpunkt der ursprünglich für die Anlage aufgewendeten Kosten gesehen — mit Verlust produzieren müssen. Herkömmlicherweise wird jedoch der Differentialgewinn in der Weise erklärt, daß angenommen wird, die Grenzbetriebe produzierten gewinn- und verlustlos, der Produktpreis decke gerade ihre Stückkosten, während die Stückkosten der „besseren Betriebe" (d. h. der Nicht-Grenzbetriebe) niedriger als der Produktpreis seien. Von der Statik aus kommen wir unmittelbar nicht zu dem Sachverhalt des gleichzeitigen Bestehens einer verlustlosen Produktion bei den Grenzbetrieben und der Erzielung von Differentialgewinnen bei den „besseren Betrieben". Zu einer gewinn- und verlustlosen Produktion des Grenzbetriebes und einem gleichzeitigen Bestehen von Differentialgewinnen in dem gleichen Wirtschaftszweig können wir — abgesehen von dem praktisch wichtigsten Fall einer eintretenden Ausweitung des Geldvolumens (siehe S. 59 ff.)

— nur gelangen, wenn wir noch die weitere Annahme machen, daß in der Volkswirtschaft eine *Nachfrageverschiebung* bestimmter Art eintritt. Wenn wir also für das von uns gebrachte Beispiel annehmen, daß sich die Nachfrage von anderen Gütern abwendet und dem „Sägen des Holzes“ in einem solchen Ausmaß zuwendet, daß der Preis für das „Sägen des Holzes“ auf 1 Mark steigt. Tritt eine *solche* Nachfrageverschiebung ein, dann produziert der Grenzbetrieb gewinn- und verlustlos, während die „besseren Betriebe“ der Sägeindustrie Differentialgewinne erzielen. Aber eine solche Nachfrageverschiebung führt dann in anderen Wirtschaftszweigen der Volkswirtschaft, nämlich in den Wirtschaftszweigen, von denen sich kaufkräftige Nachfrage abwendet, zu einem Sinken der Produktpreise und demgemäß zu Verlusten.

Die herkömmliche Erklärung des Differentialgewinns geht von einer „partiellen Analyse“ aus. Denn sie löst einen Wirtschaftszweig für sich heraus, ohne zu fragen, ob und in welcher Höhe bei der Bildung von Differentialgewinnen und einer gleichzeitigen gewinn- und verlustlosen Produktion der Grenzbetriebe des betreffenden Wirtschaftszweiges in *anderen* Wirtschaftszweigen Verluste entstehen müssen. Ferner nimmt diese überkommene Erklärung des Differentialgewinns als Ausgangspunkt eine Mannigfaltigkeit der technischen Ausstattung bei den Betrieben eines Wirtschaftszweiges an, geht also damit notwendigerweise von vornherein von einem empirisch gegebenen Zustand der Volkswirtschaft bei der Erklärung des Differentialgewinns aus. Nimmt man die Statik als Ausgangspunkt für die Erklärung der Differentialgewinnbildung, so kann man nicht zu Betrieben mit *mannigfaltig verschiedener* technischer Ausstattung in ein und demselben Wirtschaftszweig kommen. Denn wenn man die Statik zugrundelegt und dann das Eintreten eines produktionstechnischen Fortschritts annimmt, dann können immer nur Betriebe *zweierlei* Art in ein und demselben Wirtschaftszweig vorhanden sein, und zwar solche Betriebe, die noch mit der Produktionstechnik des statischen Ausgangszustandes und demgemäß mit Verlust produzieren, und jene Betriebe, die mit der „neuen Produktionstechnik“ arbeiten und Differentialgewinne erzielen.

Angesichts der Tatsache, daß es in der Volkswirtschaftslehre immer noch Autoren gibt, die bemüht sind, sogar die Konjunkturerscheinung aus der Statik zu deduzieren, ist es ein wissenschaftsgeschichtlich ziemlich verblüffender Sachverhalt, daß man sich bisher bei einer ökonomischen Grundkategorie, nämlich beim „Differentialgewinn“, begnügt hat, von dem der Welt der empirischen Erscheinungen unmittelbar entnommenen Tatbestand des Nebeneinanderbestehens von Betrieben mit mannigfaltig verschiedener technischer Ausstattung auszugehen, und dann durch eine „partielle Analyse“ die Erscheinung des Differentialgewinns erklären zu wollen.

Gleichgültig jedoch, ob in einem Wirtschaftszweig nur Betriebe zweierlei Art oder Betriebe mit mannigfaltig verschiedener technischer Produktionsausrüstung vorhanden sind, der Grenzbetrieb wird verdrängt, wenn der Preis des von ihm erzeugten Produkts unter seine niedrigsten variablen Stückkosten sinkt.

IV

Handeln die Betriebe nach dem Grundsatz „Grenzkosten gleich Preis“, dann wird der Grenzbetrieb erst verdrängt, wenn der Produktpreis unter die niedrigsten variablen Stückkosten des Grenzbetriebs (d. h. unter den Schnittpunkt der Grenzkostenkurve mit der Kurve der variablen Stückkosten im Grenzbetrieb) sinkt. Ist der Preis gleich den Grenzkosten und produziert der Grenzbetrieb im Punkt der niedrigsten variablen Stückkosten, während die Betriebe mit der modernen Produktionstechnik den optimalen Punkt noch überschreiten, dann ist das in den Betrieben mit moderner Produktionstechnik im Punkt der Gleichheit von Grenzkosten und Preis erzielte Grenzprodukt der Arbeit gleich dem im Grenzbetrieb im Punkt der niedrigsten variablen Stückkosten erzielten Grenzprodukt der Arbeit. Da der Grenzbetrieb erst dann verdrängt wird, wenn der Preis unter den Punkt der niedrigsten variablen Stückkosten des Grenzbetriebes sinkt, so besagt das zugleich, daß der Grenzbetrieb erst dann verdrängt wird, wenn das in den „besseren Betrieben" beim Handeln nach dem Grundsatz „Grenzkosten gleich Preis" erzielte Grenzprodukt der Arbeit im Grenzbetrieb nicht mehr erreicht werden kann.

Ist in dem Augenblick, in dem der Preis unter die niedrigsten variablen Stückkosten des Grenzbetriebes sinkt, bei allen anderen Betrieben der Grundsatz „Grenzkosten gleich Preis" verwirklicht, dann liegt das Grenzprodukt der Arbeit bei allen anderen Betrieben über dem im Punkt der niedrigsten variablen Stückkosten des Grenzbetriebes zu erzielenden Grenzprodukt der Arbeit.

Wird der Grenzbetrieb stillgelegt, so kann also mit der im Grenzbetrieb freigesetzten Arbeitskraft (freigesetzten Menge an Arbeitstagen) ein höheres Grenzprodukt der Arbeit als bei einer Verwendung dieser Arbeitskraft im Grenzbetrieb erzielt werden. Ist bei den anderen Betrieben im Augenblick der Stillegung des Grenzbetriebes der Grundsatz „Grenzkosten gleich Preis" verwirklicht gewesen, so besagt das zugleich, daß die durch die Stillegung des Grenzbetriebes freigesetzte Menge an Arbeitstagen bei dem gegebenen (d. h. in diesem Augenblick bestehenden) Geldlohnpreis und dem gegebenen (d. h. in diesem Augenblick bestehenden) Produktpreis nicht verwendet werden kann[21]). Denn eine zusätzliche Verwendung von Arbeitstagen in den „besseren

[21]) Durch die Stillegung des Grenzbetriebes tritt nur ein Nachfrageausfall in Höhe des Wertes der Ausbringung des Grenzbetriebes ein. Denn der gesamte Wert der Ausbringung des Grenzbetriebes ist im Punkt der niedrigsten variablen Stückkosten des Grenzbetriebes, wenn der Produktpreis gleich den niedrigsten variablen Stückkosten des Grenzbetriebes ist, gleich der gesamten Lohnsumme, die für die im Grenzbetrieb verwendeten Arbeitstage ausbezahlt wird. Demgemäß steht der Nachfrageverminderung, die durch die Freisetzung der Arbeitstage im Grenzbetrieb eintritt, eine wertmäßig gleich hohe Angebotsverminderung gegenüber, so daß sich das Verhältnis von Angebot und Nachfrage am Warenmarkt nicht verschiebt. (Wir haben hier von den Materialkosten als Bestandteil der variablen Kosten abstrahiert. Berücksichtigen wir, daß zu den variablen Kosten in aller Regel auch Materialkosten gehören, dann ergibt sich durch die Stillegung des Grenzbetriebes ein den Angebotsausfall übersteigender wertmäßiger Nachfrageausfall in Höhe des Wertes der vom Grenzbetrieb verarbeiteten Materialien. Dadurch tritt jedoch ein Sinken der Materialpreise ein, so daß sich für die mit der modernen Produktionstechnik arbeitenden Betriebe die Kosten verringern. Demgemäß können die materialverarbeitenden Betriebe die Produktion ausdehnen, so daß über die durch die Stillegung des Grenzbetriebes entstehende Arbeitslosigkeit hinaus keine weitere Arbeitslosigkeit entsteht. Kommt es — wie wir dargelegt haben — zu einer Verwendung der durch die Stillegung des Grenzbetriebes freigesetzten Arbeitstage, so kann natürlich, da ja dann die Produktion von den Betrieben mit moderner Produktionstechnik ausgedehnt wird, auch keine Nachfrageverminderung bei den Materialien eintreten.)

Betrieben" untersteht ja dem Gesetz des abnehmenden Grenzertrages der Arbeit. Es muß also — wenn der Produktpreis und die Preise der anderen beiden Produktionsfaktoren Boden und Kapital unverändert bleiben — zu einem Sinken des Geldlohnpreises kommen[22]). Sinkt der Lohnpreis, dann können die „besseren Betriebe" die vom Grenzbetrieb freigesetzten Arbeitstage verwenden. Denn dann liegen ja bei ihnen die Grenzkosten unter dem Preis, so daß sie die Produktion ausdehnen müssen, wenn die Grenzkosten wieder gleich dem Preis werden sollen. Trotz des so eintretenden Sinkens des Geldlohns liegt aber der Reallohn immer noch über dem Wert des im Grenzbetrieb — im Punkt der niedrigsten variablen Stückkosten — zu erzielenden Grenzprodukts der Arbeit. Er liegt zwischen dem Grenzprodukt der Arbeit, das im Grenzbetrieb im Punkt der niedrigsten variablen Stückkosten zu erzielen ist, und dem Grenzprodukt der Arbeit, das in den „besseren" Betrieben bei der Verwirklichung des Grundsatzes „Grenzkosten gleich Preis" im Augenblick der Freisetzung der Arbeitstage im Grenzbetrieb erreicht wurde.

2. Die Intakthaltung der volkswirtschaftlichen Kapitalausstattung in einem durch produktionstechnische Fortschritte ausgelösten „dynamischen Zustand" der Volkswirtschaft

I

Befindet sich die Volkswirtschaft im Gleichgewichtszustand (statischen Zustand) und wird in einem Wirtschaftszweig ein produktionstechnischer Fortschritt eingeführt, so sinkt der Preis des Produkts, bei dessen Herstellung der produktionstechnische Fortschritt Verwendung findet. Die entstehenden Differentialgewinne sind gleich den entstehenden Verlusten. Die Differentialgewinne plus den noch „verdienten Kapitalkosten" der Grenzbetriebe (aller mit Verlust arbeitenden Betriebe) sind gleich den ursprünglichen (historischen) Kapitalkosten der Grenzbetriebe. Vom Standpunkt der gesamten Volkswirtschaft gesehen werden also die Kapitalkosten (gemessen an den Anschaffungskosten der Kapitalanlagen) voll verdient. Das investierte Kapital, in Geldeinheiten gerechnet, amortisiert und verzinst sich, vom Standpunkt der gesamten Volkswirtschaft gesehen, in voller Höhe. Die volkswirtschaftliche Kapitalausstattung bleibt, in Geldeinheiten ausgedrückt, während des dynamischen Prozesses nicht nur voll erhalten, sondern sie verzinst sich auch weiterhin zu dem im statischen Ausgangszustand gegebenen Zinsfuß. Um die volkswirtschaftliche Kapitalausstattung in Geldeinheiten ausgedrückt voll zu erhalten, ist es daher nicht notwendig, die Differentialgewinne restlos zu sparen und zu investieren. Denn die Differentialgewinne sind ja nicht nur gleich den nicht mehr verdienten Amortisationskosten der mit Verlust arbeitenden Betriebe, sondern sie sind gleich dem nicht mehr verdienten Betrag an Amortisationskosten plus dem nicht mehr verdienten Betrag an Verzinsung des Realkapitals der mit Verlust arbeitenden Betriebe. Als Ganzes gesehen verdient also die Volkswirtschaft nicht nur die vollen Amortisationskosten, sondern auch die

[22]) Vorausgesetzt ist dabei, daß in der Volkswirtschaft keine Nettoersparnisse gemacht werden.

volle Verzinsung ihres Anlagekapitals. Zur Aufrechterhaltung der volkswirtschaftlichen Kapitalausstattung, in Geldeinheiten ausgedrückt, ist aber nur notwendig, daß die Amortisationskosten in der Volkswirtschaft voll verdient und reinvestiert werden. Deshalb ist zur Intakthaltung der volkswirtschaftlichen Kapitalausstattung (in Geldeinheiten gerechnet) nur notwendig, daß ein solcher Betrag von den Differentialgewinnen gespart und investiert wird, der an den noch verdienten Kapitalkosten der Grenzbetriebe (d. h. der mit Verlust arbeitenden Betriebe) fehlt, um die Amortisationskosten der Grenzbetriebe zu decken.

II

Wir wollen uns das soeben Gesagte an der Volkswirtschaft unseres Beispiels verdeutlichen:

Tabelle 24

	Betrieb I (mit neuer Pro-(duktionstechnik	Betrieb II (mit alter Produktionstechnik)	Insgesamt
Kapitalkosten	20 Mark	20 Mark	40 Mark
Differentialgewinn	13,33 Mark	—	13,33 Mark
Verlust	—	13,33 Mark	13,33 Mark
Verdiente Kapitalkosten	20 Mark	6,67 Mark	26,67 Mark
Verdiente Kapitalkosten plus Differentialgewinn	33,33 Mark	6,67 Mark	40 Mark

In unserer Volkswirtschaft betragen die Kapitalkosten (Amortisationskosten und Verzinsung) in jedem der beiden Betriebe 20 Mark, in der Volkswirtschaft insgesamt also 40 Mark. Beim Grenzbetrieb (Betrieb II) entsteht ein Verlust in Höhe von 13,33 Mark, dem ein Differentialgewinn von 13,33 Mark im Betrieb I gegenübersteht. Der Grenzbetrieb (Betrieb II) verdient also nur noch 6,67 Mark an Kapitalkosten. Diese vom Grenzbetrieb „noch verdienten Kapitalkosten" in Höhe von 6,67 Mark plus dem Differentialgewinn des Betriebes I in Höhe von 13,33 Mark machen 20 Mark aus, erreichen also die gleiche Höhe wie die Kapitalkosten des Grenzbetriebes. Addieren wir zu den in unserer Volkswirtschaft verdienten Kapitalkosten den Differentialgewinn hinzu, dann betragen die „verdienten Kapitalkosten plus Differentialgewinn" 40 Mark, d. h. sie sind gleich den gesamten Kapitalkosten unserer Volkswirtschaft.

Die Kapitalkosten in Höhe von 40 Mark in unserer Volkswirtschaft bestehen aber aus den Amortisationskosten und der Verzinsung des Kapitals. Nehmen wir wieder an, daß der Zinssatz in der Volkswirtschaft 25% beträgt, so entfallen von den 40 Mark Kapitalkosten 32 Mark auf Amortisation und 8 Mark auf Verzinsung, d. h. in jedem der beiden Betriebe 16 Mark auf Amortisation und 4 Mark auf Verzinsung. Von den in unserer Volkswirtschaft „verdienten Kapitalkosten plus Differentialgewinn" in Höhe von 40 Mark müssen also nur 32 Mark reinvestiert werden, um die Kapitalausstattung unserer Volkswirtschaft, in Geldeinheiten gerechnet, intakt zu halten. Werden die im Grenzbetrieb noch verdienten Kapitalkosten (Amortisationskosten und Verzinsung) in voller Höhe von 6,67 Mark gespart und investiert, so müssen zur Aufrechterhaltung der Kapitalausstattung (in Geldeinheiten gerechnet) unserer Volkswirtschaft von den 13,33 Mark Differentialgewinn nur 9,33 Mark gespart und investiert werden, wenn die Verzinsung des Kapitals im Betrieb I in Höhe von 4 Mark konsumtiv verwendet wird. Denn an den „noch verdienten Kapitalkosten des Grenzbetriebs" in Höhe von 6,67 Mark fehlen noch 9,33 Mark, um seine Amortisationskosten in Höhe von 16 Mark zu decken. Wird die im Betrieb I erzielte Verzinsung des Kapitals in Höhe von 4 Mark gespart, dann brauchen — unter der Voraussetzung, daß die im Grenzbetrieb noch verdienten Kapitalkosten in der Volkswirtschaft reinvestiert werden — nur noch 5,33 Mark des Differentialgewinns gespart und investiert werden, um die Kapitalausstattung unserer Volkswirtschaft in Geldeinheiten gerechnet intakt zu halten.

III

Die Summe des investierten Geldkapitals (Geldausdruck der investierten Kapitalsumme) wird durch die Einführung des technischen Fortschritts im dynamischen Zustand der Volkswirtschaft nicht verändert, obwohl dadurch die Realkapitalausstattung in der Volkswirtschaft insgesamt ergiebiger wird. Die größere Ergiebigkeit zeigt sich in dem vereinfachten Modell unserer Volkswirtschaft darin, daß die Menge an Holz (genauer: an Sägeleistungen) bei gleichbleibender Arbeitsausstattung der Volkswirtschaft größer als vor der Einführung des produktionstechnischen Fortschritts ist. Die Realkapitalausstattung der Volkswirtschaft wird also verbessert, während der Geldausdruck der investierten Kapitalsumme konstant bleibt. Dieser auf den ersten Blick vielleicht seltsame Tatbestand erklärt sich daraus, daß die Kaufkraft des Geldes gestiegen ist, d. h. daß eine Geldeinheit nun nach der Einführung des technischen Fortschritts mehr Gütereinheiten als bisher repräsentiert. Die gleichgebliebene Geldkapitalsumme (d. h. der in Geldeinheiten gerechnet gleichgebliebene Wert des investierten Kapitals) repräsentiert nun eine größere Realkapitalausstattung, ausgedrückt in Produkteinheiten.

Durch den produktionstechnischen Fortschritt ergibt sich also eine Verbesserung (Vergrößerung) der Realkapitalausstattung der Volkswirtschaft, ausgedrückt in Produkteinheiten. Werden die Differentialgewinne, die den gesamten Verlusten entsprechen, nicht konsumiert, sondern gespart (wir sehen jetzt wieder von dem Tatbestand ab, daß sich das Kapital bei Berücksichtigung der Differentialgewinne auch voll verzinst), dann bleibt der Geldausdruck der Kapitalausstattung auch für die Zukunft erhalten. Und er bleibt bestehen, wenn der „neue statische Zustand" in der Weise erreicht ist, daß bei allen Sägebetrieben des „statischen Ausgangszustandes" die „alte Säge" durch eine „neue Säge" ersetzt wurde.

Werden die Differentialgewinne konsumiert, dann amortisiert sich die vor der Einführung des produktionstechnischen Fortschritts investierte Kapitalsumme in der Volkswirtschaft nicht. Denn es kommen ja nach der Verwendung des produktionstechnischen Fortschritts die noch mit der „alten Produktionstechnik" arbeitenden Betriebe nicht mehr auf ihre Kosten. Vom Standpunkt der ursprünglich investierten Kapitalsumme (in Geldeinheiten gerechnet) gesehen arbeiten nun die Betriebe mit der „alten Produktionstechnik" mit Verlust. In Geldeinheiten gerechnet vermindert sich dann die Kapitalausrüstung der Volkswirtschaft.

Die Intakthaltung der volkswirtschaftlichen Kapitalausstattung, in Geldeinheiten gerechnet, bedeutet also eine Vergrößerung der volkswirtschaftlichen Kapitalausstattung in Produkteinheiten gerechnet. In der Volkswirtschaft unseres Beispiels kann auf Grund der Gleichheit von Differentialgewinnen und Verlusten bei allen Betrieben die „alte Säge" durch eine „neue Säge" ersetzt werden. Bleibt die Kapitalausstattung der Volkswirtschaft in Geldeinheiten gerechnet erhalten, dann wird also bei gleichbleibender Arbeitsausstattung der Volkswirtschaft die Arbeit ergiebiger, so daß der Reallohn steigt. Das Steigen des Reallohns besagt jedoch, daß die Grenzproduktivität der Arbeit in Produkteinheiten gerechnet gestiegen ist. Bei gleichbleibender Arbeitsausstattung der Volkswirtschaft kann aber der Reallohn nur steigen, wenn die Arbeit besser (reichlicher) als bisher mit Kapital ausgestattet wird. Die Kapitalausstattung der Volkswirtschaft wird also durch den produktionstechnischen Fortschritt vergrößert, wenn wir sie nicht in Geldeinheiten, sondern in Produkteinheiten messen.

3. Die Intakthaltung der volkswirtschaftlichen Kapitalausstattung bei einer Verdrängung (Stillegung) von Grenzbetrieben

I

Wir haben gesehen, daß im dynamischen Zustand der Volkswirtschaft die gesamten Differentialgewinne gleich den gesamten Verlusten sind. Haben wir in der Volkswirtschaft nun beispielsweise in der Sägeindustrie zehn Sägewerke, und wird nun in einem der Betriebe ein produktionstechnischer Fortschritt eingeführt, dann sind die entstehenden Differentialgewinne gleich den gesamten Verlusten, so daß, wenn man die Differentialgewinne zu den verdienten Amortisationsquoten rechnet[23]), der gesamte, in den zehn Sägewerken beim statischen Ausgangszustand investierte Kapitalbetrag (in Geldeinheiten gerechnet) restlos verdient wird, sofern keiner der zehn Betriebe vor dem Erreichen des „neuen" statischen Gleichgewichts als Grenzbetrieb verdrängt (stillgelegt) wird. Werden — was wir vorausgesetzt haben — keine neuen Ersparnisse in der Volkswirtschaft gemacht, dann kann daher mit Hilfe der verdienten Amortisationsquoten plus verdienten Differentialgewinnen in jedem der zehn Sägewerke nacheinander die „alte Säge" durch eine „neue Säge" ersetzt werden. Es sind — sofern nicht einer oder mehrere Betriebe vor dem Erreichen des neuen statischen Zustandes als Grenzbetrieb stillgelegt werden —

[23]) Wir sehen der Einfachheit der Darstellung wegen davon ab, daß die Differentialgewinne auch noch die Verzinsung decken.

in der Volkswirtschaft solange Differentialgewinne vorhanden, die gleich den Verlusten sind, solange nicht in sämtlichen zehn Betrieben die „alte Säge“ durch eine „neue Säge“ ersetzt worden ist. Ist in jedem der zehn Betriebe die „alte Säge“ durch eine „neue Säge“ ersetzt worden, dann ist der neue statische Zustand erreicht, alle zehn Betriebe produzieren dann mit der neuen Produktionstechnik und die Grenzkosten sind in jedem Betrieb gleich den Stückkosten und gleich dem Preis. Und im „neuen statischen Zustand“ ist dann die Geldkapitalausstattung (Realkapitalausstattung in Geldeinheiten gerechnet) genau so groß wie im „alten statischen Zustand“ (statischen Ausgangszustand).

Es fragt sich nun, ob bei der Einführung eines produktionstechnischen Fortschritts in einem Wirtschaftszweig nicht auch dann ein Betrieb (bzw. mehrere Betriebe) als Grenzbetrieb verdrängt (stillgelegt) werden kann, wenn keine Nettoersparnisse in der Volkswirtschaft gemacht werden. Kann nicht beispielsweise dann, wenn bereits neun Betriebe unserer aus zehn Sägewerken bestehenden Sägeindustrie eine „neue Säge“ verwenden, der Produktpreis (Preis für das Sägen des Holzes) so tief sinken, daß er unter den niedrigsten variablen Stückkosten des noch mit der „alten Säge“ arbeitenden zehnten Betriebes (Grenzbetrieb) liegt? Diese Frage ist zu bejahen. Wird durch einen produktionstechnischen Fortschritt die Produktivität erheblich gesteigert, d. h. führt der produktionstechnische Fortschritt gegenüber der bisher verwendeten Produktionsmethode zu einem erheblichen Steigen der Ausbringung bei gleichbleibender Arbeitsausstattung der Volkswirtschaft, dann kann das Grenzprodukt der Arbeit bei der Verwendung des produktionstechnischen Fortschritts in neun von zehn Sägewerken sehr wohl so stark steigen, daß es dann über dem Grenzprodukt liegt, das im zehnten Betrieb im Punkt der niedrigsten variablen Stückkosten erzielt wird. Und dann kommt es zu einer Stillegung dieses zehnten, noch mit der „alten Säge“ arbeitenden Betriebes. Würde der Grenzbetrieb in diesem Fall nicht verdrängt (stillgelegt) werden, dann würde die Volkswirtschaft weiterhin im Grenzbetrieb Arbeitstage verwenden, mit denen in den mit der neuen Produktionstechnik arbeitenden neun Betrieben ein größeres Grenzprodukt der Arbeit erzielt werden kann. Der konkurrenzwirtschaftliche Preisbildungsprozeß sorgt dafür, daß ein solcher ökonomisch unsinniger Zustand nicht eintreten kann.

Nehmen wir nun an, die Verwendung einer „neuen Säge“ führe dann, wenn von den zehn Betrieben der Sägeindustrie auch der neunte Betrieb die „neue Säge“ verwendet, zur Verdrängung (Stillegung) des zehnten Sägewerks (Grenzbetrieb). Es arbeiten dann neun Betriebe mit der „neuen Säge“, d. h. die Kostenstruktur ist bei allen neun Betrieben gleich. Da dann alle neun Betriebe der Sägeindustrie den gleichen Verlauf der Stückkosten- und der Grenzkostenkurve haben, gibt es in der Sägeindustrie keine differentiellen Kosten. Handeln die Betriebe nach dem Grundsatz „Grenzkosten gleich Preis“, dann werden in allen Betrieben die Grenzkosten gleich hoch sein, ebenso produzieren dann alle Betriebe mit gleichen Stückkosten. Kann es dann noch Differentialgewinne in der Volkswirtschaft geben oder wird dann ein „statischer Zustand“ mit neun Betrieben erreicht?

Im statischen Ausgangszustand vollzieht sich die Produktion der zehn Betriebe in der Sägeindustrie in folgender Weise:

Tabelle 25

	Je Betrieb	Insgesamt (für 10 Betriebe)
Kapitalkosten : (Verzinsung und Amortisation)	20 Mark	200 Mark
Lohnkosten :	100 Mark	1000 Mark
Gesamtkosten :	120 Mark	1200 Mark
Ausbringung :	120 Ster	1200 Ster
Preis je Ster :	1 Mark	—
Stückkosten :	1 Mark	—
Grenzkosten :	1 Mark	—
Lohn je Arbeitstag :	0,909 Mark	—
Gesamterlös :	120 Mark	1200 Mark
Aufgewendete Arbeitstage :	110	1100
Geldvolumen :	—	1200 Mark

Wird der „neue statische Zustand“ erreicht, ohne daß ein Betrieb als Grenzbetrieb verdrängt wird, dann vollzieht sich die Produktion im „neuen statischen Zustand“ in folgender Weise:

Tabelle 26

	Je Betrieb	Insgesamt (für 10 Betriebe)
Kapitalkosten :	20 Mark	200 Mark
Lohnkosten :	100 Mark	1000 Mark
Gesamtkosten :	120 Mark	1200 Mark
Ausbringung :	150 Ster	1500 Ster
Preis je Ster :	0,80 Mark	—
Stückkosten :	0,80 Mark	—
Grenzkosten :	0,80 Mark	—
Lohn je Arbeitstag :	0,909 Mark	—
Gesamterlös :	120 Mark	1200 Mark
Aufgewendete Arbeitstage :	110	1100
Geldvolumen :	—	1200 Mark

Nicht nur die Arbeitsausstattung (1100 Arbeitstage), sondern auch die Kapitalausstattung in Geldeinheiten gerechnet (200 Mark) ist dann im „neuen statischen Zustand“ die gleiche wie im „alten statischen Zustand“. Das Verhältnis der Arbeitsausstattung zur Kapitalausstattung in Geldeinheiten gerechnet ist im „neuen statischen Zustand“ gegenüber dem „alten statischen Zustand“ demgemäß unverändert. Der Geldlohn und der Preis für die Kapitalverwendung sind ebenfalls die gleichen wie im „alten statischen Zustand“. Es haben sich die Geldgrößen und die Geldpreise gegenüber dem „alten statischen Zustand“ nicht geändert, wohl aber sind der Reallohn je Arbeitstag und der Preis der Kapitalverwendung in Produkteinheiten gerechnet gestiegen. Sowohl das Grenzprodukt der Arbeit als auch das Grenzprodukt des Kapitals sind in Produkteinheiten gerechnet um den gleichen Prozentsatz, nämlich um den Prozentsatz des Steigens der Kaufkraft des Geldes, gestiegen.

II

Um die aufgeworfene Frage des Erreichens eines neuen statischen Gleichgewichts bei einer Verdrängung von Grenzbetrieben lösen zu können, gehen wir vom statischen Zustand der Volkswirtschaft aus. Wir nehmen an, daß in einer Volkswirtschaft, die sich im statischen Zustand befindet, die Sägeindustrie zehn Sägewerke umfaßt, von denen jedes in der früher dargestellten Weise produziert. Jeder der zehn Betriebe bringt 120 Ster Holz aus, Preis, Stückkosten und Grenzkosten betragen 1 Mark. Die gesamte Ausbringung in der Volkswirtschaft beläuft sich auf 1200 Ster Holz. In unserer Volkswirtschaft werden keine Nettoersparnisse gemacht, es werden in ihr lediglich die verdienten Amortisationsquoten reinvestiert.

Wird nun ein produktionstechnischer Fortschritt gemacht, der es ermöglicht, mit den gleichen Kapitalkosten wie bisher eine ergiebigere Säge zu verwenden (nämlich eine Säge, mit der bei gleichem Arbeitsaufwand nicht nur 120 Ster, sondern 150 Ster Holz, bezogen auf den optimalen Punkt, ausgebracht werden können), so kann die „neue Säge" bei einem Betrieb verwendet werden, wenn die Amortisationskosten einer „alten Säge" in Form von verdienten Amortisationsquoten „freigeworden" sind. Führt nun einer unserer zehn Betriebe der Sägeindustrie nach restloser Amortisation seiner „alten Säge" den produktionstechnischen Fortschritt ein, so kommt es zu einer Erhöhung seiner Ausbringung und damit auch zu einer Vergrößerung der Produktmenge in der Volkswirtschaft, der Produktpreis (Holzpreis) sinkt, die Volkswirtschaft geht aus dem statischen Zustand in den dynamischen Zustand über. Nun sind in der Volkswirtschaft die Differentialgewinne gleich den Verlusten, d. h. die noch verdienten Amortisationskosten plus den Differentialgewinnen sind gleich den historischen Amortisationskosten. Sehen wir davon ab, daß die Differentialgewinne nicht nur den von den Grenzbetrieben nicht mehr verdienten Amortisationskosten, sondern auch noch der Verzinsung des ursprünglich in den Grenzbetrieben investierten, aber von ihnen nicht mehr verdienten Geldkapitalbetrages entsprechen, nehmen wir also zur Vereinfachung der Darstellung an, daß die Summe der noch verdienten Kapitalkosten plus den Differentialgewinnen gleich den Amortisationskosten des ursprünglich investierten Geldkapitalbetrags der Volkswirtschaft wird, so bleibt der investierte Geldkapitalbetrag der Volkswirtschaft erhalten, wenn die „verdienten Kapitalkosten plus Differentialgewinne" investiert werden.

Da die historischen Amortisationskosten in Form von „noch verdienten Kapitalkosten plus Differentialgewinne" restlos eingebracht werden, so stehen in unserer Volkswirtschaft in jeder Zeitperiode genau so viel freigewordene Amortisationsquoten (verdiente Kapitalkosten plus Differentialgewinne) wie im statischen Ausgangszustand der Volkswirtschaft zur Verfügung. Ist eine „alte Säge" restlos abgenutzt, so kann sie, da die „neue Säge" genau so viel wie die „alte Säge" kostet, durch eine „neue Säge" ersetzt werden. Solange die Differentialgewinne gleich den Verlusten sind, kann also fortlaufend eine „alte Säge" nach der anderen durch eine „neue Säge" ersetzt werden.

Verwendet nun auch ein zweiter Betrieb an Stelle einer „alten Säge" eine „neue Säge", ersetzt nach einer weiteren Zeitperiode ein dritter Betrieb seine „alte Säge" durch eine „neue Säge", wird schließlich auch im vierten und dann im fünften Betrieb und so fort die „alte Säge“ durch eine „neue Säge“ ersetzt, dann ergibt sich mit der Ersetzung jeder weiteren „alten Säge“ durch eine „neue Säge“ ein weiteres Sinken des Produktpreises (Holzpreises). Denn die Ersetzung jeder „alten Säge“ durch eine „neue Säge“ bedeutet ja eine Erhöhung der Produktmenge in der Volkswirtschaft.

Handeln die Betriebe nach dem Grundsatz „Grenzkosten gleich Preis“, dann überschreiten die Betriebe mit der „neuen Säge“ ihren optimalen Punkt, während die noch mit der „alten Säge“ arbeitenden Betriebe ihren optimalen Punkt unterschreiten. Je mehr Betriebe ihre „alte Säge“ durch eine „neue Säge“ ersetzen, desto mehr sinkt wegen der immer mehr zunehmenden Gesamtproduktmenge der Produktpreis (Holzpreis). Mit dem Sinken des Preises wird daher das Ausmaß des Überschreitens des optimalen Punktes bei den mit der „neuen Säge“ produzierenden Betrieben immer geringer, während die noch mit der „alten Säge“ arbeitenden Betriebe ihren optimalen Punkt immer mehr unterschreiten müssen.

Verwendet zunächst nur der „erste“ der zehn Betriebe die „neue Säge“, während die „übrigen neun Betriebe“ noch mit der „alten Säge“ arbeiten, dann erhöht sich dadurch die gesamte Ausbringung in der Sägeindustrie nur relativ wenig und daher sinkt auch der Produktpreis nur verhältnismäßig gering. Die „übrigen neun Betriebe“ werden also ihren optimalen Punkt nur unwesentlich unterschreiten müssen, um die Grenzkosten gleich dem Preis werden zu lassen, während der „erste“, mit der „neuen Säge“ arbeitende Betrieb seinen optimalen Punkt sehr weit überschreiten kann, bis bei ihm die Grenzkosten gleich dem Preis werden. Führt dann auch ein „zweiter“ Betrieb den produktionstechnischen Fortschritt ein, dann kommt es zu einer weiteren Erhöhung der gesamten Produktmenge in der Sägeindustrie, der Produktpreis sinkt abermals, so daß die nun noch mit der „alten Säge“ arbeitenden acht Betriebe ihren optimalen Punkt schon stärker unterschreiten müssen. Die zwei Betriebe, die nun die „neue Säge“ verwenden, überschreiten ihren optimalen Punkt jedoch nicht so weit, wie er von dem „ersten“, mit der neuen Säge arbeitenden Betrieb überschritten wurde, als dieser noch als einziger Betrieb in der Sägeindustrie die neue Säge verwendete. Arbeitet dann noch ein dritter, schließlich ein vierter Betrieb usw. mit der „neuen Säge“, dann sinkt der Preis immer mehr, so daß bei den noch mit der alten Säge arbeitenden Betrieben der optimale Punkt immer tiefer unterschritten werden muß, während das Ausmaß des Überschreitens des optimalen Punktes bei den mit der neuen Produktionstechnik arbeitenden Betrieben immer geringer wird.

Da der Produktpreis um so mehr sinkt, je mehr Betriebe ihre „alte Säge“ durch eine „neue Säge“ ersetzen, so wird die Zahl der noch mit der „alten Säge“ arbeitenden Betriebe desto kleiner, je mehr der optimale Punkt bei den mit der alten Produktionstechnik arbeitenden Betrieben unterschritten werden muß. Entsprechend wird das Ausmaß des Überschreitens des optimalen Punktes bei den mit der „neuen Säge“ produzierenden Betrieben um so geringer, je mehr die Zahl dieser Betriebe zunimmt.

III

Ein Betrieb, der mit der „neuen Säge“ arbeitet, produziert im optimalen Punkt in folgender Weise:

Tabelle 27

Kapitalkosten	:	20 Mark
Lohnkosten	:	100 Mark
Gesamtkosten	:	120 Mark
Ausbringung	:	150 Ster Holz
Stückkosten	:	0,80 Mark
Grenzkosten	:	0,80 Mark
Aufgewendete Arbeitstage	:	110

Ein Betrieb mit „neuer Säge" kann also solange den optimalen Punkt überschreiten, solange der Produktpreis (Holzpreis) über seinen Stückkosten bzw. seinen Grenzkosten im Optimalpunkt liegt. Bevor der Preis auf 0,80 Mark je Ster absinkt, werden also die mit der „neuen Säge" arbeitenden Betriebe den Optimalpunkt überschreiten.

Im „statischen Ausgangszustand" belief sich die gesamte Ausbringung der zehn Betriebe auf 1200 Ster Holz. Da der Preis je Ster Holz 1 Mark betrug, so war im „statischen Ausgangszustand" ein Geldvolumen von 1200 Mark gegeben. Bleibt das Geld bei der Einführung des technischen Fortschritts neutral, d. h. bleibt das Geldvolumen in Höhe von 1200 Mark konstant, dann ist der Preis von 1 Mark auf 0,80 Mark abgesunken, wenn alle zehn Betriebe ihre „alte Säge" durch eine „neue Säge" ersetzt haben und sich die gesamte Ausbringung in der Volkswirtschaft von 1200 Ster Holz auf 1500 Ster Holz erhöht hat. Solange also die gesamte Ausbringung der Sägeindustrie noch unter 1500 Ster Holz liegt, solange muß demgemäß der Preis noch über den Stückkosten und den Grenzkosten im optimalen Punkt der Betriebe mit neuer Produktionstechnik liegen. Demgemäß wird auch in diesen Betrieben der optimale Punkt noch so lange überschritten, bis die gesamte Ausbringung der Sägeindustrie 1500 Ster Holz erreicht hat.

Es fragt sich nun, ob 1500 Ster Holz bei der gegebenen Arbeits- und Kapitalausstattung unserer Volkswirtschaft das Maximum der gesamten Ausbringung darstellen, das erst dann erzielt wird, wenn die Volkswirtschaft den „neuen statischen Zustand" in der Weise erreicht hat, daß alle zehn Betriebe mit der „neuen Säge" produzieren. Denn bei der Produktion im optimalen Punkt beläuft sich die Ausbringung jedes Betriebes mit neuer Produktionstechnik auf 150 Ster Holz, so daß, wenn alle zehn Betriebe mit der „neuen Säge" die Produktion im optimalen Punkt durchführen, die gesamte Ausbringung der Sägeindustrie 1500 Ster Holz beträgt.

Es ist nicht überflüssig, darauf hinzuweisen, daß, wenn *ein* mit der „alten Säge" arbeitender Betrieb verdrängt (stillgelegt) wird, *alle* noch mit der „alten Säge" produzierenden Betriebe verdrängt werden müssen. Denn die Kostengestaltung ist bei allen, noch mit der „alten Säge" arbeitenden Betriebe gleich. Sinkt daher bei *einem*, noch mit der „alten Säge" arbeitenden Betrieb der Preis unter das Minimum der variablen Stückkosten, dann sinkt er zugleich bei allen, noch mit der alten Säge arbeitenden Betrieben unter das Minimum der variablen Stückkosten.

Wir haben nun zu fragen, ob das Maximum der gesamten Ausbringung in der Sägeindustrie in Höhe von 1500 Ster Holz schon durch eine Produktion in weniger als zehn Betrieben erreicht werden kann. Denn erst dann, wenn sich die gesamte Ausbringung auf 1500 Ster Holz erhöht hat, sinkt der Preis auf 0,80 Mark je Ster. Und erst bei einem Preis von 0,80 Mark je Ster Holz ist der Preis gleich den Stückkosten und gleich den Grenzkosten der mit der neuen Säge arbeitenden Betriebe. Erst beim Gleichwerden von Preis, Stückkosten und Grenzkosten wird aber die Produktion für einen Betrieb mit neuer Produktionstechnik gewinnlos, erst dann ist es einem solchen Betrieb nicht mehr möglich, den optimalen Punkt zu überschreiten und einen Differentialgewinn zu erzielen. Selbst wenn wir nun annehmen, daß bereits neun Betriebe ihre „alte Säge“ durch eine „neue Säge“ ersetzt haben, kann der noch mit der „alten Säge“ arbeitende zehnte Betrieb nicht verdrängt werden, ohne daß bei den mit moderner Produktionstechnik arbeitenden Betrieben Differentialgewinne bestehen. Denn würde der Produktpreis bei dem Vorhandensein von neun Betrieben mit „neuer Säge“ auf 0,80 Mark sinken, dann müßten die neun Betriebe im optimalen Punkt produzieren. Bei einem Produktpreis von 0,80 Mark je Ster Holz ist ihnen ein Überschreiten des optimalen Punktes nicht möglich. Die Ausbringung eines Betriebes mit neuer Produktionstechnik beträgt aber im optimalen Punkt 150 Ster Holz, so daß die neun Betriebe mit neuer Produktionstechnik, wenn sie im optimalen Punkt produzieren, insgesamt nur 1350 Ster Holz ausbringen könnten. Wird der noch mit der „alten Säge“ arbeitende zehnte Betrieb als Grenzbetrieb verdrängt, dann können also in diesem Augenblick die „übrigen“ neun, mit der „neuen Säge“ produzierenden Betriebe nicht gewinnlos produzieren. Denn dann kann der Preis noch nicht so stark gesunken sein, daß bei ihnen der Preis gleich ihren Stückkosten und gleich ihren Grenzkosten wird. Damit ist bewiesen, daß im Augenblick einer Verdrängung von Grenzbetrieben sämtliche, bereits mit der neuen Produktionstechnik arbeitenden Betriebe Differentialgewinne erzielen. Wird der zehnte, mit der alten Produktionstechnik arbeitende Betrieb verdrängt, dann liegt der Produktpreis über den Stückkosten des Optimalpunktes der mit der „neuen Säge“ arbeitenden Betriebe und unter dem Punkt der niedrigsten variablen Durchschnittskosten des Grenzbetriebes.

IV

Wird der zehnte, mit der „alten Säge“ produzierende Betrieb als Grenzbetrieb stillgelegt und verwenden die produzierenden neun Betriebe die „neue Säge“, dann überschreiten diese neun Betriebe ihren optimalen Punkt. Denn der Preis sinkt erst dann auf die Stückkosten im optimalen Punkt (0,80 Mark je Ster), wenn die gesamte Ausbringung der Sägeindustrie auf 1500 Ster Holz gestiegen ist. Die Ausbringung eines mit der „neuen Säge“ arbeitenden Betriebes beträgt jedoch im optimalen Punkt 150 Ster Holz, es würden die neun produzierenden Betriebe bei einer Produktion im optimalen Punkt also insgesamt nur $150 \cdot 9 = 1350$ Ster Holz ausbringen. Da bei einer gesamten Ausbringung von 1350 Ster Holz der Preis über den Stückkosten im optimalen Punkt liegt, so überschreiten die neun Betriebe den optimalen Punkt. Die von den neun Betrieben ausgebrachte Produktmenge muß also 1350 Ster überschreiten und 1500 Ster Holz unterschreiten.

Das Überschreiten des optimalen Punktes bedeutet zugleich, daß jeder dieser neun Betriebe mehr Arbeitstage verwendet, als er bei einer Produktion im optimalen Punkt benötigt. Produziert ein Sägewerk im optimalen Punkt, dann benötigt es für eine Ausbringung von 150 Ster Holz 110 Arbeitstage. Durch die Stillegung des Grenzbetriebes werden 110 Arbeitstage freigesetzt[24]). Die Produktmenge, die die neun, mit der „neuen Säge" arbeitenden Betriebe durch Überschreiten des optimalen Punktes „zusätzlich" ausbringen, ergibt sich durch die Verwendung der im Grenzbetrieb freigesetzten Arbeitstage. Diese, mit Hilfe der im Grenzbetrieb freigesetzten 110 Arbeitstage „zusätzlich" in den anderen neun Betrieben durch Überschreiten des optimalen Punktes ausgebrachte Produktmenge, muß kleiner als 150 Ster Holz sein. Würden durch das Überschreiten des optimalen Punktes bei den neun Betrieben mit diesen 110 Arbeitstagen „zusätzlich" 150 Ster Holz produziert werden, dann würde ja der Preis auf 0,80 Mark je Ster sinken müssen, da dann die gesamte Ausbringung der Sägeindustrie 1500 Ster Holz betragen würde. Bei einem Preis von 0,80 Mark je Ster Holz ist aber ein Überschreiten des optimalen Punktes nicht möglich.

Da alle neun Betriebe die gleiche Kostenstruktur haben und der Produktpreis (Holzpreis) für alle neun Betriebe ein einheitlicher Preis ist, so ist das Ausmaß des Überschreitens des optimalen Punktes bei allen neun Betrieben mit „neuer Säge" gleich groß. Jeder der neun Betriebe bringt also eine gleich große Produktmenge aus und jeder verwendet die gleiche Anzahl von Arbeitstagen.

Bei der Vergrößerung der gesamten Ausbringung der Sägeindustrie über die Produktion im optimalen Punkt (bei neun Betrieben beträgt die Produktmenge bei einer Produktion im optimalen Punkt : $150 \cdot 9 = 1350$ Ster Holz) hinaus, muß eine Bedingung erfüllt sein: Die Stückkosten müssen unter den Grenzkosten liegen und die Stückkosten müssen höher sein als die Stückkosten im optimalen Punkt (im optimalen Punkt betragen sie 0,80 Mark je Ster). Daher muß die gesamte ausgebrachte Menge noch unter 1475 Ster Holz liegen. Denn bei einer gesamten Ausbringung von 1475 Ster Holz durch neun Betriebe würden sich die Stückkosten auf 0,80 Mark belaufen. Die gesamten Kosten bei einer Produktion im optimalen Punkt betragen bei den neun Betrieben 120 Mark $\cdot$ 9 = 1080 Mark. Da noch die im Grenzbetrieb freigesetzten 110 Arbeitstage bei einem gleichbleibenden Lohnpreis in Höhe von 0,909 Mark je Arbeitstag Lohnkosten in Höhe von 100 Mark verursachen, so ist das Maximum der Gesamtkosten der neun Betriebe — gleichbleibende Preise der Produktionsfaktoren vorausgesetzt — bei Überschreiten des optimalen Punktes und restloser Verwendung der in der Volkswirtschaft gegebenen Zahl von Arbeitstagen 1180 Mark. Bei einer Ausbringung von 1475 Ster

---

[24]) Die im statischen Ausgangszustand vom „zehnten" Betrieb verwendeten 110 Arbeitstage werden natürlich nicht alle erst dann freigesetzt, wenn der zehnte Betrieb als Grenzbetrieb verdrängt wird. Im Verlauf des dargestellten Prozesses unterschreitet er ja seinen optimalen Punkt, setzt also mit jedem weiteren Sinken des Produktpreises fortlaufend Arbeitstage frei, die in den mit der „neuen Säge" produzierenden Betrieben verwendet werden. Bei seiner Stillegung setzt er also nur noch einen „Rest" der von ihm im „statischen Ausgangszustand" verwendeten 110 Arbeitstage frei. Um uns das Ausmaß des Überschreitens des optimalen Punktes bei den neun mit der neuen Produktionstechnik arbeitenden Betriebe zu verdeutlichen, müssen wir jedoch die 110 vom Grenzbetrieb freigesetzten Arbeitstage als Ganzes betrachten.

Holz würden also die Stückkosten $\frac{1180}{1475} = 0{,}80$ Mark betragen. Da die neun Betriebe ihren optimalen Punkt überschreiten, müssen ihre Stückkosten jedoch über 0,80 Mark liegen, so daß sie beim Überschreiten des optimalen Punktes nur eine unter 1475 Ster Holz liegende Produktmenge ausbringen können. Daß die nach einer Verdrängung des zehnten Betriebes als Grenzbetrieb von den neun Betrieben ausgebrachte Produktmenge unter 1475 Ster Holz liegen muß, ergibt sich auch aus der folgenden Überlegung:

Produzieren die neun Betriebe im optimalen Punkt, dann werden mit einem Kostenaufwand von $9 \cdot 120 = 1080$ Mark insgesamt 1350 Ster Holz ausgebracht. Würden nun bei gleichen Preisen der Kostengüter (Arbeit und Kapital) mit 1180 Mark Kostenaufwand insgesamt 1475 Ster ausgebracht werden können, so würde das besagen, daß die Erhöhung der Produktmenge von 1350 auf 1475 Ster mit proportionalen Kosten erfolgen könnte. Da jedoch — gleichbleibende Preise der Kostengüter vorausgesetzt — beim Überschreiten des optimalen Punktes die Grenzkosten und die Stückkosten ansteigen, so kann durch das Überschreiten des optimalen Punktes die Produktmenge der neun Betriebe bei einer Steigerung des Kostenaufwands um 100 Mark nicht um 125 Ster, also nicht auf 1475 Ster ansteigen.

V

Verwenden neun Betriebe in der Sägeindustrie die „neue Säge“ und ist der zehnte Betrieb als Grenzbetrieb verdrängt (stillgelegt) worden, dann haben alle neun Betriebe den gleichen Verlauf der Kostenkurven. Tritt ein statischer Zustand ein, dann müssen die gesamten Kosten der neun Betriebe gleich den gesamten (Brutto-) Erlösen dieser Betriebe sein. Und die Preise der Produktionsfaktoren Arbeit und Kapital (Kapitalverwendung) müssen gleich dem Wert der Grenzprodukte dieser Faktoren sein.

Der optimale Punkt (Punkt der niedrigsten Stückkosten, d. h. Schnittpunkt von Grenzkosten- und Stückkostenkurve) bezieht sich immer auf *gegebene* Preise der Kostengüter. Wenn wir in den vorhergehenden Darlegungen vom optimalen Punkt sprachen, so war damit der Punkt der niedrigsten Stückkosten gemeint, der sich bei dem gegebenen Lohnpreis von 0,909 Mark je Arbeitstag und bei dem gegebenen Preis für die Kapitalverwendung (1 Mark je Einheit) ergibt. Bei einem Lohnpreis von 0,909 Mark je Arbeitstag und bei einem Preis für die Kapitalverwendung von 1 Mark je Einheit liegt der optimale Punkt (Punkt der niedrigsten Stückkosten) bei einer Ausbringung von 150 Ster Holz je Betrieb (Siehe Tabelle S. 138). Bei der Produktion in diesem optimalen Punkt werden im Betrieb 110 Arbeitstage benötigt. Sollen nun in den neun Betrieben nicht $9 \cdot 110 = 990$ Arbeitstage, sondern auch die 110 Arbeitstage des (stillgelegten) zehnten Betriebes verwendet werden, so müssen in jedem der neun gleichen Betriebe $\frac{110}{9} = 12{,}22$ Arbeitstage mehr verwendet werden, als bei einer Produktion im optimalen Punkt (bezogen auf die gegebenen Preise der Kostengüter) benötigt werden. Da jeder der neun Betriebe diesen optimalen Punkt im gleichen Ausmaß überschreiten muß, wenn die Grenzkosten gleich dem Preis werden sollen, so besagt das, daß in jedem Betrieb das Grenzprodukt des Arbeitstages gegenüber diesem optimalen Punkt sinkt und das Grenzprodukt der Kapitalverwendung steigt. Würde keine Verdrängung des zehnten Betriebes eintreten, sondern auch der zehnte Betrieb seine „alte Säge" durch eine „neue Säge" ersetzen können, so würden alle Betriebe bei restloser Verwendung der der Volkswirtschaft zur Verfügung stehenden Menge an Arbeitstagen im optimalen Punkt (bezogen auf die gegebenen Preise der Kostengüter) produzieren können. In diesem Fall würde also das Grenzprodukt des Arbeitstages höher und das Grenzprodukt der Kapitalverwendung niedriger sein gegenüber einer Durchführung der Produktion in nur neun Betrieben (mit „neuer Säge"). Da das Grenzprodukt des Arbeitstages sinkt und das Grenzprodukt der Kapitalverwendung steigt, so kann das bisherige Verhältnis des Lohnpreises zum Preise für die Kapitalverwendung nicht bestehen bleiben, wenn die Preise der Produktionsfaktoren gleich dem Wert ihres Grenzproduktes werden. Oder anders ausgedrückt: Das Verhältnis zwischen dem Lohnpreis und dem Preis für die Kapitalverwendung, das bestehen würde, wenn alle zehn Betriebe mit einer „neuen Säge" in einem statischen Zustand produzieren würden, kann nicht das gleiche sein, wie dasjenige, das eintritt, wenn nur neun Betriebe in einem statischen Zustand produzieren. Denn im letzteren Fall ist die Kapitalausstattung im Verhältnis zur Arbeitsausstattung kleiner als im ersten Fall. Auch daraus folgt, daß bei einer Produktion im statischen Zustand mit nur neun Betrieben gegenüber einer Produktion im statischen Zustand mit zehn Betrieben das Grenzprodukt der Arbeit niedriger und das Grenzprodukt der Kapitalverwendung größer sein muß.

Die Verdrängung des zehnten Betriebes als Grenzbetrieb führt also dazu, daß der Preis der Kapitalverwendung im Verhältnis zum Lohnpreis steigt. Damit verschiebt sich der optimale Punkt (Punkt der niedrigsten Stückkosten).

Der neue optimale Punkt ist dadurch gekennzeichnet, daß bei ihm mehr Arbeit auf die Kapitaleinheit als bei dem „alten" optimalen Punkt entfällt. Es ist ja, weil der Preis der Kapitalverwendung im Verhältnis zum Lohnpreis gestiegen ist, rentabler geworden, verhältnismäßig mehr Arbeit zu verwenden. Dadurch, daß sich der optimale Punkt „verschiebt", wird ein neues statisches Gleichgewicht bei neun Betrieben erreicht. Die gesamten Kosten werden gleich den gesamten Erlösen, der Lohnpreis ist gleich dem Grenzprodukt der Arbeit und der Preis für die Kapitalverwendung gleich dem Grenzprodukt der Kapitalverwendung. Die gesamte Produktmenge erreicht natürlich nicht die Höhe, die sie erreichen würde, wenn im statischen Zustand bei gleicher Arbeitsausstattung zehn Betriebe mit „neuer Säge" bestehen würden. Die gesamte Produktmenge ist größer als bei einer Produktion der neun Betriebe im „alten" Optimalpunkt, sie ist aber kleiner als bei einer Produktion von zehn Betrieben im „neuen" Optimalpunkt. In Geldeinheiten gerechnet bleibt dann die Kapitalausstattung der Volkswirtschaft nicht erhalten, in Produkteinheiten gerechnet wird sie jedoch größer. Sie erreicht freilich in Produkteinheiten gerechnet nicht die Größe, die sich ergeben würde, wenn auch im zehnten Betrieb die „alte Säge" durch eine „neue Säge" ersetzt worden wäre.

Aus dem Gesagten darf jedoch nicht gefolgert werden, daß die Verdrängung des zehnten Betriebes als Grenzbetrieb volkswirtschaftlich unzweckmäßig sei. Der zehnte Betrieb wird ja nur dann verdrängt, wenn mit den im Grenzbetrieb bei einer Produktion im Punkt der niedrigsten variablen Stückkosten verwendeten Arbeitstagen ein niedrigeres Grenzprodukt des Arbeitstages als bei einer Verwendung dieser Arbeitstage in den anderen neun Betrieben erzielt wird. Die Verdrängung des Grenzbetriebes bedeutet also, daß in jedem Augenblick das größtmögliche Sozialprodukt erreicht wird. Würde in dem Augenblick, in dem das Grenzprodukt der Arbeit unter dem in den anderen Betrieben zu erzielenden Grenzprodukt der Arbeit liegt, der Grenzbetrieb weiter produzieren, so würde das bedeuten, daß das Sozialprodukt in diesem Augenblick nicht seine größtmögliche Höhe erreicht und daß das Entgelt für den Produktionsfaktor Arbeit in diesem Augenblick niedriger sein müßte, als es den sachlichen Produktionsbedingungen der Volkswirtschaft entspricht. Der Grenzbetrieb könnte ja nur weiterarbeiten, wenn der Reallohn in irgendeiner Weise so gesenkt würde, daß er dem Grenzprodukt der Arbeit entspricht, das im Punkt der niedrigsten variablen Stückkosten im Grenzbetrieb erzielt werden kann. Es würde auf diese Weise der Differentialgewinn der schon mit der neuen Produktionstechnik arbeitenden Betriebe erhöht werden, es würde also sozusagen ein Zwangssparen auf Kosten der Lohnempfänger durchgeführt werden, das es ermöglicht, zusätzlich das Kapital für die Ersetzung der „alten Säge" durch eine „neue Säge" im zehnten Betrieb zu bilden. Auf diese Weise könnte freilich auf Kosten der Lohnempfänger die Kapitalausstattung der Volkswirtschaft vergrößert werden. Wir haben es dann mit den gleichen Zusammenhängen zu tun, die wir schon bei der Darlegung der Erhöhung der Differentialgewinne auf Kosten der Lohnempfänger usw. behandelt haben.

4. Die künstliche Bildung und Erhöhung der Differentialgewinne durch das „Genehmigungssystem"

I

Jeder der in einem Wirtschaftszweig bestehenden Betriebe war bei seiner Errichtung ein „neuer Betrieb", d. h. ein Betrieb, der bei seiner Errichtung mit der neuesten Produktionstechnik ausgestattet war. Jeder Betrieb hat daher — grundsätzlich gesehen — einmal Differentialgewinne bezogen (bzw. die Möglichkeit eines Bezugs von Differentialgewinnen gehabt). Denn jeder Betrieb war bei seiner Errichtung den schon in seinem Wirtschaftszweig bestehenden Betrieben „überlegen". Es ist verständlich, daß es kein Betrieb gern sieht, wenn später „neue Betriebe" aufkommen, die eine inzwischen gemachte kostenverbilligende Verbesserung oder Erfindung verwenden. Denn das Aufkommen solcher Betriebe schwört für die schon bestehenden „alten Betriebe" die Gefahr herauf, mit Verlust produzieren zu müssen.

Für die Betriebe mancher Wirtschaftszweige ist diese Sorge durch wirtschaftspolitische Maßnahmen des Staates überflüssig geworden, durch wirtschaftspolitische Maßnahmen, von denen vielleicht manche noch glauben mögen, daß sie im „Interesse der Allgemeinheit" lägen, während sie in Wirklichkeit dazu führen, daß die schon bestehenden Betriebe auf Kosten der Allgemeinheit Gewinne machen können. Die Maßnahme, durch die dieses „herrliche“ Ergebnis erzielt wird, ist das „Genehmigungssystem“, d. h. die Beseitigung des „offenen Marktes“. Es wird bestimmt, daß in einem Wirtschaftszweig ein neuer Betrieb nur dann errichtet werden darf, wenn dafür ein „Bedarf“ vorhanden ist. Und diese „Bedarfsfrage“ pflegt in aller Regel durch eine Behörde, häufig unter Mitwirkung von Interessenten des betreffenden Wirtschaftszweiges, entschieden zu werden. Als Kriterium für die Entscheidung, ob ein „Bedarf“ für die Errichtung eines neuen Betriebes in einem Wirtschaftszweig besteht, nimmt man die Produktionskapazität der schon bestehenden Betriebe des betreffenden Wirtschaftszweiges. Man stellt fest, ob der oder die schon vorhandenen Betriebe in einem bestimmten Gebiet die zu dem bestehenden Marktpreis in diesem Gebiet wirksame (kaufkräftige) Nachfrage zu decken vermögen. Ist das der Fall, dann wird die Bedarfsfrage verneint, d. h. dann liegt nach Ansicht der „zuständigen Behörde“ kein Bedarf für die Errichtung eines neuen Betriebes vor.

Dieses „Genehmigungssystem“ verhindert das Steigen der kaufkräftigen Nachfrage. Durch das Aufkommen neuer Betriebe, die besser (billiger) arbeiten können, würden ja die Preise sinken und damit die Realkaufkraft der Käufer, zu denen zuerst und vor allem die Lohn- und Gehaltsempfänger gehören, steigen. Das Genehmigungssystem, das bei der Feststellung des „Bedarfs“ von der bei dem bestehenden Marktpreis wirksamen kaufkräftigen Nachfrage ausgeht, verhindert eine bessere Güterversorgung aller Konsumenten, indem es das Steigen der Realkaufkraft der Käufer unterbindet. Dieses System geht also vor allem auch auf Kosten der Lohnempfänger. Bei gleichem Nominallohn würde ohne dieses „Genehmigungssystem“ der Reallohn steigen.

Durch das Genehmigungssystem wird das Aufkommen besserer Betriebe, die sich den neuesten Stand der Produktionstechnik zunutze machen können, hinausgezögert. Die besseren Betriebe würden den Produktpreis unterbieten können, weil sie billiger als die schon bestehenden Betriebe produzieren könnten. Und ein solches Sinken des Produktpreises bedeutet ja ein Steigen des Reallohns.

Wächst das Kapital in der Volkswirtschaft schneller als die Arbeitsausstattung, dann würden die besseren Betriebe, um ihre Produktion aufnehmen zu können, den Lohnpreis überbieten. Die schlechteren Betriebe (Grenzbetriebe) würden über kurz oder lang nicht mehr auf ihre Kosten kommen und schließlich verdrängt werden. Durch das Genehmigungssystem kann jeder Betrieb — da keine Konkurrenz auftreten kann, die den bestehenden Marktpreis unterbietet — sein ursprünglich investiertes Kapital voll amortisieren. Der Produktpreis wird auf dem Stand des Grenzbetriebes so lange gehalten, bis der Grenzbetrieb sein Kapital voll amortisiert hat. Den bestehenden Nichtgrenzbetrieben wird daher ein Differentialgewinn in bestimmter Höhe so lange gesichert, bis der Grenzbetrieb des betreffenden Wirtschaftszweiges sein Kapital voll amortisiert hat und sich bei der Neuerrichtung seiner Anlage der inzwischen gemachten produktionstechnischen Fortschritte bedient. Das Genehmigungssystem bedeutet also eine künstliche Überhöhung der Differentialgewinne. Ohne dieses System würden die Differentialgewinne in einem Wirtschaftszweig rascher absinken. Es bedeutet das Genehmigungssystem somit nicht nur eine Überhöhung der Differentialgewinne, sondern auch eine Verlängerung der Zeit, in der ein Betrieb Differentialgewinne erzielen kann. Diese Differentialgewinnbildung geht jedoch, wie wir sahen, auf Kosten der Käufer der erzeugten Produkte, d. h. auf Kosten der Allgemeinheit.

Durch das Genehmigungssystem werden den Fabrikanten Differentialgewinne auf Kosten der Allgemeinheit garantiert. Dieses System verlängert künstlich die Existenz der unrationellen (unergiebigen) Betriebe, es ist eine Art Schutzsystem für Produzenten mit hohen Kosten. Und es ist verständlich, daß die Besitzer der schon bestehenden Betriebe mit diesem System, das ihnen das Risiko, als Grenzbetrieb verdrängt zu werden, ausschließt und gute Gewinne ermöglicht, sehr zufrieden sind. Besonders unsozial wirkt sich das Genehmigungssystem auch insofern aus, als untüchtige Unternehmer, die bereits einen Betrieb besitzen, von der Regierung ihre Gewinne garantiert erhalten, während tüchtige Menschen, die sich wirtschaftlich selbständig machen wollen und könnten, keine Genehmigung zur Eröffnung eines Betriebes erhalten, also an ihrem sozialen Aufstieg verhindert werden.

Das Genehmigungssystem besteht, mögen die Formen im einzelnen noch so verschieden sein, überall dort, wo es nicht jedem zu jeder Zeit gestattet ist, einen Betrieb (genauer: ein Unternehmen) in dem betreffenden Wirtschaftszweig zu eröffnen. Wird die Gewerbefreiheit aufgehoben, dann wird damit zugleich der Markt geschlossen und das „Genehmigungssystem" eingeführt.

Die Preisbildung der vollkommenen Konkurrenz ist gewiß auch an einem „geschlossenen Markt", d. h. an einem Markt, auf dem nicht jedermann zu jeder Zeit als Anbieter auftreten kann, *möglich.* Ist jedoch kein „offener Markt", d. h. kein Markt, auf dem jedermann zu jeder Zeit auch als Anbieter (Produzent) auftreten kann, gegeben, dann wird die Funktionsfähigkeit der Preisbildung der vollkommenen Konkurrenz in jedem Fall stark gehemmt. Denn da bei einem „geschlossenen Markt" nicht dauernd neue Betriebe (Unternehmungen) auftreten können, die sich den neuesten Stand der Produktionstechnik zunutze machen und so preissenkend wirken, so wird der Verdrängungsprozeß der Grenzbetriebe stark gehemmt. Bleibt ein Markt für längere Zeit ein „geschlossener Markt" und kommt es während dieser Zeit zu einem Steigen der Nachfrage nach dem betreffenden Gut und zu keiner „Neuzulassung" von Anbietern (Produzenten) an diesem Markt, dann kann der Fall eintreten, daß das durch das Steigen der Nachfrage ausgelöste Steigen des Preises zu keiner Erhöhung der Produktmenge führt, daß also die Grenzkosten unter dem Preis liegen. In diesem Fall kann man kaum noch von einer Preisbildung der vollkommenen Konkurrenz sprechen, sondern die Preisbildung geht dann in die Preisbildung der unvollkommenen Konkurrenz über. Wenn manche neuere Autoren der Ansicht sind, die Frage, ob der Markt „offen" oder „geschlossen" sei, habe nichts mit der Frage nach dem Bestehen oder Nichtbestehen der vollkommenen Konkurrenz zu tun, so vergessen sie, daß für die vollkommene Konkurrenz nicht formale Strukturelemente, sondern der Preisbildungsprozeß (einschließlich eines bestimmten Zusammenhanges von Kosten und Preisen) wesensbestimmend ist. Es ist ziemlich abwegig, von einer Wirtschaft, in der sich lauter „geschlossene" Märkte finden, zu sagen, in ihr herrsche vollkommene Konkurrenz. Denn in einer solchen Wirtschaft besteht natürlich nicht notwendigerweise die Tendenz zur Übereinstimmung von Preisen und Kosten, auch nicht die Tendenz, daß die Grenzerträge eines Produktionsfaktors in allen seinen Verwendungen gleich werden. Stellt man sich also auf den Standpunkt, daß zur „vollkommenen" Konkurrenz kein offener Markt gehört, dann kann man nicht mehr gleichzeitig von der vollkommenen Konkurrenz aussagen, sie führe der Tendenz nach zu einem Gütermaximum.

II

Bei den geschlossenen Märkten, d. h. bei den Märkten, zu denen nicht jedermann zu jeder Zeit Zutritt hat, können wir, auch wenn die Zahl der Anbieter an einem solchen geschlossenen Markt groß ist und am Markt ein vertretbares Gut angeboten wird, verschiedene Arten unterscheiden. Ist lediglich die Zahl der Unternehmungen geschlossen, aber jedem in dem betreffenden Wirtschaftszweig bereits tätigen Unternehmen gestattet, seinen Betrieb zu erweitern oder eine beliebige Anzahl von weiteren Betrieben zu errichten, dann werden sich in dem betreffenden Wirtschaftszweig Unternehmungen mit vielen Betrieben entwickeln. Denn die, durch die wirtschaftliche Entwicklung im Laufe der Zeit steigende Nachfrage kann gewinnbringend von den bestehenden Unternehmungen durch Errichtung neuer Betriebe befriedigt werden[25]). Die Betriebe werden dann zwar zur optimalen Größe tendieren, nicht aber die Unternehmungen. Die Unternehmungen werden immer größer werden, bei ihnen wird die optimale Größe überschritten werden. Ist es den einzelnen Unternehmungen in dem betreffenden Wirtschaftszweig nicht gestattet, weitere Betriebe zu errichten, ist also auch die Zahl der Betriebe geschlossen, haben die bestehenden Unternehmungen jedoch die Möglichkeit, ihre Betriebe zu erweitern, dann wird sich die Betriebsgröße in diesem Wirtschaftszweig immer mehr von der optimalen Betriebsgröße entfernen. Denn, steigt die Nachfrage nach dem betreffenden Gut im Laufe der wirtschaftlichen Entwicklung, dann können die bestehenden Unternehmungen ihre Produktion nur dann gewinnbringend ausdehnen, wenn sie ihre Betriebe vergrößern. Ist der Kostenzuwachs, der durch die Vergrößerung des Betriebes über die optimale Betriebsgröße entsteht, geringer als der dadurch zu erzielende Erlös, dann wird die optimale Betriebsgröße in dem betreffenden Wirtschaftszweig überschritten werden. Da keine neuen Betriebe mit optimaler Größe aufkommen können, so droht keinerlei Konkurrenz von Betrieben, die mit optimaler Betriebsgröße und damit mit geringeren Stückkosten produzieren.

Ist in dem betreffenden Wirtschaftszweig auch die Erweiterung der Betriebe

[25]) Daß sich die Zunahme der Zahl der Betriebe bei einem „geschlossenen Markt" unter sonst gleichen Umständen viel langsamer als bei einem „offenen Markt" vollzieht, ist verständlich. Denn ein Unternehmer, der in dem betreffenden Wirtschaftszweig bereits einen oder mehrere Betriebe „besitzt", wird einen weiteren Betrieb nur errichten, wenn der Preis schon längere Zeit und erheblich über den Stückkosten liegt. Die Vermehrung der Zahl der Betriebe hängt ja bei „geschlossenem Markt" von der Unternehmungslust und Tatkraft und von dem Willen zu *erhöhter* Risikoübernahme einer beschränkten (geschlossenen) Zahl von Unternehmern ab. Die Errichtung eines weiteren Betriebes verlangt eine *zusätzliche* Übernahme von Risiko. Ist der Markt geschlossen, dann fällt für die geschlossene Zahl von Unternehmungen die Konkurrenz mit jüngeren und kleineren Konkurrenten fort. Es wird sich ein Unternehmer dann sehr überlegen, ob er einen weiteren Betrieb errichtet, mit dem er zu seinem schon bestehenden Betrieb sozusagen selbst in Konkurrenz tritt.

genehmigungspflichtig, dann kann bei einem Steigen der Nachfrage im Laufe der Entwicklung der Preis immer weiter die Grenzkosten übersteigen, da das Angebot nicht entsprechend dem Steigen der Nachfrage erhöht werden kann. Steigt im Laufe der Zeit die Nachfrage und werden während dieser Zeit produktionstechnische Fortschritte gemacht, dann wird zwar eine Angebotserhöhung eintreten, der Preis wird dann zwar nicht steigen, aber trotz des Sinkens der Kosten auf Grund des produktionstechnischen Fortschritts auch nicht sinken. Auch in diesem Fall wird dann der Preis mehr oder minder weit über den Grenzkosten liegen.

5. Die Bildung von Unternehmergewinnen durch Nachfrageverschiebungen und durch Kreditausweitungen

Wir haben bisher die Bildung von Differentialgewinnen untersucht, die sich durch produktionstechnische Fortschritte ergibt. Differentialgewinne auf Grund verschiedener Produktionstechnik entstehen dadurch, daß nicht alle Betriebe eines Wirtschaftszweiges mit *der* Produktionstechnik arbeiten, die die Ausbringung mit den niedrigsten Stückkosten ermöglicht (die Stückkosten gemessen beim optimalen Punkt), sondern daß die Betriebe eines Wirtschaftszweiges mit mannigfaltig verschiedener Produktionstechnik produzieren, so daß die Kostenstruktur der einzelnen Betriebe eines Wirtschaftszweiges verschieden ist.

Nun können aber auch Unternehmergewinne entstehen, ohne daß die Kostenstruktur der Betriebe eines Wirtschaftszweiges verschieden ist. Befindet sich eine Volkswirtschaft im statischen Gleichgewicht, dann haben alle Betriebe eines Wirtschaftszweiges die gleiche Betriebsgröße (nämlich die optimale Betriebsgröße), bei allen Betrieben eines Wirtschaftszweiges sind die Stückkosten gleich den Grenzkosten und gleich dem Preis. Es gibt dann keinen Wirtschaftszweig, in dem nicht die Gleichheit von Stückkosten, Grenzkosten und Preis gegeben ist. Auch ohne daß nun ein produktionstechnischer Fortschritt gemacht wird, kann die Volkswirtschaft vom statischen Zustand in den dynamischen Zustand übergehen und kann eine Bildung von Unternehmergewinnen eintreten. Nehmen wir beispielsweise an, die Nachfrage nach Schuhen steigt dadurch, daß die Konsumenten ihre Nachfrage nach Hüten einschränken und verstärkt Schuhe nachfragen. Die so ausgelöste Nachfragesteigerung nach Schuhen wird dazu führen, daß der Schuhpreis steigt, während der Nachfragerückgang bei Hüten zu einem Rückgang der Hutpreise führen wird. Handeln die Wirtschaftssubjekte nach dem Grundsatz „Grenzkosten gleich Preis", dann werden die Schuhproduzenten ihre Produktion über den optimalen Punkt ausdehnen, so daß ihre Grenzkosten gleich dem neuen Preis werden. Ihre Stückkosten liegen aber nun unter dem Preis, so daß die Schuhfabriken, die ja alle die gleiche Kostenstruktur haben, alle einen Differentialgewinn in gleicher Höhe erzielen werden. In der Hutfabrikation liegt der Preis nun unter den Stückkosten im optimalen Punkt, es werden deshalb die Hutfabriken ihre Produktion bis zu dem Punkt einschränken, bei dem ihre Grenzkosten gleich dem Preis werden. Da ihre Stückkosten jedoch über dem Preis liegen, so werden die Hutfabriken, die alle die gleiche Kostenstruktur haben, alle einen

Verlust in gleicher Höhe erleiden. Es entstehen also durch die Nachfrageverschiebung (ein Teil der Nachfrage nach Hüten fällt aus und die so freiwerdende Kaufkraft wendet sich den Schuhen zu) Unternehmergewinne und Verluste. Die wirksame Nachfrage erhöht sich bei den Schuhen um den gleichen Betrag, um den sich die Nachfrage nach Hüten vermindert. Demgemäß muß der Bruttoerlöszuwachs, der sich für die Schuhindustrie ergibt, genau so hoch sein wie die Bruttoerlösverminderung, die sich bei der Hutindustrie ergibt (vorausgesetzt ist dabei natürlich, daß das Geldvolumen unverändert bleibt). Auch nach der Nachfrageverschiebung bleiben in der Volkswirtschaft die Gesamtausgaben für die Produktionsfaktoren (Summe der Entgelte für die Produktionsfaktoren) gleich den Gesamteinnahmen aus den Produktionsfaktoren (Summe der Einkommen in der Volkswirtschaft). Bleiben die Entgelte für die Produktionsfaktoren in unveränderter Höhe bestehen, dann sind auch weiterhin die Gesamtkosten in der Volkswirtschaft gleich dem Volkseinkommen. Ändern sich die Entgelte für die Produktionsfaktoren in ihrer Höhe, dann müssen die Gesamtgewinne ebenfalls gleich den gesamten Verlusten sein, sofern die gesamten Kosten gleich den Gesamteinnahmen (Volkseinkommen) sind. Setzen wir auch hier voraus, daß in der Volkswirtschaft keine Nettoersparnisse gemacht werden, die Unternehmergewinne aber gespart werden, dann werden nicht nur die in der Schuhproduktion verdienten Amortisationsquoten plus den in der Schuhproduktion gemachten Unternehmergewinnen in der Schuhindustrie angelegt, sondern auch freigewordene Amortisationsquoten der Hutindustrie in der Schuhindustrie investiert werden. Unternehmergewinne und Verluste werden so lange bestehen, bis die Schuhindustrie so ausgedehnt worden ist, daß die gestiegene Nachfrage nach Schuhen in der Weise befriedigt werden kann, daß alle Betriebe der Schuhindustrie im optimalen Punkt produzieren und bei jedem Betrieb in der Schuhindustrie die Stückkosten gleich den Grenzkosten und gleich dem Schuhpreis sind. Die Unternehmergewinne und Verluste in der Volkswirtschaft sind ebenfalls so lange gegeben, bis die Hutindustrie so weit verkleinert worden ist, daß die verminderte Nachfrage nach Hüten in der Weise befriedigt werden kann, daß alle Betriebe der Hutindustrie im optimalen Punkt produzieren und die Grenzkosten bei allen Betrieben gleich den Stückkosten und gleich dem Preis sind.

Die durch Nachfrageverschiebungen sich ergebenden Gewinne als „Differentialgewinne" zu bezeichnen, ist wenig kennzeichnend. Es ist daher angebracht, diese Art von Gewinnen „Nachfrageänderungsgewinne" zu nennen.

Vor allem aber können Unternehmergewinne auch durch Kreditausweitungen entstehen. Nehmen wir an, eine Volkswirtschaft befindet sich im statischen Gleichgewicht. Wird nun durch eine Kreditausweitung das Geldvolumen erhöht, so ergibt sich durch das so ausgelöste Steigen der Nachfrage ein Steigen der Preise. Steigen die Entgelte für die Produktionsfaktoren — vor allem der Lohn für den Faktor Arbeit — nicht *sofort* und im *gleichen Ausmaß* wie die Produktpreise, dann kommt es zu einem Zwangssparen. Die Lohn- und Gehaltsempfänger, die Kapitalausleiher, die einen vereinbarten Zins beziehen, und die Verpächter von Grund und Boden, die einen fest vereinbarten Pachtpreis erhalten, müssen nun, da die Preise gestiegen sind, ihren Konsum einschränken. Die Unternehmer dagegen können durch das Steigen der Preise Gewinne erzielen, die dem Zwangssparen (d. h. den zwangsweise „gesparten"

Beträgen) entsprechen. Das Zwangssparen kommt also den Unternehmern in Form von Gewinnen zugute. Wir wollen diese Art von Unternehmergewinnen als „*Kreditausweitungsgewinne*“ bezeichnen.

Verändert sich das Mengenverhältnis der Produktionsfaktoren Arbeit, Boden und Kapital in der Volkswirtschaft, dann ändern sich auch die relativen Preise der Produktionsfaktoren, d. h. das Verhältnis von Lohn, Grundrente und Zins verschiebt sich in der Volkswirtschaft. Damit hören jedoch die bisherigen Mengenkombinationen der Produktionsfaktoren auf, die optimalen Kombinationen der Produktionsfaktoren zu sein. Die Unternehmer werden daher ihre bisherigen Mengenkombinationen ändern, sie werden die Produktionsfaktoren so kombinieren, daß sich bei ihnen die Grenzerträge der Produktionsfaktoren wie die „neuen“ Preise der Produktionsfaktoren verhalten. Die Änderung des Mengenverhältnisses der Produktionsfaktoren führt also dazu, daß die Volkswirtschaft von einem bisher statischen Zustand in einen dynamischen Zustand übergeht. Und da nicht alle Betriebe in allen Wirtschaftszweigen zu gleicher Zeit die dem neuen Mengenverhältnis der Produktionsfaktoren entsprechende optimale Kombination der Produktionsfaktoren erreichen, so entstehen in einem so ausgelösten dynamischen Zustand der Volkswirtschaft ebenfalls Differentialgewinne. Da die Analyse der so entstehenden Differentialgewinne eine eingehende Darlegung des Sparprozesses und der Änderungen der Kostenpreise Lohn, Grundrente und Zins voraussetzt, kann sie im Rahmen dieser Schrift nicht vorgenommen werden.

VIERTER TEIL

Die Wirkungen produktionstechnischer Fortschritte auf den Differentialgewinn- und Lohnbildungsprozeß beim Vorherrschen von Preissetzungen in der Volkswirtschaft

1. Der Hang zur Ausschaltung des Wettbewerbs in der Wirtschaft und die Preissetzungen der Unternehmer

I

Die Konkurrenzwirtschaft, in der jedermann zu jeder Zeit in einem (privatwirtschaftlich betriebenen) Wirtschaftszweig ein Unternehmen eröffnen und betreiben kann, und in der Preiswettbewerb besteht, ist vom Standpunkt des einzelnen Unternehmers gesehen ein Wirtschaftssystem, das Gewinne *und* Verluste mit sich bringt. Durch den Druck auf die Preise wirkt der Wettbewerb für den einzelnen Unternehmer „gewinnzerstörend". Der Unternehmer ist bestrebt, Gewinne zu machen. Sein Idealbild ist daher ein Wirtschaftssystem, das wohl Gewinne, aber keine Verluste kennt. Darum hatten die Unternehmer immer das Bestreben, den Wettbewerb unter sich auszuschalten, es findet sich bei ihnen sozusagen ein natürlicher „Hang zur Monopolbildung"[26]). Wenn es dem einzelnen Unternehmer nicht gelingt, am Markt für sich allein eine Monopolstellung oder eine monopolähnliche Stellung zu erlangen, so wird er doch bestrebt sein, sich mit seinen Konkurrenten dahin zu verständigen, sich gegenseitig am Markt keinen Preiswettbewerb zu machen oder den Markt „zu teilen" oder am Markt „gemeinsam vorzugehen". Die Ausschaltung des Wettbewerbs und damit die Beseitigung des Drucks auf den Preis, d. h. der Monopolismus wird in den Augen des Unternehmers zu einem Wirtschaftssystem, das nicht nur geeignet ist, die Gewinne zu erhöhen, sondern vor allem den Vorteil hat, die Gefahr des Entstehens von Verlusten zu beseitigen. Wir finden in der Wirtschaftsgeschichte immer wieder Zeiten, in denen es den Unternehmern gelingt, den Wettbewerb zu beseitigen. Da die „Monopolbildung" sozusagen ein natürliches Bestreben der Unternehmer ist, so ist es nicht verwunderlich, daß sich der freie Wettbewerb (d. h. das Recht für jedermann, jederzeit in einem privatwirtschaftlich betriebenen Wirtschaftszweig ein Unternehmen eröffnen und betreiben zu dürfen) und der Preiswettbewerb in der

[26]) Daß dieser „Hang zur Monopolbildung" nicht ein Ergebnis der modernen wirtschaftlichen Entwicklung ist, sondern immer schon vorhanden war, geht auch aus der oft zitierten Äußerung *Adam Smith's* hervor: „People of the same trade seldom meet together, even for merriment and diversion, but the conversation ends in a conspiracy against the public or in some contrivance to raise prices." (Wealth of Nations, Modern Library, 1937, S. 128.)

Geschichte der Wirtschaft noch niemals von selbst verwirklicht haben. Sie sind in den geschichtlichen Perioden, in denen sie bestanden, immer nur mit Hilfe staatlicher Macht durchgesetzt worden. Und auf der anderen Seite ist die Beseitigung von Monopolen oder monopolähnlicher Stellungen in der Wirtschaft immer das Ergebnis eines Eingreifens des Staates gewesen.

Der Kampf des Staates gegen die Bildung von Monopolen findet sich schon in der griechischen und römischen Wirtschaft. Kaiser *Zeno* verbietet im Jahre 483 Vereinigungen, die den Preiswettbewerb ausschalten. In der europäischen Wirtschaft des Mittelalters unterliegt die Staatsgewalt in ihrem Kampf gegen die Monopole, so daß sich die Zunftwirtschaft stabilisiert. Nun pflegt man in der mittelalterlichen Zunftwirtschaft häufig einen Ausdruck der „christlichen Lebensauffassung", aber keine Monopolwirtschaft im eigentlichen Sinne zu sehen. Die Anhänger dieser weit verbreiteten Ansicht weisen auf die von den Zünften offiziell vertretene Idee des „gerechten Preises" und des „standesgemäßen Lebens" hin, sie sehen in den Zünften die Verwirklichung des „mittelalterlichen Geistes" und die Gestalter einer „ständischen Lebensordnung". Erst im späteren Verlauf, so meinen sie, sei mit dem Aufkommen des Individualismus der Egoismus in den Zünften zum Durchbruch gelangt, sei der „alte Zunftgeist" verfallen und seien die Zünfte zu Organisationen geworden, die in erster Linie im Dienst des Eigennutzes ihrer Mitglieder standen.

Diese kurz und roh skizzierte weit verbreitete Meinung über die mittelalterliche Zunftwirtschaft wird den Tatsachen nicht gerecht. Wirtschaftsorganisationen, und vor allem Produzentenvereinigungen, die von sich aus ihre Konkurrenzverhältnisse „regeln" und von sich aus Preise setzen, können nicht nach dem beurteilt werden, was sie um der „öffentlichen Meinung" willen als ihr Ziel nach außen proklamieren, sondern man muß sie nach ihrem tatsächlichen Handeln und Gehaben, also nach ihrem historischen Verhalten werten. Wo immer wir in der Wirtschaftsgeschichte Produzentengruppen (Vereinigungen von Produzenten eines Wirtschaftszweiges) finden, die von sich aus für die von ihnen hergestellten Güter Preise setzen und die Konkurrenz beschränken, finden wir immer wieder Beteuerungen, daß die Preissetzungen usw. keineswegs aus egoistischen Gründen vorgenommen würden. Auch die neuzeitlichen Kartelle haben sich bemüht, eine solche Ansicht zu verbreiten. Nicht selten ist von ihnen behauptet worden, sie seien Organisationen zur Stabilisierung der wirtschaftlichen Entwicklung, d. h. zur Ausschaltung der Konjunkturbewegungen. Oft jedoch sind solche Beteuerungen nur abgegeben worden, um mit Absicht eine Täuschung der Umwelt, der „öffentlichen Meinung" durchzuführen.

Schon während ihrer Blütezeit wurden die Zünfte von der damaligen Staatsgewalt keineswegs als „Ausdruck der christlichen Lebensauffassung" angesehen. Die Staatsgewalt ihrer Zeit sah in ihnen mit guten Gründen Interessentenorganisationen, die lediglich den eigenen Nutzen ihrer Mitglieder verfolgen, sah in ihnen Gebilde, die ihre wirtschaftliche Macht rücksichtslos ausnutzen, und die im Interesse ihrer wirtschaftlichen Machtstellung nicht davor zurückschrecken, sich auch politische und staatliche Macht zu verschaffen. Wegen dieses Verhaltens wurden die Zünfte auf dem Reichstag zu Worms von König *Heinrich VII.*, dem Sohn Kaiser *Friedrich II.*, aufgehoben. (Durch Urkunde vom 18. Januar 1231). Da die Macht der Zünfte jedoch schon zu groß geworden war, so konnte die Staatsgewalt das Verbot der Zünfte nicht durchsetzen. Trotz der offiziellen Aufhebung durch den „Reichsschluß“ vom 18. 1. 1231 bestanden die Zünfte weiter. In Würzburg verfügte Bischof *Iring v. Reinstein* (1253—1266) im Jahre 1265 abermalig ihre Abschaffung, jedoch wiederum erfolglos. Eine Verordnung des Würzburger Bischofs *Berthold von Sternberg* (1267—1287) vom Jahre 1279 zeigt deutlich, daß die Staatsgewalt sich des Mißbrauchs der wirtschaftlichen Macht der Zünfte durchaus bewußt blieb. Und ebenso geht aus dieser Verordnung klar hervor, daß Bischof *Berthold von Sternberg* weit davon entfernt war, irgendeine positive Beziehung zwischen der christlichen Lebens- und Weltanschauung und der Zunftwirtschaft zu sehen. In seiner Verordnung heißt es:

> „Wir Berthold von Gottes Gnaden Bischoff zu Wirtzburg, bekennen mit diesem Brieff und thun kund allermänniglich gegenwärtigen und künfftigen, als uns durch mannigfältige Klag der Fürnehmsten, als Geist- und Weltlichen Unser Stadt Wirtzburg, ein gross Geschrey wider die Gesellschaft oder Versammlung gemeldter unser Stadt, die Zunfft genannt, zu Ohren kommen, indem dass durch solche Gesellschafften und Versammlungen nicht allein den Geistlichen, Layen, und ganzem Volck, sondern auch reichen und armen und männiglich, so in gemelte unsere Stadt wandten, Nachtheil, Schaden und Beschwerdten zustehen; zum fördersten dieweil dieselbige Gesellschafft und Versammlungen machen, dass aller Ding Gewerb in vorgesetzter unser Stadt nicht frey kann getrieben werden, dass auch von wegen der nachtheil, Schad und Beschwehrden berührter Gesellschaften und Zunfft, die Prälaten, Capitel und Geistlichkeit zu Wirtzburg, von den göttlichen Amten gelassen und hefftig von Uns gebeten haben, *daß wir solche Gesellschafft und Zunfft als unbillich, auch Gott und den Menschen zuwider verwerffen und aufheben.* Dieweil wir aber solchen vielfältigen der geistlichen und weltlichen Bitten geneigt sind, erkennen wir die gemelten Gesellschafft oder Zunfft für unbillich, verwerffen auch dieselben jetzund mit Zulassung und Bewilligung unsers Dom-Capituls, heben die uf, und widerrufen die ohne alle Zurückziehung ewiglichen.“ Und weiter heißt es in dieser Verordnung: „Wo auch nach Verscheinung des bestimmten St. Andreassen-Tag die gedachten Gesellschaften oder Zünfften nicht zertrennt seyn, alsdann unterwerffen wir unser Stadt Wirtzburg mit Verwilligung unsers obgenannten Capitels dem geistlichen interdict. Wir bekennen auch mit diesem Brief alle diejenigen in den Bann, die gemelte Gesellschaft oder unbillige Versammlung nach St. Andreassen-Tag dieser unser Widerruffung zu entgegen zu handhaben, zu vertheidigen, ihnen anzuhangen, und daß die nicht zertrennt werden, Hülff, rath und that zu thun sich unterstehen werden . . . .“

(Beide Zitate aus der Verordnung des Würzburger Bischofs *Berthold von Sternberg* vom Jahre 1297, abgedruckt in: Ios. M. *Schneidt*, Thesaurus Iuris Franconici (des zweyten Abschnittes erstes Heft), Wirzburg 1787, S. 6 und S. 7.)

Bemerkenswert ist in dieser Verordnung die Entrüstung des Bischofs darüber, daß das Gewerbe „nicht frei kann getrieben werden“. Diese Entrüstung ist ein eindrucksvoller Beweis dafür, wie sehr Bischof Berthold der Ansicht gewesen sein muß, daß die Freiheit des Gewerbes gerade vom Standpunkt einer christlichen Lebensauffassung zu fordern sei. Freilich konnte auch Bischof Berthold die Macht der Zünfte in seinem Bereich nicht brechen, ihre unzähligen Mißbräuche nicht beseitigen und das Chaos von Vorrechten nicht durch die Freiheit des Gewerbes ersetzen. Wie im ganzen Reich so ging auch in Würzburg der Kampf zwischen der Staatsgewalt und den Zünften zugunsten der Zünfte aus. Der Staat konnte der wirtschaftlichen Interessentenhaufen, die in den Zünften machtvolle Organisationen gebildet hatten, nicht Herr werden. Die Zünfte rissen einen Teil der Funktionen des Staates an sich. Wie würde die wirtschaftsgeschichtliche Entwicklung auf deutschem Boden aussehen, wenn es damals gelungen wäre, die Freiheit des Gewerbes durchzusetzen! Wenn es dem Staat auch nicht gelang, die monopolistischen Organisationen, Zünfte genannt, zu beseitigen, so ist doch während des Mittelalters das ununterbrochene Bemühen des Staates bemerkenswert, gewisse monopolistische Verhaltensweisen wie den sogen. *Vorkauf* zu unterdrücken[27]) und „offene Märkte“ zu schaffen.

Der eigentliche Ursprung der Zunftwirtschaft liegt nicht in der christlichen Lebens- und Weltanschauung, sondern im wirtschaftlichen Egoismus. Die Zunftwirtschaft verdankt ihr Entstehen durchaus nicht einem Wunsch nach christlicher Gestaltung des Lebens, sondern dem Bestreben der Handwerker der Städte, sich wirtschaftliche und andere Vorteile zu verschaffen, oder anders gesprochen, dem Wunsch nach Aufhebung bzw. Beschränkung des Wettbewerbs, um die Zahl der Anbieter (bzw. die Menge des Angebots) am Markt zu vermindern und an die Stelle einer Konkurrenzpreisbildung selbständig Taxpreise setzen zu können. Bei der Wettbewerbspreisbildung sind den Auswirkungsmöglichkeiten des wirtschaftlichen Egoismus enge Grenzen gesetzt. Und diese als lästig empfundenen Grenzen beseitigten die Handwerker der Städte durch die Bildung von Zünften. Die Zünfte verhinderten, daß jedermann zu jeder Zeit in einem bestimmten Gewerbe als Produzent und demgemäß als Anbieter auftreten konnte, sie beschränkten also die Zahl der Anbieter in jedem Gewerbezweig von sich aus und hoben unter sich (d. h. unter den Zunftgenossen) den Preiswettbewerb auf. Die von den Zünften vorgenommenen Preissetzungen machten es natürlich notwendig, die Absatzmenge zu regulieren, um den festgesetzten Preis halten zu können. Der Zunftgenosse mußte, um die Monopolstellung am Markt aufrechterhalten zu können, sich damit abfinden, daß seine Ausbringung (bzw. seine Ausbringungsmöglichkeit)

[27]) Unter Vorkauf verstand man das von den einheimischen Zunftmitgliedern angewendete Verfahren, die an Markttagen von auswärts in die Stadt gebrachten Waren vor Beginn bezw. vor Erreichen des „Marktes“ aufzukaufen, um auf diese Weise das gesamte, auf dem „Markt“ auftretende Angebot in die Hand zu bekommen und so ein Unterbieten der Preise durch auswärtige Anbieter unmöglich zu machen. In einer Verordnung des Würzburger Bischofs *Berthold von Sternberg* vom Jahre 1279 heißt es beispielsweise: „Wir setzen, daß die Fischer, hie zu Wirtzburg an den Fast-Tägen von keinem fremden Fischer fische kaufen, es sey denn um mittag. Wir verbieten ganz ernstlich alle Vorkäuffe, bey der Pön, so vor alters darauf gesetzt ist.“ (Abgedruckt bei Jos. M. *Schneidt*, a. a. O., S. 11.) Und in der gleichen Verordnung heißt es: „Wir setzen, daß die Höckner uf dem Marckt, die eine Zunft haben, von keinem Frembden nichts kauffen sollen, es seyn Hüner, Eyer, Wildbredt, was das für Wildbredt ist, oder Käsz, es geschehe denn uf offenem Marckt, und erst zu mittag.“ (Jos. M. *Schneidt*, a. a. O., S. 10.)

beschränkt wurde. Die sich häufig findende Auffassung, die Zünfte seien ein „Ausdruck der christlichen Lebensauffassung", hat dazu geführt, in dieser Beschränkung der Produktionsmöglichkeiten der einzelnen Zunftgenossen das Wirken eines „Ideals der Selbstgenügsamkeit" zu sehen. „Zu diesen äußeren Bedingungen mußte aber auch eine innere Stimmung kommen, die zum guten Teil unter religiösem Einfluß den einzelnen mit seiner Nahrung, seinem fest umschriebenen traditionellen Platz in der Gesellschaft zufrieden erhielt und kein Streben nach Erweiterung der Stellung auf Kosten anderer aufkommen ließ. . . . . Solche Selbstgenügsamkeit wurde als Ideal aufgefaßt. In Hans Sachsens singendem Schuster zu Lübeck und in Hagedorns Johann dem muntern Seifensieder wird sie als Grund wahrer Fröhlichkeit dem Geiz des reichen Kaufmanns gegenübergestellt[28])." Wenn ein kollektives Monopol gebildet wird, wenn alle Beteiligten aus einem Monopol Vorteil ziehen wollen, dann müssen sie natürlich den Konkurrenzkampf unter sich und damit das „Streben nach Erweiterung der Stellung auf Kosten anderer" (im Sinne der anderen Produzenten des gleichen Wirtschaftszweiges) aufgeben. Aber genau so wenig wie aus dem Tatbestand, daß ein Kartellmitglied sich mit der ihm zugeteilten Quote am Gesamtabsatz des Kartells zufrieden geben muß, folgt, daß von den Kartellmitgliedern eine „solche Selbstgenügsamkeit als Ideal aufgefaßt wird", genau so wenig wurde die Zuteilung gleicher Quoten (in der Weise, daß für jeden Zunftgenossen die Anzahl der zur Verfügung stehenden Produktionsmittel — Arbeitskräfte usw. — beschränkt wurde) bei den Zunftgenossen aus Selbstgenügsamkeit als Ideal bejaht. Die Zunftgenossen wußten nur zu gut, daß die von der Zunft gesetzten Preise natürlich nur durch eine Regulierung der Ausbringung (Absatzmenge) gehalten werden konnten. Und bei der Regulierung der Absatzmenge vertraten sie den aus den damaligen Betriebsverhältnissen durchaus verständlichen Standpunkt, daß jeder Zunftgenosse den gleichen Anteil am Absatz haben müsse. Wie sehr sie aber wußten, daß die Regulierung der Produktionsmenge zur Aufrechterhaltung der gesetzten Preise notwendig war, geht daraus hervor, daß sie die Zahl der Zunftgenossen beschränkten, indem sie bei Neuaufnahmen sehr „zurückhaltend" waren. Und das nicht erst von der Zeit an, von der (15. und 16. Jahrhundert) man in der Literatur zu sagen pflegt, daß die Zünfte in dieser Zeit „entarteten". In der von Bischof *Berthold von Sternberg* vor der von ihm verfügten Auflösung der Zünfte erlassenen Verordnung am „St. Gertraudentag" des Jahres 1279 heißt es: „Wir setzen, so jemand in eine Zunfft zu kommen begehrt, dass die Zunfft nichts übermäßiges von ihme fordern, sondern ihn nach möglichen Dingen annehmen: wor aber anderst gehandelt, behalten Wir uns bevor, denselbigen in die Zunfft zu nehmen, wie uns für gut ansiehet[29])."

In der weiteren Entwicklung kommt es dann zu einem gewissen „Ausgleich" zwischen der Staatsgewalt und den Zünften. Die Form der „gebundenen" gewerblichen Wirtschaft hatte sich im Laufe der Jahrhunderte konsolidiert, sie war etwas Selbstverständliches, war zur Tradition geworden. Eine freie gewerbliche Wirtschaft hatte man nicht gekannt, sie hatte keinen Platz in der

---

[28]) Heinrich *Sieveking*, Geschichte der gewerblichen Betriebsformen und der zünftigen, städtischen und staatlichen Gewerbepolitik, Grundriß der Sozialökonomik, VI. Abteilung, 2. Aufl., Tübingen 1923, S. 8.

[29]) Abgedruckt bei Jos. M. *Schneidt*, a. a. O., S. 11.

historischen Erfahrung. So hatte man sich an die Zünfte und vor allem an das Formprinzip der gebundenen Wirtschaft gewöhnt, die Zünfte wurden vom Staat anerkannt, der Staat „söhnte" sich sozusagen mit ihnen aus, unterwarf sie jedoch einer gewissen Kontrolle. In der Zeit des Merkantilismus werden die Taxordnungen nicht mehr von den Zünften selbst, sondern vom Staat festgesetzt und für die Zünfte verbindlich erklärt. (Siehe z. B. die „Taxordnung der Handwerker" des Würzburger Bischofs *Johann Philipp I. von Schönborn* vom Jahre 1652). Der Staat errichtete Zwangszünfte und erließ die Zunftordnungen. (Siehe z. B. die „Ertheilung einer Zunftordnung für das Strumpfweber-Handwerk betreffend", in Würzburg 1769.) So blieb die Idee der „gebundenen Wirtschaft", der Preis- und Lohntaxen auch weiterhin herrschend, als die Herrschaft der Zünfte politisch beendet war. Die Idee der „gebundenen Wirtschaft" wurde lediglich den neuen politischen Verhältnissen angepaßt. Der absolute Fürstenstaat löste die Zünfte nicht auf, er wurde ihr Schutzherr und „regelte" sie (vor allem seit Erlaß der „Reichszunftordnung" von 1731). So ist die Geschichte der gewerblichen Wirtschaft auf deutschem Boden bis zum Beginn des 19. Jahrhunderts die Geschichte einer mehr oder minder staatlich privilegierten und kontrollierten privaten Monopolwirtschaft geworden. Der mystische Glaube, daß die gebundene Wirtschaft des Mittelalters ein Ausdruck christlicher Lebensauffassung sei, wurde jedoch erst im Laufe der Zeit entwickelt. Den Zünften mußte naturgemäß alles daran gelegen sein, den Eindruck und die Auffassung zu erwecken und zu fördern, die von ihnen gestaltete Form der Wirtschaft sei christlich. Und erst mit der Zeit entstand der Glaube, daß es natürlich und christlich sei, in einer „gebundenen Wirtschaft" zu leben. Die Romantik aber, an ihrer Spitze *Adam Müller*, hat dann im 19. Jahrhundert die mittelalterliche Zunftwirtschaft rückblickend verklärt. Sie hat vor allem das viel gebrauchte Klischee angefertigt: „Die Zünfte waren ursprünglich Ausdruck der christlichen Lebensauffassung, erst mit dem zu Ende des Mittelalters aufkommenden ‚individualistischen Geist' kam es zu Mißständen, und die Zünfte verfielen".

Die Verwirklichung der Konkurrenzwirtschaft durch die Einführung der Gewerbefreiheit zu Ende des 18. und zu Beginn des 19. Jahrhunderts ist in vielen Ländern durch die Regierungen nur gegen den Willen der „Wirtschaft", d. h. der Zünfte möglich gewesen[30]). Im allgemeinen waren die Zunftgenossen

[30]) So heißt es z. B. in einer Rede des Staatsrats *Malchus*, gehalten in der Sitzung der Reichsstände am 12. Februar 1810 in Kassel, im Hinblick auf die Einführung der Gewerbefreiheit im Königreich Westfalen:

„Der Staat ist nach den längst anerkannten geläuterten Grundsätzen von Recht und Pflicht allen Produzenten gleichen Schutz zur freien und unbeschränkten Benutzung ihrer Produktiv-Kraft schuldig — und wie könnte man mit demselben die Zunftverfassung und überhaupt das Zunftwesen reimen, welches so hauptsächlich auf der Arrogierung von Exklusiv-Befugnissen für einzelne Klassen beruht! . . . .

Es war in Frankreich, wo man zuerst den Mut gehabt, das Übel an der Wurzel anzugreifen, und wo das Unrecht eines jeden Mitglieds der Staatsgesellschaft, von dem vollen Maß seiner Kräfte Gebrauch zu machen, anerkannt und wieder hergestellt worden ist, und unserer Legislazion und ihrer Mitwirkung, meine Herren, bleibt das Verdienst, dieses große Beispiel zuerst auf teutschen Boden verpflanzt, und hierdurch zur Begründung des allgemeinen Wohls aller Staatsbürger wesentlich beigetragen zu haben. Abgesehen davon, daß eine gewisse Selbständigkeit und Festigkeit dazu gehört, sich über das engherzige Prinzip, welches den großen Zweck der Staatswirtschaft bloß auf die Erhaltung des Wohls der vorhandenen Staatsbürger beschränkt, hinauszuschwingen, und auch ab-

über die Beseitigung ihrer Monopole nicht erfreut und unternahmen immer[31]) wieder Schritte gegen die Gewerbefreiheit. Da aber die Lehre von der Zweckmäßigkeit des freien Wettbewerbs in dieser Zeit sich bald einer so allgemeinen Anerkennung erfreute, und fast die Kraft religiöser Überzeugung erhielt, so wurden von den Unternehmern keinerlei Versuche gemacht, den Wettbewerb unter sich auszuschalten. Gewiß wurden auch in dieser Zeit durch die Einführung der Gewerbefreiheit nicht *alle* Voraussetzungen in der Wirklichkeit erfüllt, die die moderne Wirtschaftstheorie bei der Ableitung der Preisbildung der vollkommenen Konkurrenz macht. *Alle* diese Voraussetzungen werden sich niemals in der realen Welt verwirklichen lassen. Aber die beiden praktisch entscheidenden Wesensmerkmale der Konkurrenzwirtschaft, die ein wirksames Arbeiten des Konkurrenzsystems ermöglichen, nämlich das Recht für jedermann, jederzeit in jedem privatwirtschaftlich betriebenen Wirtschaftszweig ein Unternehmen eröffnen und betreiben zu können, und der Preiswettbewerb, wurden verwirklicht[32]). Gewiß gab es auch in jener Zeit, die ungefähr bis zum Jahre 1860 reicht, begünstigt durch das noch unentwickelte Verkehrswesen, regional begrenzte Monopole. Sie waren aber kaum mehr als ein Schönheitsfehler und konnten das Arbeiten des Systems nicht in Frage stellen. Entscheidend dafür, daß das Konkurrenzsystem in jener Zeit „arbeitete", war der Glaube der Unternehmer, daß die Wirtschaft und die Güterversorgung aller sich am besten entwickeln, wenn die Wirtschaft in der Form der Konkurrenzwirtschaft organisiert ist. Sie waren im großen und ganzen davon überzeugt, daß es im Interesse aller notwendig sei, sich den für sie aus dem Wettbewerbssystem ergebenden Anforderungen gegenüber loyal zu verhalten, d. h. alle Maßnahmen zu unterlassen, die auf eine Einschränkung oder Aufhebung des Wettbewerbs unter den Unternehmern abzielen[33]). So

gesehen von der Behaglichkeit, sich an althergebrachte Verfassung anzuschmiegen, mußte man auf Reklamazionen gegen diese Gesetzgebung gefaßt seyn, da durch sie die mächtigste Triebfeder, der Eigennutz ganzer Korporazionen und mit ihrer Existenz anscheinend auch jene der Glieder derselben, bedroht worden ist. Auch haben würklich hin und wieder Reklamazionen Statt gehabt. . . . ." (Abgedruckt in Johann Paul *Harl*, Vollständiges Handbuch der Staatswirtschaft- und Finanzwissenschaft, ihrer Hülfsquellen und Geschichte, mit vorzüglicher Rücksicht sowohl auf die älteste als auch auf die neueste Gesetzgebung und Literatur, Erlangen 1811, S. 444 ff.)

[31]) „Immer wieder tauchten in den ersten drei Jahrzehnten des 19. Jahrhunderts Petitionen zu ihrer Erneuerung (sc. der Zünfte) auf. . . . . Wenn 1798 auch in der Schweiz die Zünfte aufgehoben waren, so führte man sie 1803 wieder ein, und erst nach der Bewegung von 1830 gingen die Kantone zur Gewerbefreiheit über. . . . . In den von Frankreich eroberten deutschen Gebieten, im Königreich Westfalen und im Großherzogtum Berg war mit der Patenttaxe die Gewerbefreiheit eingeführt, aber wie in der Schweiz kehrten die restaurierten Regierungen Hannovers, Hessens, Oldenburgs und Bremens zur Zunftordnung zurück. . . . . Die Handwerkerbewegung von 1848 verlangte Wiederherstellung der Innungen, während die Gesellen für Gewerbefreiheit eintraten." (H. *Sieveking*, a. a. O., S. 20 und S. 21.)

[32/33]) Siehe dazu Theodor *Vogelstein*, Die finanzielle Organisation der kapitalistischen Industrie und die Monopolbildungen, Grundriß der Sozialökonomik, VI. Abteilung, Tübingen 1923², S. 415 ff. und Hermann *Levy*, Monopole, Kartelle und Trusts, Jena 1927³, *Vogelstein* schreibt: „. . . man muß heute eine Frage stellen, die früheren Generationen wunderlich erschienen wäre: die Frage nämlich, warum in diesem neunzehnten Jahrhundert und in dem, wofür es als Typ und Symbol steht, monopolistische Organisationen zum mindesten in der Industrie so selten waren. . . . Volk und Regierung waren fast überall monopolfeindlich, überzeugte Anhänger des Segens einer ungehinderten Konkurrenz. . . . Aber viel stärker noch als durch positive Maßnahmen wirkte dieses Axiom von der Vor-

sehr wir darauf hinweisen müssen, daß die Manchesterleute, an ihrer Spitze *Cobden* und *Bright*, den „sozialen Fragen" ihrer Zeit verständnislos gegenüber standen, so sehr müssen wir auf die bei ihnen sich findende, in anderen Epochen der Wirtschaftsgeschichte nicht allzu häufig anzutreffende, Übereinstimmung von Worten und Taten hinweisen. Ihr Eintreten für die „freie Wettbewerbswirtschaft" stimmte mit ihrem Handeln überein, sie traten nicht — wie wir das in der späteren Wirtschaftsgeschichte so häufig feststellen müssen — mit Worten für die „Freiheit der Wirtschaft" ein, um sich die Freiheit zu nehmen, den Wettbewerb unter sich auszuschließen und ihn so in Fesseln zu schlagen. *Cunningham* weist in seiner History of English Industry and Commerce darauf hin, daß die englischen Baumwollfabrikanten zu Anfang des 19. Jahrhunderts sich sehr leicht ein Monopol am Markt hätten verschaffen können, aber, so schreibt er, „the spirit of keen competition had caught hold of the employing classes; they were of the opinion, and in all probability their judgement on this point was perfectly sound, that it was only by a continued exercise of the activity by which they had found their way into foreign markets that they could hope to retain them". (S. 619—620[34]).

Die Bejahung des freien Wettbewerbs durch die Unternehmer hielt jedoch nur verhältnismäßig kurze Zeit an, sie endete bereits in den 1860er Jahren. In diesen Jahren begannen die Unternehmer die Konkurrenz am Markt unter sich auszuschalten und im Laufe der Zeit nahm der Prozeß der Ausschaltung des Wettbewerbs an Umfang und Intensität immer mehr zu. Die Zeit der Kartellgründungen begann (in Deutschland Gründung des Schienenkartells im Jahre 1864), in den 1870er Jahren waren in Deutschland die sogen. Grundstoffindustrien (Kohle, Eisen usw.) weitgehend durchkartellisiert[35]). Neben der Monopolisierung der wichtigsten Grundstoffindustrien in Form der Bildung von Kartellen und anderer Vereinigungen vollzog sich in vielen Ländern in wichtigen Industriezweigen nicht so sehr durch Zunahme der Betriebsgröße, sondern vor allem durch Zunahme der Unternehmungsgröße (Unternehmung mit mehreren Betrieben!) eine Konzentrationsbewegung, so daß sich in den betreffenden Industriezweigen nur noch verhältnismäßig wenige Anbieter befanden, die sich keinen Preiswettbewerb machten (Oligopolbildung). An sich könnte gewiß auch Preiswettbewerb bestehen, wenn sich nur wenige Anbieter am Markt befinden. Aber dort, wo nur sehr wenige Anbieter am Markt vorhanden sind, kommen sie — wie schon *J. St. Mill* feststellte[36]) — überein, sich keine Konkurrenz zu machen. Dieser Sachverhalt ist vor allem deshalb so bedeutungsvoll, weil der „Markt" für ein Gut in einer Volkswirtschaft — z. b.

---

züglichkeit der freien Konkurrenz und der Verwerflichkeit des Monopols, indem es den Geist der Kapitalisten selbst ergriff und sich unterwarf." (A. a. O. S. 417.)

[34]) Das Zitat ist entnommen aus Harrison F. *Houghton*, The Progress of Concentration in Industry. The Growth of Big Business. In: Papers and Proceedings of the Sixtieth Annual Meeting of the American Economic Association, Menasha (Wisconsin) 1948, S. 77.

[35]) Aus der umfangreichen Literatur über die Kartellbildung siehe vor allem: *H. v. Beckerath*, Der moderne Industrialismus, Jena 1930; *Derselbe*, Kartelle der deutschen Seidenweberindustrie, Karlsruhe 1911. Hermann *Levy*, a. a. O.; Robert *Liefmann*, Kartelle, Konzerne und Trusts, Stuttgart 1930[8]; Theodor *Vogelstein*, a. a. O.

[36]) „Where competitors are so few, they always agree not to compete. They may run a race of cheapness to ruin a new candidate, but as soon as he has established his footing they come to terms with him." (Principles of Political Economy, London 1849[2]).

der Markt für Ziegelsteine oder der Markt für Sand oder der Markt für Flußfische — in eine große Anzahl örtlich gebundener Märkte zerfällt, auf denen die Zahl der Anbieter nicht sehr groß zu sein pflegt.

Neben der Ausschaltung des Preiswettbewerbs, die auf die von den Unternehmern ergriffenen, gegen den Wettbewerb gerichteten Maßnahmen zurückgeht, finden wir aber noch ein Nichtvorhandensein von Preiswettbewerb in der Wirtschaft, das in dem Tatbestand gegründet ist, daß die Güter der gewerblichen Produktion in einem überwiegenden Ausmaß unter einer Marke, also als Markenartikel in den Verkehr gebracht werden. Wenn z. B. auch eine, unter einer Marke in den Handel gebrachte Seife mit allen anderen Seifenmarken in Wettbewerb steht, da die Seifen verschiedener Marken ja mehr oder minder gute Substitutionsprodukte sind, so wird doch eine Seife bestimmter Marke nur von einem einzigen Unternehmer erzeugt und angeboten. Und auf der anderen Seite wird die Seife einer bestimmten Marke von den Käufern — wenigstens innerhalb gewisser Grenzen — als Gut eigener Art betrachtet. Daher bilden sich die Preise bei Markenartikeln nicht durch das Zusammentreffen von Angebot und Nachfrage, sondern die Preise der Markenartikel werden von den Produzenten „gesetzt". Bei Markenartikeln machen sich die Produzenten eines Wirtschaftszweiges nicht durch Unterbieten der Preise Konkurrenz, sondern jeder versucht, den Absatz seiner „Marke" unter Aufrechterhaltung des von ihm gesetzten Preises durch Reklame zu erhöhen (Reklamewettbewerb). Die Konkurrenz bei Markenartikeln ist daher nur eine „unvollkommene Konkurrenz" (monopolistische Konkurrenz), der das Merkmal des Preiswettbewerbes fehlt.

Die seit den 1860er Jahren einsetzende Beseitigung des „freien Wettbewerbs" hatte, vielfach unterstützt durch wirtschaftspolitische Maßnahmen des Staates, in der Zeit vor dem zweiten Weltkrieg in manchen Ländern, in denen die Produktion auf der Basis des Privateigentums von privaten Unternehmern durchgeführt wurde, einen so großen Umfang angenommen, daß man nicht mehr von Konkurrenzwirtschaft sprechen konnte. Für Deutschland, wo der Staat den Preiswettbewerb in der Landwirtschaft durch das Festpreissystem beseitigte und in der gewerblichen Wirtschaft die noch vorhandenen Reste von Konkurrenzwirtschaft durch Bildung von Zwangskartellen und anderen Formen von Zusammenschlüssen aufhob, ist das allgemein bekannt. Von der englischen Volkswirtschaft sagt F. H. *Houghton*: „Conditions in England prior to World War II (and the advent of labor socialism) were the complete antithesis of competition. Industry was „rationalized". Each industrialist was allotted a specific percentage of the total business in his industry. If he exceeded his quota he was fined, and if he fell below his quota he was recompensed. And each industrialist had to pay a levy, to be used by the industry to purchase and destroy „redundant" capacity. Price cutting, market strategy, and all the other characteristics of free competition had been superseded by 'coordinated production and stabilized prices'[37])." Und er zitiert dann eine Stelle aus dem im Jahre 1937 erschienenen Buche „Price and Production Control in British Industry" von Ben W. *Lewis*: „Dramatics aside, England

---

[37]) F. H. *Houghton*, a. a. O., S. 77.

is experiencing nothing more revolutionary than a completely planless, muddling decline of competition. . . . .[38]".

Sehr hoch ist der Grad der Konzentration in den USA. So produzierten beispielsweise die drei Kupfergesellschaften Anaconda, Phelps Dodge und Kennicott 83% der gesamten Kupferausbringung der USA. In den „verarbeitenden Industrien" (Manufacturing), in denen die Konkurrenz größer als in den sogen. Grundstoffindustrien zu sein pflegt, brachten im Jahre 1935 in einem Drittel der Wirtschaftszweige die vier größten Unternehmungen (Gesellschaften) jedes Wirtschaftszweiges mehr als die Hälfte der Produktmenge des Wirtschaftszweiges aus[39]). Von den bedeutenderen Waren (d. h. solchen Waren, deren Gesamtproduktionswert im Jahre 1937 mehr als 10 Millionen Dollar betrug) waren es 121, bei denen drei Viertel der Ausbringung von vier Unternehmungen produziert wurde[40]).

Der Sachverhalt, den man seit altersher mit dem klaren und eindeutigen Begriff Monopol bezeichnet, ist mit Recht anrüchig geworden. In Kreisen der Beteiligten pflegt man daher in neuerer Zeit das Wort Monopol nicht mehr zu verwenden, sondern man spricht lieber von der „Kooperation der Unternehmer"[41]). Leider wird an der Sache selbst durch den Austausch der Vokabeln

---

[38]) zitiert bei F. H. *Houghton*, a. a. O., S. 77.

[39]) „. . . . the committee found that in about one-third of the Census Industries the largest four companies in industry contributed more than half of the value of product of the industry, while in 60 per cent of the industries the largest four companies contributed more than a third." (F. H. *Houghton*, a. a. O., S. 82.)

„The refining process was carried to a product level by the Temporary National Economic Committee. An examination was made of some 1807 specific manufactured products, in order to determine their degree of concentration. These 1807 products represented approximately one-half of all the products reported in the Census of Manufactures of 1937, both by number and by value, and the sample was selected to yield a comprehensive cross-section of the product structure of manufacturing.

On the basis of this sample, it was found that for manufacturing as a whole, one-third of the total value of products was produced under conditions where the leading four producers of each individual product turned out from 75 to 100 per cent of the total value of the products. No less than 57 per cent of the value of product was produced under conditions where the four largest producers of each product turned out more than half of the total." (H. F. *Houghton*, a. a. O., S. 82.)

[40]) H. F. *Houghton*, a. a. O., S. 82.

[41]) Mit köstlicher Ironie stellt John *Ise* dieses „moderne Bestreben" dar, an Stelle des Wortes Monopol das Wort „Kooperation der Unternehmer" zu verwenden. Er schreibt:

„In any case, it is not monopoly in its vulgar sense that our businessmen seek; it may be only co-operation to prevent the 'vicious practice' of price cutting, to eleminate 'price demoralisation', 'chiseling', 'destructive competition', or perhaps 'cutthroat competition' or 'chaotic competition'; 'or industrial cannibalism', it is an unselfish effort to maintain 'business stability' in the common interest of all, to follow 'the golden rule in business' and the 'live-and-let live policy', to secure the 'voluntary sharing of available business' — a kind of Christian brotherhood in business, with no thought of exploiting the public but merely with purpose of enabling all to make a 'reasonable profit'; a noble purpose because 'he profits most who serves best', or perhaps better, he serves best who serves himself generously first'. Co-operation, not monopoly in the individious sense, is the keynote of modern business-friendly, constructive co-operation, co-operation for the achievement of the highest ideals in business, co-operation in service to competitors and the public, but particularly to competitors, if they do not violate the rule of gentlemanly competition.

The records of the meetings of merchants, trade associations, realtors, and manufacturers will prove that this is true. At a forenoon session of realtors which I once attended,

nichts geändert, und die verminderte Verwendung des Wortes Monopol hat zu einer Einschränkung der Verbreitung der Monopole und monopolähnlicher Praktiken nichts beitragen können.

Wenn wir darauf hingewiesen haben, daß auch vielfach wirtschaftliche Maßnahmen des Staates zur Beseitigung oder Verfälschung des konkurrenzwirtschaftlichen Preisbildungsprozesses beigetragen haben, so dürfen wir dabei nicht übersehen, daß ein gar nicht so unerheblicher Teil solcher Maßnahmen auf „Forderungen und Wünsche" der Unternehmer zurückzuführen ist, d. h. daß er letzten Endes auf den Wunsch der Unternehmer, die Konkurrenz auszuschalten oder zu beseitigen, zurückgeht. Auch heute noch wenden sich z. B. in Deutschland offizielle und inoffizielle Vertreter der Landwirtschaft gegen das „bürokratische Festhalten an der bürokratischen Zwangswirtschaft", verstehen darunter aber nur das ihnen unerwünschte Fortbestehen einzelner Höchstpreise für Agrarprodukte. Denn im selben Atemzug wird von ihnen gefordert, „die Einfuhr von Nahrungs- und Lebensmitteln durch eine zu errichtende Einfuhrzentrale zu lenken", und zwar unter „Einschaltung" von Organisationen der Landwirte. Ein Einfuhrmonopol für Agrarprodukte unter der Kontrolle der landwirtschaftlichen Interessenten scheint diesen Vertretern der „freien Wirtschaft" also sehr erwünscht zu sein. Und ebenso scheint ihnen ein „bürokratisches Festhalten an der Zwangswirtschaft" sehr angebracht zu sein, wenn es sich um die Zurverfügungstellung von Kapital („Krediten") für die Landwirtschaft zu einem durch Zwangsbewirtschaftung des Kapitals festgesetzten — nämlich gegenüber dem Konkurrenzzinspreis verbilligten — Zinspreis handelt. Nach der deutschen Währungsreform wurde die Holzbewirtschaftung aufgehoben und die Holzpreise „freigegeben". Da die Holzpreise nun stiegen, forderte die süddeutsche holzverarbeitende Industrie, die vor der Währungsreform gegen die „bürokratische Zwangswirtschaft" Stellung genommen hatte, die Wiedereinführung von Höchstpreisen für Holz. Der einsetzende Wettbewerb in der holzverarbeitenden Industrie führte nach Aufhebung der „Zwangswirtschaft" nämlich dazu, daß sich nicht nur Gewinne, sondern auch Verluste ergaben. Auch im Braugewerbe, in der Mühlenindustrie und manchen anderen Wirtschaftszweigen ertönten nach der Währungsreform Rufe nach „marktregelnden Maßnahmen" des Staates oder nach einer „Marktordnung", d. h. nach Ausschaltung oder Einschränkung des Wettbewerbs.

Bei vollkommener Konkurrenz läuft ein Betrieb Gefahr, eines Tages als Grenzbetrieb verdrängt zu werden, unter dem System der Bewirtschaftung werden jedem Betrieb durch Zuweisung eines „Kontingents" und durch Festsetzung der „Preisspannen" sowohl der Umsatz als auch die Rentabilität gesichert. Die Möglichkeit, Verluste erleiden zu können, schaltet der Staat aus. Und so ist es nicht verwunderlich, daß von manchen Unternehmern folgendes „Prinzip" vertreten wird: Sofern man durch „zwangswirtschaftliche Maßnahmen" an der Erzielung von Gewinnen behindert ist oder behindert zu sein glaubt, lehnt man die „bürokratische Zwangswirtschaft" ab, sofern man

an hour and a half were devoted to co-operation — the most eloquent and moving part of the program; and on this all were in hearty agreement. Cynics sometimes see only monopoly in this, but it is something higher and nobler. It represents a revulsion against the tyranny, waste, brutality, and unprofitableness of competition."

(The Futility of Trust-Busting, Papers and Proceedings of the Sixtieth Annual Meeting of the American Economic Association, Menasha (Wisconsin), S. 489).

glaubt, durch „zwangswirtschaftliche Maßnahmen“ Vorteile erlangen zu können, fordert und wünscht man ihre Einführung durch den Staat. Im letzteren Falle pflegt man aber nicht von „bürokratischer Zwangswirtschaft“, sondern nur von „Lenkungsmaßnahmen“ oder „marktordnenden Maßnahmen“ zu sprechen. Nicht nur die Formen privater Zwangswirtschaft (Kartellwirtschaft usw.) sind ein Ergebnis der Ablehnung der Konkurrenz durch breite Schichten des Unternehmertums, auch für viele Arten „staatlicher Zwangswirtschaft“ ist das Unternehmertum zum Wegbereiter geworden.

2. Die Wirkungen des Stabilhaltens der Preise bei der Einführung technischer Fortschritte auf den Beschäftigungsgrad der Volkswirtschaft

Der Tatbestand, daß auch in den Ländern, in denen wir Privateigentum und privates Unternehmertum finden, die Wettbewerbspreisbildung immer mehr an Bedeutung verloren hat, hat dazu geführt, daß die Anwendungsmöglichkeit der Erkenntnisse, die unter der Voraussetzung des Wettbewerbs abgeleitet werden, immer geringer geworden ist. Der „freie Wettbewerb“ ist in zunehmendem Maße durch (einfache) Monopole, monopolistische Kartelle und Konzerne, Oligopole usw. verdrängt worden, an die Stelle der Preisbildung durch beiderseitigen Wettbewerb ist in steigendem Umfang die Preissetzung der Unternehmer getreten.

Es ergibt sich daher für uns die Frage, welche Wirkungen ein produktionstechnischer Fortschritt bei einem Stabilhalten der Preise durch die Unternehmer hat. Für manche Autoren besteht diese Frage, wenigstens im grundsätzlichen Sinne, nicht. Denn wir finden im wirtschaftswissenschaftlichen Schrifttum einige Autoren, die uns einzureden versuchen, ein Monopol sei eigentlich gar kein Monopol, sondern sozusagen eine Abart des „freien Wettbewerbs“. Denn ein Monopolist stehe einem mehr oder minder großen Wettbewerb durch Substitutionsprodukte gegenüber[42]). Besteht beispielsweise ein Eisenmonopol, so sei das im Grunde genommen gar kein Monopol, da ja die Nachfrager in gewissem Umfang Eisen durch Aluminium oder durch andere Leichtmetalle ersetzen könnten, das Eisen also mit dem Aluminium und anderen Leichtmetallen „in Konkurrenz stehe“. Auch ein Kohlenmonopol beispielsweise verschaffe genau gesehen gar keine Monopolstellung, da die Kohle durch Erdöl substituiert werden könne, die Kohle also mit dem Erdöl „wetteifere“. Und wie für Eisen, so gebe es für jedes Gut eine Reihe von Substitutionsprodukten.

Während in aller Regel die gleichen Autoren, bei denen wir die soeben kurz

---

[42]) „Wenn also auch im Rahmen einer bestimmten Industrie der Wettbewerb fast ausgeschaltet ist, weil sich dort ein Großbetrieb auf monopolistischer Grundlage gebildet hat, so wirkt sich die Konkurrenz weiterhin (sic!) zwischen Industriebetrieben aus, welche Waren oder Dienste erzeugen, die leicht wechselseitig ersetzt werden können. . . .. Das Leichtmetall macht dem Eisen schwere Konkurrenz. . . . . Daraus können wir schließen, daß auch ein monopolistischer Betrieb nicht vom Markte gelöst ist, sondern ebenfalls (sic!) den Gesetzmäßigkeiten des Marktes und des Wettbewerbs (sic!) unterliegt, die dauernd dazu nötigen, die Produktionsmethoden zu verbessern und Preise und Kosten herabzusetzen.“ (C. *Bresciani-Turroni*, Einführung in die Wirtschaftspolitik, Bern 1948, S. 178). Dieses Zitat möge als Beispiel genügen!

skizzierte Auffassung finden, bei der Behandlung staatlicher Eingriffe in die Preisbildung alle Einzelheiten der modernen Preistheorie anwenden, um zu zeigen, welche Folgen sich aus einem solchen Eingreifen des Staates in die Preisbildung ergeben, vergessen sie bei der wirtschaftspolitischen Behandlung der Monopolfragen vollständig die Erkenntnisse der Preistheorie (sowohl die Preistheorie der vollkommnen Konkurrenz als auch die des Monopols und der unvollkommnen Konkurrenz). Sie schreiben dann so, als ob sich die Preistheorie noch auf dem Stand befände, den sie vor Adam *Smith* gehabt hat. Alle Präzision des Denkens, alle Exaktheit der Darstellung hört dann auf, alle präzisen mathematischen Formulierungen sind vergessen, man begnügt sich mit dem so simplen Hinweis, daß es Substitutionsprodukte gibt und daß daher auch beim Monopolismus Wettbewerb bestünde. Der arme Leser solcher Schriften, der womöglich noch kurz vorher lesen konnte, daß beim Vorhandensein von Wettbewerb eine große Anzahl von Anbietern gegeben sein müsse, von denen keiner einen merkbaren Einfluß auf den Preis ausüben könne, kommt wirklich nicht mehr recht mit, wenn ihm plötzlich erklärt wird, auch beim Vorhandensein eines einzigen Anbieters bei einem Gut seien die „Gesetzmäßigkeiten des Wettbewerbs" wirksam, weil es für jedes Gut Substitutionsprodukte gebe.

Der Hinweis auf Substitutionsprodukte besagt nicht mehr, als daß die Monopole in aller Regel „Monopole begrenzter Preishöhe" zu sein pflegen. Daß der Monopolist den Preis nicht grenzenlos hoch festsetzen kann, wenn er das Gewinnmaximum erreichen will, gehört bekanntlich zu den elementaren Erkenntnissen der Monopolpreistheorie. In aller Regel wird der Punkt des maximalen Gewinns bei einer Preishöhe liegen, die sich unter der Preishöhe befindet, bei der die Gefahr eintritt, daß die Nachfrager sich in nennenswertem Umfang einem Substitutionsprodukt zuwenden. Der Eisenpreis, bei dem der Monopolist sein Gewinnmaximum erreicht, wird niedriger als ein solcher Eisenpreis liegen, bei dem die Nachfrager es in größerem Umfang vorteilhaft finden würden, *deshalb* Aluminium statt Eisen zu verwenden, weil der Eisenpreis zu hoch liegt. Schließlich darf nicht übersehen werden, daß auch der Aluminiumpreis ein Monopolpreis sein kann, also über dem Wettbewerbspreis liegen kann, und zwar dann, wenn nicht nur ein Eisenmonopol, sondern auch ein Aluminiummonopol besteht.

Die elementare Erkenntnis der Monopolpreistheorie, daß die Nachfragekurve für den Monopolisten eine gegebene Größe ist, daß der Monopolist, wenn er sein Gewinnmaximum erreichen will, den Preis nicht grenzenlos hoch festsetzen kann, sondern den Preis in bestimmter Höhe festsetzen muß, macht selbstverständlich die Monopolpreisbildung nicht zu einer Konkurrenzpreisbildung[43]). Sonst könnten wir ja die These aufstellen: „Der Konkurrenzpreis ist ein Preis für solche Güter, für die es Substitutionsmöglichkeiten gibt". Damit würden wir in der glücklichen Lage sein, jeden Preis, nicht nur den Monopolpreis, sondern auch alle staatlich festgesetzten Preise, als Konkur-

[43]) Es ist eine Täuschung, anzunehmen, daß der Tatbestand, daß es Substitutionsprodukte gibt, irgendwie die Erkenntnisse der Monopolpreistheorie in der Wirklichkeit modifiziert. Denn beim (einfachen) Monopol ist die Nachfragekurve für den Unternehmer eine gegebene Größe. Und der Tatbestand, daß es für ein Produkt Substitutionsprodukte gibt, kommt bereits in der für den Monopolisten gegebenen Nachfragekurve zum Ausdruck.

renzpreise bezeichnen zu können. Angesichts der Versuche mancher Autoren, die Monopolpreisbildung als eine Art Wettbewerbspreisbildung hinzustellen, bleibt es sehr schwer zu verstehen, warum diese Autoren so wenig konsequent in ihrem Denken sind, daß sie die überkommene Wettbewerbspreistheorie in ihren sonstigen wissenschaftlichen Arbeiten beibehalten, sich aber nicht auf den Standpunkt stellen, der Wettbewerbspreis komme nicht durch den beiderseitigen Wettbewerb von Anbietern und Nachfragern, sondern durch das Vorhandensein von Substitutionsprodukten zustande, der Eisenpreis beispielsweise sei und könne nur ein Wettbewerbspreis sein, weil und insofern es Aluminium und andere Leichtmetalle gibt.

Nehmen wir an, jedes Unternehmen der Seifenindustrie bringt die von ihm hergestellte Seife unter seiner Marke in den Verkehr. Dann herrscht in der Seifenindustrie unvollkommene Konkurrenz. Der Preis für die verschiedenen Seifenmarken bildet sich nicht durch das Zusammentreffen von Angebot und Nachfrage, sondern jeder Seifenproduzent setzt den Preis für die von ihm hergestellte Seife (für seine „Marke"). Kommt es nun zur Einführung eines produktionstechnischen Fortschritts bei der Seifenherstellung, der es ermöglicht, die Seife billiger als bisher herzustellen, so wird dasjenige Unternehmen, das den produktionstechnischen Fortschritt einführt, den Preis seiner Seife trotz der Kostensenkung nicht senken. Denn es führt den produktionstechnischen Fortschritt ja nicht ein, um die Seife für den Konsumenten zu verbilligen, sondern um seinen Gewinn zu erhöhen.

Die Einführung des produktionstechnischen Fortschritts bedeutet in jedem Fall, daß mit gegebenen produktiven Kräften eine größere Produktmenge als bisher produziert werden kann. Verwendet der Unternehmer, der den produktionstechnischen Fortschritt einführt, nicht weniger produktive Kräfte (Arbeitsstunden, Kapital) als bisher, so besagt das, daß es bei seinem Unternehmen zu einer Erhöhung der Produktmenge (Ausbringung) kommt. Da jedoch der Seifenpreis von dem betreffenden Unternehmen nicht gesenkt wird, die Preise der übrigen Seifenmarken ebenfalls unverändert bleiben, so kann es — bei einem Konstantbleiben des Geldvolumens und der anderen Umstände — nicht zu einer Erhöhung der Nachfrage nach Seife kommen. Das betreffende Unternehmen wird jedoch versuchen, seinen Anteil am gesamten Seifenabsatz durch Reklame zu erhöhen. Gelingt ihm das, so muß der Absatz bei anderen Unternehmungen der Seifenindustrie entsprechend (d. h. um den gleichen Betrag um den sich der Seifenabsatz bei unserem mit dem produktionstechnischen Fortschritt arbeitenden Unternehmen erhöht) zurückgehen. Es mag sich der Reklamewettbewerb in der Seifenindustrie verschärfen, da in ihr die Preise jedoch unverändert bleiben, so ist eine Erhöhung des Gesamtabsatzes nicht möglich.

Wie immer sich der individuelle Absatz der einzelnen Seifenfirmen durch den Reklamewettbewerb verschieben mag, eine Ausdehnung des Gesamtabsatzes der Seifenindustrie tritt nicht ein. Die Folge ist, daß die Seifenindustrie über Absatzmangel klagen wird, daß die nach Einführung des produktionstechnischen Fortschritts in einem oder mehreren Unternehmen von ihr erzeugte Produktmenge nicht abgesetzt werden kann. Es wird, da die erweiterte Kapazität der Seifenindustrie nicht ausgenutzt werden kann, zu einer Einschränkung der Produktion kommen, und zwar in der Weise, daß die Produktion auf die Menge beschränkt bleibt, die sie vor Einführung des produktionstechnischen Fortschritts hatte. Das bedeutet aber, daß in der Seifenindustrie Arbeiter entlassen werden müssen und Produktionskapazität in Höhe der durch die Verwendung des produktionstechnischen Fortschritts zugewachsenen Kapazität nicht ausgenutzt werden kann, also brach liegt. Werden — was regelmäßig der Fall zu sein pflegt — in einem Wirtschaftszweig, in dem unvollkommne Konkurrenz herrscht, bei Einführung eines produktionstechnischen Fortschritts, die Preise in unveränderter Höhe beibehalten, dann ergibt sich demgemäß bei einer Neutralität des Geldes (Konstantbleiben des Geldvolumens, d. h. der Größe Geldmenge mal Umlaufsgeschwindigkeit) Arbeitslosigkeit. Wird das Geldvolumen (Geldmenge mal Umlaufsgeschwindigkeit) — bei gleichbleibenden Nominalhöhen — um den Betrag erhöht, um den die Produktmenge in der Seifenindustrie durch die Einführung des produktionstechnischen Fortschritts zunimmt, dann ergibt sich eine Erhöhung der Gesamtgewinne *in der ganzen Volkswirtschaft* um diesen Betrag. Natürlich brauchen und werden bei der Vergrößerung des Geldvolumens die Gewinne nicht in der Seifenindustrie um diesen Betrag steigen. Es wird ja so sein, daß die Nachfrage nach Seife sich trotz der Ausdehnung des Geldvolumens nur sehr wenig, ja vielleicht überhaupt nicht vergrößert, daß also der Betrag, um den das Geldvolumen steigt, nicht restlos, vielleicht überhaupt nicht, in Form der Erhöhung der Nachfrage nach Seife wirksam wird. Dann wird sich aber die Erhöhung des Geldvolumens bei andern Gütern in Form einer Nachfragesteigerung bemerkbar machen. Und selbst wenn die bisherigen Preissetzungen der Unternehmer trotz der erhöhten Nachfrage nicht geändert werden, so wird sich eine Erhöhung der Gewinne bei den Unternehmern ergeben, bei denen die Erhöhung der Nachfrage wirksam wird. Denn diese Unternehmen mit Monopolstellung oder diese Unternehmen, die für Märkte der unvollkommnen Konkurrenz produzieren, können ja nun unter Beibehaltung der bisher von ihnen gesetzten Preise ihren Absatz und damit ihre Ausbringung erhöhen.

In einer Wirtschaft, in der sich keine Wettbewerbspreisbildung findet, sondern in der die Preise von den Unternehmern gesetzt werden, tritt also bei Aufrechterhaltung der Neutralität des Geldes Arbeitslosigkeit ein. Wird das Geldvolumen durch Kreditausweitungen erhöht, so führt das — bei gleichbleibenden Nominallöhnen — zu einer Erhöhung der Unternehmergewinne. In der Regel pflegt es in solchen Fällen auch zu Kreditausweitungen zu kommen. Denn die gleichen Unternehmer, die die Preise setzen und „stabilhalten", so daß Arbeitslosigkeit auftritt, pflegen dann recht kräftig von den „praktischen Erfordernissen der Wirtschaft" zu sprechen und Kreditausweitungen zu fordern. Und die Gewerkschaften, die verständlicherweise um Maßnahmen zur Beseitigung der Arbeitslosigkeit bemüht sind, glauben nur zu häufig, *auch bei einer durch Preissetzungen* verursachten Arbeitslosigkeit für Kreditausweitungen „zur Belebung der Produktion" eintreten zu müssen. Daß sie auf diese Weise weder den Interessen der Allgemeinheit noch denen der Arbeiter, sondern einem volkswirtschaftlich nicht zu rechtfertigenden Gewinninteresse der Unternehmer dienen, wird nicht gesehen. Denn eine Gewinnbildung, die künstlich durch Kreditausweitungen geschaffen wird und die auf Kosten der Lohn-, Zins- und Grundrentenbezieher geht, ist volkswirtschaftlich nicht zu rechtfertigen, ganz abgesehen davon, daß solche Kreditausweitungen schwere Störungen des Preisbildungsprozesses hervorrufen.

II

Wir haben bei der Einführung des technischen Fortschritts in einem Wirtschaftszweig der unvollkommnen Konkurrenz vorausgesetzt, daß die Einführung des produktionstechnischen Fortschritts bei dem betreffenden Unternehmen zu einer Erhöhung der Produktmenge (bzw. der Ausbringungskapazität) führt. Nun ist gewiß der Fall denkbar, daß die Verwendung eines produktionstechnischen Fortschritts für ein einzelnes Unternehmen möglich ist, ohne daß eine Erhöhung der Ausbringung für das betreffende Unternehmen eintritt. Nehmen wir an, unsere Seifenfirma stellt sich auf den Standpunkt, daß für sie der Versuch, ihren Seifenabsatz bei einer Beibehaltung des bisher von ihr gesetzten Preises zu erhöhen, als wenig erfolgversprechend anzusehen sei. Sind die technischen Voraussetzungen nun so gestaltet, daß der produktionstechnische Fortschritt auch von dem einzelnen Unternehmen ohne eine Erhöhung der bisherigen Ausbringung verwendet werden kann, so wird unsere Seifenfirma den technischen Fortschritt verwenden können, ohne eine Vergrößerung ihrer Produktionskapazität vornehmen zu müssen. Da aber das Wesen eines produktionstechnischen Fortschritts darin liegt, daß eine gegebene Produktmenge mit weniger produktiven Kräften als bisher produziert werden kann, so wird es unserer Seifenfirma nun möglich sein, ihre bisherige Seifenmenge mit weniger Arbeitskräften als bisher zu produzieren. Sie wird demgemäß Arbeitskräfte entlassen. Und bei gleichbleibendem Nominallohn werden die entlassenen Arbeitskräfte — sonst gleichbleibende Umstände vorausgesetzt — keine anderweitige Beschäftigung finden können. Denn die Güternachfrage erhöht sich durch das Stabilhalten der Preise nicht.

III

Wir wollen nun untersuchen, welche Wirkungen die Einführung eines produktionstechnischen Fortschritts beim Bestehen eines Kartells (mit Monopolstellung) in einem Wirtschaftszweig hat. Typisch für die Preissetzung der Kartelle ist — worauf sie selbst immer wieder voller Stolz hinzuweisen pflegen —, daß sie die von ihnen gesetzten Preise während einer verhältnismäßig langen Zeit in ein und derselben Höhe beibehalten, also die Preise stabilisieren. Um den vom Kartell gesetzten Preis halten zu können, muß das Kartell die Produktmenge begrenzen und für jedes am Kartell beteiligte Unternehmen einen Anteil am Gesamtabsatz, die sogenannte Quote, festsetzen. Wird nun ein produktionstechnischer Fortschritt gemacht, dessen Verwendung für das einzelne Unternehmen mit einer Erhöhung der Produktionskapazität verbunden ist, so kann das einzelne Kartellmitglied, da seine Absatzmenge festgesetzt ist, nicht ohne weiteres einen solchen produktionstechnischen Fortschritt einführen. Es könnte mit der Einführung des produktionstechnischen Fortschritts so lange warten, bis sich der Gesamtabsatz des Kartells auf Grund der allgemeinen wirtschaftlichen Entwicklung so stark erhöht hat, daß die Quote des betreffenden Unternehmens schließlich der Ausbringung entspricht, die sich bei ihm unter Verwendung des produktionstechnischen Fortschritts ergibt. Auf diese Weise würde die Einführung des produktionstechnischen Fortschritts natürlich beträchtlich verzögert werden. Ist für das Kartellmitglied wegen Abnutzung seiner Produktionsanlage eine Erneuerung seiner Anlage fällig geworden, so müßte es die Erneuerung ohne Verwendung des inzwischen gemachten technischen Fortschritts vornehmen, wozu es sich aus mannigfaltigen Gründen nicht entschließen wird. In aller Regel geht daher die Einführung produktionstechnischer Fortschritte in kartellierten Wirtschaftszweigen durch den sogen. Quotenkauf vor sich. Das Unternehmen innerhalb des Kartells, das einen produktionstechnischen Fortschritt, der zur Erhöhung der Ausbringung führt, verwenden will, tritt an ein anderes Unternehmen des Kartells heran, um diesem die Quote abzukaufen. Oft kommt es, da mehrere Unternehmen des Kartells den Wunsch haben, ihre eigenen Quoten durch einen Quotenkauf zu erhöhen, zu einem Konkurrenzkampf zwischen den Quoten-Kauflustigen. Dasjenige Unternehmen, das grundsätzlich zum Verkauf seiner Quote bereit ist, wird sie an den Meistbietenden verkaufen. Die Bewerber können sich so lange überbieten, bis der für die Überlassung der Quote zu zahlende Preis gleich dem Vorteil ist, den der Quotenkäufer sich durch die, mit Hilfe der aufgekauften Quote ermöglichten Erhöhung seiner Ausbringung (unter Verwendung des technischen Fortschritts) verschaffen kann. (Obergrenze für den für die Quote zu zahlenden Preis[44]). Führt das Unternehmen, das die Quote gekauft hat, den produktionstechnischen Fortschritt bei sich ein, dann wird der Betrieb, dessen Quote es gekauft hat, stillgelegt. Diesen Vorgang pflegen die Kartelle als „Rationalisierung der Produktion" zu bezeichnen.

Welche Wirkungen ergeben sich nun aus diesem Vorgehen der Unternehmer in kartellierten Industrien? Die Gesamtabsatzmenge wird — sonst gleichbleibende Umstände vorausgesetzt — durch die Verwendung des produktionstechnischen Fortschritts nicht erhöht, der vom Kartell festgesetzte Preis kann in unveränderter Höhe beibehalten werden. Für das Unternehmen, das den produktionstechnischen Fortschritt eingeführt hat, ergeben sich aber keine oder nur geringe zusätzliche Gewinne. Denn das Unternehmen, das den produktionstechnischen Fortschritt eingeführt hat, mußte ja für die Erhöhung seiner Produktmenge in Form des Quotenkaufs bezahlen, für diese Erhöhung sind dem betreffenden Unternehmen privatwirtschaftlich Kosten in Höhe des für die Quote bezahlten Preises entstanden. War das Unternehmen, das die Quote verkauft hat, ein Grenzbetrieb, der seine Produktionsanlage bereits abgenutzt hatte, so ist der Preis, den es für die Überlassung der Quote erhalten hat, als reines Gewinneinkommen zu betrachten, das nur dem Bestehen eines monopolistischen Kartells in Verbindung mit dem produktionstechnischen Fortschritt zu verdanken ist.

Die Einführung des produktionstechnischen Fortschritts führt also unter den gemachten Voraussetzungen in einem kartellierten Industriezweig nicht

---

[44]) In der Regel wird diese Obergrenze freilich nicht erreicht werden, so daß der Käufer der Quote durch die Erhöhung seiner Produktmenge einen gewissen Gewinn machen kann.

zu einer Herabsetzung des Preises, aber auch nicht zu einer Erhöhung der Produktionskapazität. Es wird weiterhin die gleiche Gesamtmenge zum gleichen Preis vom Kartell verkauft. Der Vorteil der Einführung des produktionstechnischen Fortschritts kommt nicht der Gesamtheit zugute, er kommt auch nicht oder nur zu einem geringen Teil demjenigen Unternehmen zugute, das den produktionstechnischen Fortschritt einführt, sondern er kommt ganz oder zum größten Teil dem Unternehmen zugute, dem die Quote abgekauft wird und das stillgelegt wird. Da die Einführung des produktionstechnischen Fortschritts aber bedeutet, daß eine gegebene Produktmenge mit weniger produktiven Kräften als bisher erstellt werden kann, so wird auch die gleichbleibende Produktmenge des Kartells mit weniger produktiven Kräften als bisher hergestellt. Es kommt im Zusammenhang mit der Stillegung des Betriebes, der seine Quote verkauft hat, zu Arbeiterentlassungen. Denn der Betrieb, der die Quote des stillgelegten Betriebes übernommen hat, kann ja diese für ihn zusätzliche Ausbringung mit weniger produktiven Kräften als sie im stillgelegten Betrieb benötigt wurden, erstellen. Er kann also nicht alle im stillgelegten Betrieb freigesetzten Arbeitskräfte übernehmen.

Da die Einführung des produktionstechnischen Fortschritts in einem kartellierten Wirtschaftszweig nicht zu einem Sinken des Preises führt, kommt es zu Arbeiterentlassungen. Da sich die Nachfrage in der Volkswirtschaft bei einem Konstantbleiben des Geldvolumens nirgends erhöht, so können die arbeitslos gewordenen Arbeitskräfte bei gleichbleibenden Nominallöhnen keine Beschäftigung finden. Sie können erst durch eine Kreditausweitung, die zu einer Gewinnerhöhung führt, bei gleichbleibenden Nominallöhnen in den Produktionsprozeß eingegliedert werden.

IV

Tritt an die Stelle der Wettbewerbspreisbildung die Preissetzung der Unternehmer (sei es eine durch Kartelle ermöglichte Preissetzung, sei es eine Preissetzung, die auf einer Ausschaltung des Preiswettbewerbs beim Vorhandensein weniger Unternehmer am Markt beruht [gentleman agreement], sei es die Preissetzung am Markt der unvollkommenen Konkurrenz usw.), so werden die gesetzten Preise bei Verwendung eines produktionstechnischen Fortschritts von den Unternehmern nicht gesenkt, sondern in gleichbleibender Höhe aufrechterhalten. Dadurch entsteht, sofern das Geld neutral bleibt, Arbeitslosigkeit. Wird das Auftreten von Arbeitslosigkeit durch Kreditausweitungen verhindert oder wieder rückgängig gemacht, so entstehen durch die Kreditausweitungen Unternehmergewinne in Höhe des Betrages, um den das Geldvolumen vergrößert worden ist. Die Beseitigung des Preiswettbewerbs in der Wirtschaft führt also nicht nur dazu, daß die Unternehmer Monopolgewinne machen können, sondern sie hat vor allem das Ergebnis, daß die Einführung produktionstechnischer Fortschritte zum Auftreten von Arbeitslosigkeit führt. Auf diese Weise werden direkt oder indirekt Kreditausweitungen erzwungen, die den Unternehmern Gewinneinkommen auf Kosten der Lohnempfänger, Zinsempfänger und Grundrentenbezieher ermöglichen. Sie werden erzwungen, da der Staat, mit Recht über das Auftreten von Arbeitslosigkeit besorgt, den Forderungen einer Wirtschaft ohne Wettbewerbspreisbildung nach Kreditausweitungen, die die Neutralität des Geldes aufheben, stattzugeben pflegt. Im Sinne der wirtschaftlichen Vernunft würde es freilich liegen, die Wettbewerbspreisbildung dort, wo sie auf Grund der Produktionsverhältnisse möglich ist, mit staatlichen Mitteln zu erzwingen, und das Verlangen der Unternehmen, ihnen durch wirtschaftspolitische Maßnahmen des Staates, nämlich durch Kreditausweitungen, Gewinne auf Kosten der Lohnempfänger, Zins- und Grundrentenbezieher zu ermöglichen, abzulehnen. Die Verwirklichung der Wettbewerbspreisbildung liegt ja letzten Endes auch im wohlverstandenen Interesse der Unternehmer. Denn Unternehmer sein bedeutet ja, die Produktionsfaktoren so zu kombinieren, daß sie den größtmöglichen Ertrag bringen, *und* dabei gleichzeitig die Chance zu haben, Gewinne machen zu können, aber auch das Risiko zu haben, Verluste zu erleiden. Damit erfüllen die Unternehmer im Interesse der Gesamtheit eine Aufgabe, die sonst ungelöst bleiben müßte. Bloße Eigentümer von Produktionsmitteln dagegen, denen der Staat durch wirtschaftspolitische Maßnahmen Gewinne ermöglicht und denen der Staat das Risiko, Verluste zu erleiden, abnimmt, erfüllen keine Funktion, die nicht auch auf andere Weise gelöst werden könnte. Und wer die Geschichte ein wenig kennt, der weiß, daß einem Wirtschaftssystem, das zwar noch Privateigentümer an den Produktionsmitteln, aber keine Unternehmer im eigentlichen Sinne kennt, nicht die Zukunft gehören wird. Ein Wirtschaftssystem, das kein Sinken der Preise bei produktionstechnischen Fortschritten mehr kennt, in dem die Preise von den Unternehmern gesetzt werden und bei dem die Unternehmer zu Produktionseinschränkungen schreiten, wenn sie einen Teil ihrer Ausbringung zu den von ihnen gesetzten Preisen nicht absetzen können, ist nicht nur unsozial, sondern es widerspricht der wirtschaftlichen Vernunft. Kommt es bei einem solchen Wirtschaftssystem dazu, daß die Ausbringung zu den gesetzten Preisen nicht abgesetzt werden kann, dann entlassen die Unternehmer Arbeiter und erheben gleichzeitig an den Staat die Forderung nach einer „großzügigen Kreditpolitik“, d. h. sie verlangen Kreditausweitungen, durch die ihnen der Absatz ihrer Ausbringung zu den von ihnen gesetzten Preisen garantiert werden soll.

3. Ist der Verfall der Wettbewerbswirtschaft zwangsläufig?

I

Nicht wenige Autoren der jüngsten Zeit versuchen, uns davon zu überzeugen, daß die Entwicklung zum Monopolismus oder zu monopoloiden Formen zwangsläufig sei. Nach ihrer Auffassung sind es technologische Faktoren, die zur Konzentration und damit zur Einschränkung oder Ausschaltung des Wettbewerbs in der Wirtschaft führen. Der Großbetrieb produziere auf Grund technologischer Bedingungen billiger als der Klein- und Mittelbetrieb, daher vermindere sich in den einzelnen Wirtschaftszweigen die Zahl der Anbieter, so daß es notwendigerweise zu monopolistischen oder monopoloiden Formen des Marktverhaltens komme[45]). Die Entwicklung zum Monopolismus ist also nach dieser Auffassung eine sich aus technologischen Gründen vollziehende Evolution der Wirtschaft, gegen die menschliches Wollen, sofern es nicht das Handeln nach dem ökonomischen Prinzip zu beseitigen wünsche, machtlos sei.

Gegen diese Art moderner Geschichtsphilosophie ist mit Recht eingewendet worden, daß die Entwicklung zum Monopolismus nicht auf solchen Faktoren beruht, die die Betriebsgröße bestimmen, sondern darauf, daß sich in den einzelnen Wirtschaftszweigen Unternehmungen befinden, die eine mehr oder minder große Anzahl von Betrieben umfassen[46]), und darauf, daß die Unternehmungen Unternehmungszusammenschlüsse mannigfaltiger Form bilden. Die Zahl der Betriebe pflegt in einem Wirtschaftszweig weitaus größer als die Zahl der Unternehmungen zu sein, die am Markt als Anbieter auftreten. Der Monopolismus beruht also nicht auf einer spezifischen Entwicklung in den Betriebsgrößenverhältnissen, sondern darauf, daß Unternehmungen viele Betriebe in einem einzigen Unternehmen zusammenfassen. Damit ist aber der Beweis erbracht, daß es nicht technologische Faktoren der Betriebsgrößengestaltung sein können, die zur Einschränkung oder Beseitigung des Wettbewerbs in einem Wirtschaftszweig führen. Die technologischen Faktoren der gegenwärtigen Zeit (Elektrizität als Antriebskraft statt des Dampfes, der Lastkraftwagen als Transportmittel, die Verwendung von Leichtmetallen bei Produktionsgütern usw.) wirken vielmehr in Richtung einer Verkleinerung der Betriebsgröße[46]).

Tatsächlich ist es so, daß eine fortgesetzte Ausdehnung der Unternehmungen, der keine Grenze gesetzt zu sein scheint, in der Form stattfindet, daß das einzelne Unternehmen weitere Betriebe errichtet oder sich bereits bestehende Betriebe angliedert.

Die fortgesetzte Ausdehnung der Unternehmungen führt, wie Untersuchungen aus der neuesten Zeit eindeutig zeigen, durchaus nicht zu einer Verminderung der Kosten[47]). Im Gegenteil. Die Kosten pflegen niedriger zu sein, wenn für jeden einzelnen Betrieb auch ein selbständiges Unternehmen besteht. Durch eingehende Untersuchungen — vor allem von Arthur S. *Dewing* — ist festgestellt worden, daß dann, wenn die vorher in Form selbständiger Unternehmen getrennten Betriebe zu einem Unternehmen mit vielen Betrieben zusammengefaßt wurden, die Rentabilität verschlechtert wurde[48]). Unter den Bedingungen der vollkommenen Konkurrenz kann man sich daher ein Unternehmen mit vielen Betrieben kaum „leisten". Und dort, wo vollkommene Konkurrenz herrscht, ist das Unternehmen mit mehreren Betrieben auch eine Ausnahmeerscheinung. Unter den Bedingungen der vollkommenen Konkurrenz ist es für die Durchführung der Produktion in den einzelnen Betrieben gleich-

---

[45]) So beispielsweise Arthur R. *Burns*, The Decline of Competition, A Study of the Evolution of American Industry New York, 1936.

[46]) Siehe z. B. Frank A. *Fetter*, Planning for Totalitarian Monopoly, Journal of Political Economy, 1937, S. 96 ff.

[47]) Siehe vor allem John M. *Blair*, Does Large-Scale Enterprise result in Lower Costs? In: Papers and Proceedings of the Sixtieth Annual Meeting of the American Economic Association, American Economic Review, 1948, S. 121 ff. und die dort aufgeführte umfangreiche Literatur.

[48]) Siehe Arthur S. *Dewing*, A statistical Test of the Success of Consolidations, Quarterly Journal of Economics, 1922; John M. *Blair*, a. a. O.

gültig, ob sie „Teile“ eines einzigen Unternehmens sind oder ob jeder dieser Betriebe einem selbständigen eigenen Unternehmen gehört. Besitzt beispielsweise ein Landwirt drei örtlich von einander getrennte landwirtschaftliche Güter, so müssen, wenn im Sinne des ökonomischen Prinzips gehandelt wird, diese drei Güter genau so bewirtschaftet werden, wie sie bewirtschaftet werden würden, wenn jedes dieser drei Güter einem anderen Landwirt als einziger Betrieb gehören würde. Unser Landwirt, der drei landwirtschaftliche Betriebe besitzt, kann beispielsweise bei einem Preisrückgang der Agrarprodukte nicht auf die Idee kommen, einen Gutsbetrieb vorübergehend stillzulegen, um seine Produktion auf seinen anderen beiden Gütern „zu konzentrieren“; er kann auch nicht in einem seiner landwirtschaftlichen Betriebe „weniger“ produzieren, um in den anderen beiden landwirtschaftlichen Betrieben „mehr“ produzieren zu können.

Bei vollkommener Konkurrenz wird ein Unternehmen nur dann mehrere Betriebe „umfassen“, wenn das Unternehmen es aus Prestigegründen für sinnvoll hält, ein „großes Unternehmen“ mit mehreren Betrieben zu sein. Dann wird es auch die höheren Kosten, mit denen ein „Unternehmen mit mehreren Betrieben“ arbeitet, in Kauf nehmen.

Besteht in einer Volkswirtschaft jedoch keine vollkommene Konkurrenz, dann kann es aus mannigfaltigen Gründen für ein Unternehmen ökonomisch vorteilhaft sein, mehrere Betriebe zu besitzen. Besteht in einer Volkswirtschaft beispielsweise eine Kapitallenkung, durch die der Leihzins unter den Konkurrenzzinspreis (d. h. unter den Zinspreis, der sich auf Grund des Angebots und der Nachfrage nach Ersparnissen bei vollkommener Konkurrenz bilden würde) gesenkt wird, dann wird es für einen Unternehmer vorteilhaft, mehrere Betriebe zu haben. Denn dann liegt der in einem Betrieb zu erwirtschaftende „ursprüngliche Zins“ über dem Leihzins. Der Nachteil höherer Kosten, der an sich für ein „Unternehmen mit mehreren Betrieben“ besteht, wird dann durch den Vorteil aufgehoben, sich die durch die Kapitallenkung entstandene Differenz zwischen Leihzins und „ursprünglichem Zins“ zunutze machen zu können. Ein Unternehmer wird dann auch kein Kapital mehr ausleihen, wenn sein Betrieb die optimale Betriebsgröße erreicht hat und er demgemäß keine Verwendung mehr für weiteres Kapital in seinem Betrieb hat, sondern er wird dann alles ihm zur Verfügung stehende Kapital zur Erweiterung seines Unternehmens durch Angliederung eines weiteren Betriebes verwenden. Und er wird ebenfalls bemüht sein, Fremdkapital zu erhalten, um sein Unternehmen durch Errichtung oder durch Erwerb weiterer Betriebe „ausbauen“ zu können. Da bei einer Kapitallenkung, die den Zinspreis unter dem Konkurrenzzinspreis festsetzt, natürlich nicht jeder Unternehmer so viel Kapital erhalten kann wie er verwenden möchte, da also bei einer solchen Kapitallenkung das Kapital in irgendeiner Form rationiert werden muß, so hört damit, streng genommen, die „freie Konkurrenz“ auf. Denn es ist dann nur noch denjenigen möglich, in einem Wirtschaftszweig neue Betriebe zu errichten oder bestehende Betriebe zu erweitern, die Kapital „zugeteilt“ erhalten.

Ebenso wird ein Unternehmer in einer Volkswirtschaft, in der alle auftretenden Schwierigkeiten durch Kreditausweitungen „beseitigt“ zu werden pflegen, nur in der Form sparen, daß er seinem Unternehmen weitere Betriebe angliedert. Denn in einer solchen Volkswirtschaft wird ja das Unternehmerrisiko von Staatswegen auf die Allgemeinheit abgewälzt, der Staat garantiert durch seine fortgesetzten Kreditausweitungen, daß keine Verluste entstehen können, sondern Gewinne gemacht werden können. Und da bei fortgesetzten Kreditausweitungen das Sparen in Geldform eine ziemlich sinnlose Angelegenheit wird, so ist ein solches Sparen in Geldform natürlich keine Angelegenheit eines Unternehmers, der sich „auskennt", sondern wird den Beziehern fester Einkommen, nämlich der „Masse der Lohn- und Gehaltsempfänger" überlassen. Daß die fortgesetzten Kreditausweitungen, die in mehr oder minder langer Zeit eine spürbare Entwertung des Geldes zur Folge haben müssen, schließlich doch einmal dazu führen können, daß auch die Lohn- und Gehaltsempfänger das Sparen in Geldform als ökonomisch sinnlos einstellen, so daß der „freien Wirtschaft" ein Ende gesetzt wird, pflegt kaum gesehen zu werden. Die Idee einer durch „freie Unternehmer" betriebenen Wirtschaft, in der die Lohn- und Gehaltsempfänger durch den Staat gezwungen werden, bestimmte Teile ihres Einkommens zu sparen, die dann den „freien Unternehmern" als Geldkapital zur Verfügung gestellt werden, ist anachronistisch. Auch dann, wenn der Staat bei einem solchen Zwangssparsystem solche Kreditausweitungen unterlassen würde, die nach einer gewissen Zeit eine Währungsreform fällig werden lassen.

II

Eine Kapitallenkung, gleichgültig ob sie eingeführt wird, um den Zinssatz unter dem sonst sich bildenden Konkurrenzzinspreis zu halten oder ob sie eingeführt werden muß, weil man den Zinssatz unter dem Konkurrenzzinspreis festgesetzt hat, muß, sofern sie nicht mit einer Produktionskontrolle verbunden wird, zum Auftreten von Arbeitslosigkeit führen. Ist eine Kapitallenkung notwendig, kann also nicht jeder Unternehmer zu dem bestehenden Zinspreis so viel Kapital erhalten wie er in Anspruch nehmen will, so besagt das, daß der Zinssatz unter dem Konkurrenzzinspreis liegt. Da ein solcher festgesetzter Zinspreis Angebot und Nachfrage nicht zum Ausgleich bringen kann, da bei ihm die Nachfrage nach Kapital das Angebot übersteigt, so muß eine Rationierung („Zuteilung") des Kapitals erfolgen. Gewöhnlich wird die Rationierung in der Form vorgenommen, daß der Kapitalnachfrager — ähnlich wie beim „Bezugsscheinsystem" — einen „Kreditantrag" stellt, der dann von der dazu autorisierten Stelle „geprüft" und entweder genehmigt oder abgelehnt wird. Dadurch, daß der Zinspreis in der Volkswirtschaft unter den Satz gedrückt wird, der sich bei einer konkurrenzwirtschaftlichen Zinspreisbildung ergeben würde, wird die Kapitalausstattung der Volkswirtschaft natürlich nicht vergrößert. Ist in einer Volkswirtschaft das Kapital verhältnismäßig knapp und die Arbeit verhältnismäßig reichlich vorhanden, dann wird der Zinspreis bei einer konkurrenzwirtschaftlichen Zinspreisbildung verhältnismäßig hoch sein. Er wird die tatsächliche Knappheit des Produktionsfaktors Kapital in der Volkswirtschaft zum Ausdruck bringen. Und da ein hoher Zinspreis für den einzelnen Unternehmer bedeutet, daß die Verwendung von Kapital verhältnismäßig teuer, die Verwendung von Arbeit dagegen verhältnismäßig billig ist, so wird er im eigenen Interesse bemüht sein, möglichst arbeitsintensiv, nicht aber kapitalintensiv zu produzieren, er wird also verhältnismäßig viel Arbeit mit verhältnismäßig wenig Kapital kombinieren. Und auf diese Weise wird erreicht, daß in der gesamten Volkswirtschaft das verhältnismäßig knappe Kapital so mit der verhältnismäßig reichlich vorhandenen Arbeit so kombiniert wird, daß kein Teil der zur Verfügung stehenden Menge an Arbeit in der Volkswirtschaft ohne Kapitalausrüstung bleiben und demgemäß brachliegen muß.

In jedem gegebenen Augenblick ist in der gesamten Volkswirtschaft eine bestimmte Menge an Kapital und eine bestimmte Menge an Arbeit gegeben. Ist das Kapital sehr reichlich vorhanden und die Arbeit verhältnismäßig knapp, dann muß — durchschnittlich gesehen — in der Volkswirtschaft verhältnismäßig viel Kapital mit einer Arbeitseinheit kombiniert werden, damit das gesamte Kapital und die gesamte Arbeit im Produktionsprozeß verwendet werden. Und da in diesem Falle der konkurrenzwirtschaftlich sich bildende Zinspreis sehr niedrig sein wird, so wird es für den einzelnen Unternehmer rentabel, sehr viel Kapital je Kopf zu verwenden, d. h. kapitalintensive Produktionsmethoden zu verwenden.

Wird nun der Zinspreis unter dem Satz festgesetzt, der dem Konkurrenzzinspreis entspricht, dann drückt der Zinspreis nicht mehr den Knappheitsgrad des Kapitals in der Volkswirtschaft aus. Die Unternehmer legen ihrer Kalkulation den niedrig gehaltenen Zinspreis zugrunde, sie wählen natürlich — sofern sie nicht durch eine Produktionskontrolle daran gehindert werden — *die* Kombination von Arbeit und Kapital, die für sie auf Grund des niedrigen Zinspreises am rentabelsten ist. Der konkurrenzwirtschaftliche Zinspreisbildungsprozeß führt zu einem solchen Zinspreis, daß die Unternehmer diejenigen Kombinationen von Arbeit und Kapital durchführen, die es ermöglichen, die gesamte Arbeit in der Volkswirtschaft mit dem gesamten Kapital in der Volkswirtschaft im Produktionsprozeß zu vereinigen. Da bei einem unter dem Konkurrenzzinspreis festgesetzten Zins der Zinspreis nicht mehr den Knappheitsgrad des Kapitals zum Ausdruck bringt, so kalkulieren die Unternehmer nun mit einem Zinspreis, der eine reichlichere Kapitalausstattung der Volkswirtschaft vortäuscht. Auf Grund des niedrig gehaltenen Zinses ist es für die einzelnen Unternehmer rentabel, mehr Kapital und weniger Arbeit zu verwenden, als es der volkswirtschaftlichen Arbeits- und Kapitalausstattung entspricht. Die Unternehmer, die Kapital „zugeteilt" erhalten, wählen selbstverständlich die Kombination von Arbeit und Kapital, die auf Grund des niedrigen Zinssatzes am rentabelsten ist, sie produzieren kapitalintensiver als es sich die Volkswirtschaft auf Grund ihrer Kapitalausstattung leisten kann. Die Folge ist, daß ein Teil der Arbeit in der Volkswirtschaft zu reichlich mit Kapital ausgestattet wird, während für einen anderen Teil der Arbeit überhaupt kein Kapital zur Verfügung steht. Während in der Volkswirtschaft die Produktion kapitalintensiver durchgeführt wird als es der Kapitalausstattung der Volkswirtschaft im Verhältnis zur Arbeitsausstattung entspricht, liegt ein Teil der Arbeitskraft der Volkswirtschaft brach, da für diesen Teil der Arbeitskraft keine Kapitalausstattungsmöglichkeit mehr gegeben ist.

Wird also der Zinspreis durch eine Kapitallenkung ermäßigt, ohne daß der Staat gleichzeitig eine Produktionskontrolle — über deren Nachteile wir im Rahmen dieser Untersuchungen nicht sprechen können — durchführt, d. h.

dafür Sorge trägt, daß die Unternehmer Kapital und Arbeit in dem Verhältnis kombinieren, das dem tatsächlichen Mengenverhältnis von Kapital und Arbeit in der Volkswirtschaft entspricht, dann muß es zur Arbeitslosigkeit in der Volkswirtschaft kommen. Die Unternehmer werden feststellen, daß ihnen nicht genug Geldkapital zugeteilt wird, daß ihr Kapitalbedarf bei dem niedrig gehaltenen Zinssatz nicht befriedigt wird, und sie werden demgemäß unter Hinweis auf die „Erfordernisse der Wirtschaft" eine „großzügige Kreditpolitik" fordern. Die Arbeiter werden mit dem Hinweis auf die Arbeitslosigkeit eine „produktionsbelebende Kreditausweitung" verlangen. Und die vereinten Forderungen der Arbeiter und Unternehmer nach „Bereitstellung" von Krediten werden in aller Regel den Prozeß aufeinanderfolgender Kreditausweitungen auslösen. Denn solange der Zinssatz unter dem Satz gehalten wird, der dem konkurrenzwirtschaftlich gebildeten Zinspreis entspricht, muß es, sofern keine Produktionskontrolle mit allen ihren Nachteilen durchgeführt wird, immer wieder zum Auftreten von Arbeitslosigkeit auf Grund der dargestellten Zusammenhänge kommen. Der Wechsel des Auftretens von Arbeitslosigkeit und der Durchführung von Kreditausweitungen kann dann nicht unterbrochen werden.

III

Wir haben festgestellt, daß Setzungen des Zinspreises unter den Satz, der dem Konkurrenzzinspreis entspricht, die Bildung von Unternehmungen mit mehreren Betrieben und damit die „Konzentration" begünstigen. „Unternehmen mit mehreren Betrieben" werden sich aber vor allem dann bilden, wenn am Absatzmarkt keine vollkommene Konkurrenz verwirklicht ist. Werden die Märkte durch das „Genehmigungssystem" geschlossen, so werden sich — wie wir bereits in einem anderen Zusammenhang feststellten — die bestehenden Unternehmungen im Laufe der Zeit weitere Betriebe „angliedern". Herrscht an einem Markt unvollkommene Konkurrenz (monopolistische Konkurrenz), dann wird im Ablauf der Zeit die Zahl der Unternehmungen mit mehreren Betrieben immer größer werden. Stellt beispielsweise eine Automobilfirma einen Lastkraftwagen her, den sie unter einer „Marke" in den Handel bringt, und steigt im Laufe der Zeit die Nachfrage nach Lastkraftwagen auf Grund der Bevölkerungszunahme oder des Wohlstandes in einer Volkswirtschaft, dann wird dieses Unternehmen im Laufe der Zeit weitere Werke errichten, um die Produktion „seines" Lastkraftwagens zu erhöhen. Denn die betreffende „Marke" kann ja nur das betreffende Unternehmen selbst in den Handel bringen, andere Unternehmungen können „diese" Marke nicht anbieten. Es kann wohl mehrere Betriebe, aber nur ein einziges Unternehmen geben, in denen ein bestimmter „Markenartikel" produziert wird. Besitzt ein Unternehmen ein Monopol in der Herstellung eines Gutes, dann kann dieses Gut zwar in mehreren Betrieben hergestellt werden, es kann aber immer nur ein und dasselbe Unternehmen sein, das es herstellt. Eine Monopolstellung oder monopolähnliche Stellung am Markt begünstigen also die Entwicklung eines Unternehmens zu einem „Unternehmen mit mehreren Betrieben".

IV

„Unternehmungen mit mehreren Betrieben“ und Unternehmungszusammenschlüsse bilden sich nicht unter den Bedingungen der vollkommenen Konkurrenz. Sie werden gebildet, um entweder eine Monopolstellung oder eine monopolähnliche Stellung am Absatzmarkt zu erreichen oder eine bereits erreichte Monopolstellung oder monopolähnliche Stellung zu verstärken. Nicht Faktoren der Betriebsgestaltung führen zum Verfall der Wettbewerbswirtschaft, sondern das Marktverhalten, das Wollen der Unternehmer schaltet die vollkommne Konkurrenz aus. Der Verfall der Wettbewerbswirtschaft ist keine zwangsläufige Evolution, sondern er beruht auf dem Bestreben der Unternehmer, die als unangenehm empfundene Konkurrenz einzuschränken oder auszuschalten. Freilich tragen auch viele wirtschaftspolitische Maßnahmen des Staates zur Einschränkung oder Aufhebung der Konkurrenz bei. Aber nicht wenige dieser wirtschaftspolitischen Maßnahmen sind darauf zurückzuführen, daß Forderungen der Unternehmer an den Staat sich durchsetzen konnten.

ANHANG

Zur Entwicklung der Theorie des wirtschaftlichen Wachstums

I

„Wirtschaftliches Wachstum“ ist eine seit den 1940er Jahren in der Volkswirtschaftslehre beliebt gewordene Bezeichnung für ein altes Problem bzw. für einen seit Bestehen einer wissenschaftlichen Volkswirtschaftslehre mehr oder minder intensiv untersuchten Tatbestand. Der „wirtschaftliche Fortschritt“, die „Vergrößerung der Menge der Produkte“ (L. Walras), die „Steigerung des Nationaleinkommens“, die „Zunahme des Nationaleinkommens“ (v. Thünen) werden in der klassischen Nationalökonomie und — um nur einige wenige bekannte Namen zu nennen — bei J. C. L. *Sismonde de Sismondi*, H. Ch. *Carey*, F. *Bastiat*, H. *v. Thünen*, L. *Walras* — wenn auch im Verhältnis zur Preis- und Verteilungstheorie wenig ausführlich — behandelt. Daraus läßt sich freilich nicht folgern, daß die „ältere“ Literatur zu weniger Erkenntnissen oder zu Erkenntnissen geringeren Geltungscharakters als die in Verbindung mit der Theorie des wirtschaftlichen Wachstums oft genannten neueren Autoren seit den 1940er Jahren gekommen sei. Wir werden sehen, daß manche der von diesen neueren Autoren aufgestellten Theoreme des „gleichgewichtigen“ wirtschaftlichen Wachstums — deren Inbegriff man als „moderne Wachstumstheorie“ zu bezeichnen pflegt — nur unter Voraussetzungen gelten, die die betreffenden Autoren nicht gesehen haben und die den Geltungscharakter der von ihnen aufgestellten Theoreme so einschränken, daß sie häufig nicht mehr als sehr einfache, altbekannte Zusammenhänge in freilich mehr oder minder hochtrabender Formulierung darstellen.

Wir wollen hier nicht auf die vielen Erkenntnisse eingehen, die sich in der älteren Literatur über das wirtschaftliche Wachstum finden. Wir wollen auch in diesem „Anhang“ keine Geschichte oder gar eine Chronologie der „modernen Theorie des wirtschaftlichen Wachstums“ bringen. Eine solche Aufgabe würde ein eigenes Buch erfordern, dessen Lektüre jedoch wenig ergiebig sein würde. Wir stellen uns für die Ausführungen unseres „Anhangs“ nur die bescheidene Aufgabe, einige wichtige Grundlagen der Problembehandlung in der neueren Literatur des wirtschaftlichen Wachstums festzustellen bzw. kritisch zu prüfen. Es sollen hier lediglich einige wenige Grundprobleme untersucht werden, die die Entwicklung der neueren Wachstumstheorie aufwirft.

II

Das Problem des wirtschaftlichen Wachstums wurde im Rahmen des Keynesianismus von *Domar* als Problem der Relation zwischen Kapitalakkumulation und Beschäftigung behandelt, und zwar unter der in der Literatur über wirtschaftliches Wachstum sich ziemlich regelmäßig findenden Annahme eines konstanten Preisniveaus[1]). *Domar* geht davon aus, daß sich die Wirtschaft im Gleichgewicht befindet, wenn ihre „Produktionskapazität" (P) gleich dem „Volkseinkommen" (Y) ist. Das Problem des „gleichgewichtigen" wirtschaftlichen Wachstums ist daher für ihn in der Frage beschlossen, unter welchen Bedingungen dieses Gleichgewicht aufrechterhalten werden kann, wenn die Wirtschaft „wächst", d.h. das Volkseinkommen zunimmt. Gesucht ist nach *Domar* die Wachstumsrate, die gegeben sein muß, damit sich das wirtschaftliche Wachstum bei fortlaufender Vollbeschäftigung vollzieht. Sparen und Investieren beziehen sich auf das Volkseinkommen der gleichen Zeitperiode und sind Nettogrößen.

Domar geht — wie er es nennt — von dem „dualistischen" Charakter der Investitionen aus. Die Investition schafft Einkommen und vergrößert die Produktionskapazität der Volkswirtschaft. Daher verschafft uns seiner Ansicht nach die Investition „beide Seiten", nämlich die „Angebotsseite" und die „Nachfrageseite" für die Gleichung, die uns zeigt, wie groß die gesuchte „Gleichgewichts-Wachstumsrate" sein muß[2]).

Der Begriff der Produktionskapazität einer Volkswirtschaft ist bei *Domar* nicht ganz klar. Wir dürfen jedoch sagen, daß er darunter die mögliche gesamte Ausbringung an Gütern (die das Volkseinkommen darstellt) versteht, wenn alle Produktionsfaktoren voll „beschäftigt" sind. Da das Volkseinkommen Y eine Geldgröße ist, so muß *Domar* als Produktionskapazität die gekennzeichnete Gütermenge, multipliziert mit einem konstanten Preisstand auffassen. Die Vergrößerung der Produktionskapazität ist die Angebotsseite der „gesuchten" Gleichung, während wir auf der Nachfrageseite nach *Domar* das „Multiplikatorprinzip" haben.

Nach *Domar* ist die Volkswirtschaft im Gleichgewicht, wenn ihre Produktionskapazität P dem Volkseinkommen Y gleich ist[3]).

Für die Ausgangsgleichgewichtsposition gilt also:

$$(1)\ P_0 = Y_0.$$

Soll das Gleichgewicht im Zeitablauf bestehen bleiben, dann muß gelten:

$$(2)\ \frac{dP}{dt} = \frac{dY}{dt}.$$

Die Produktionskapazität der „neuen Investition" ist gleich $\frac{1}{k}$, wobei k der im Zeitablauf als konstant angenommene Kapitalkoeffizient ist.

---

[1]) E. D. *Domar*, Capital Expansion, Rate of Growth, and Employment, Econometrica, Vol. 14, 1946, S. 137ff.

[2]) E. D. *Domar*, a.a.O., S. 139.

[3]) E. D. *Domar*, a.a.O., S. 138.

Es gilt:

$$(3)\ \frac{1}{k} = \frac{\frac{dP}{dt}}{I}.$$

Aus Gleichung (3) folgt:

$$(4)\ \frac{1}{k} \cdot I = \frac{dP}{dt}.$$

Gleichung (4) besagt: die jährliche (einperiodige) Produktionsleistung einer Investition von der Größe I ist gleich $\frac{1}{k} \cdot I$.

Nach dem „Multiplikatorprinzip" gilt, wenn wir die konstante marginale und durchschnittliche Sparquote mit s bezeichnen:

$$(5)\ \frac{dY}{dt} = \frac{dI}{dt} \cdot \frac{1}{s}.$$

Durch Einsetzen von (4) und (5) in (2) erhalten wir:

$$(6)\ \frac{1}{k} \cdot I = \frac{dI}{dt} \cdot \frac{1}{s}.$$

Oder:

$$(6a)\ \frac{\frac{dI}{dt}}{I} = \frac{s}{k}.$$

Bezeichnen wir das Sparen mit S, so gilt $S = I = s \cdot Y$.

Da $\frac{dY}{dt} = \frac{1}{k} \cdot I$, so ergibt sich in Verbindung mit Gleichung (6):

$$(7)\ \frac{\frac{dY}{dt}}{Y} = \frac{s}{k}.$$

Die Lösungen der für *Domar* „fundamentalen Gleichungen" (6a) bzw. (7) sind, da die Variablen stetig sind, wenn wir h für $\frac{1}{k}$ schreiben:

$$(8)\quad I_t = I_o \cdot e^{sht}$$

und

$$Y_t = Y_o \cdot e^{sht},$$

wobei e der natürliche Logarithmus ist.

III

Ohne die Behandlung der Sachzusammenhänge zu beeinträchtigen, können wir in den folgenden Darlegungen zur Vereinfachung der Darstellung die Größen $\frac{dP}{dt}$, $\frac{dY}{dt}$ und $\frac{dI}{dt}$ durch ΔP, ΔY und ΔI ersetzen. Unsere Ausführungen beziehen sich dann auf jede Produktionsperiode (Einkommensperiode).

Gleichung (2) lautet dann:

$$(2a) \quad \Delta P = \Delta Y.$$

Zwischen der Größe des ,,Kapitalstocks" (K) — also der Kapitalmenge — und der Produktionskapazität besteht — nach *Domar* — eine funktionale Beziehung, die sich nach *Domar* annahmegemäß im Zeitablauf nicht ändert. Das besagt, daß *Domar* annimmt, daß das Verhältnis zwischen Kapitalmenge und Volkseinkommen unveränderlich bleibt, also konstant bleibt. Bezeichnen wir die Kapitalmenge (,,Größe des Kapitalstocks") mit K, gilt die Gleichung

$$(9) \quad \frac{K}{Y} = k,$$

wobei k eine Konstante ist.

Durch Umformung von (3) ergibt sich

$$(10) \quad Y = \frac{1}{k} \cdot K.$$

Da eine Investition in Höhe von I eine Zunahme der Kapitalmenge in gleicher Höhe bedeutet, also $I = \Delta K$, so gilt auch gemäß Gleichung (4) unter der gemachten Annahme der Konstanz der genannten funktionalen Beziehung im Zeitablauf:

$$(11) \quad \Delta Y = \frac{1}{k} \cdot I.$$

Für *Domar* ist — da gemäß den Gleichungen (9) und (11) $K = k \cdot Y$ und $I = k \cdot \Delta Y$ — die Kapitalmenge eine Funktion des Volkseinkommens und die Investition — als Zuwachs der Kapitalmenge — eine Funktion des Zuwachses an Volkseinkommen.

Nun ist, wenn wir die bei *Domar* als gleich groß angenommene durchschnittliche und marginale Sparquote mit s bezeichnen, nach der ,,Multiplikatortheorie":

$$(12) \quad Y = \frac{1}{s} \cdot I. \text{ Und: } \Delta Y = \frac{1}{s} \cdot \Delta I.$$

Gemäß Gleichung (6) erhalten wir:

$$(13) \quad \frac{1}{k} \cdot I = \frac{1}{s} \cdot \Delta I.$$

Daraus ergibt sich durch Umformung:

$$(14) \quad \frac{\Delta I}{I} = \frac{s}{k}.$$

Nun gilt für das „wirtschaftliche Wachstum“ (g):

$$(15)\quad g = \frac{\Delta Y}{Y}.$$

Für das Sparen (S) gilt, wobei gemäß *Domar* vorausgesetzt wird, daß die durchschnittliche und marginale Sparquote gleich sind:

$$(16)\quad S = s \cdot Y.$$

Da gemäß Gleichung (11) $I = k \cdot \Delta Y$, und für das Keynes'sche System, wenn wir das („gewünschte“) Sparen mit S bezeichnen, die Bedingung $S = I$ bei Gleichgewicht erfüllt sein muß, so gilt gemäß Gleichung (11) und Gleichung (16)

$$(17)\quad k \cdot \Delta Y = s \cdot Y.$$

Daraus ergibt sich durch Umformung:

$$(18)\quad \frac{\Delta Y}{Y} = \frac{s}{k}.$$

Aus Gleichung (18) und Gleichung (14) folgt:

$$(19)\quad \frac{\Delta Y}{Y} = \frac{\Delta I}{I}.$$

Ist die Gleichung (18) erfüllt, wächst also die Volkswirtschaft gemäß der konstanten Wachstumsrate $\frac{s}{k}$, dann erfolgt nach *Domar* das Wachstum „gleichgewichtig“. Denn ist diese Gleichung erfüllt, so sind auch die „Gleichgewichtsbedingung“ $S = I$ („gewünschtes“ Sparen gleich „gewünschtes“ Investieren) und ebenso die Gleichgewichtsbedingung der Gleichung (13) — Gleichheit von „Angebotszuwachs“ durch „Kapazitätszunahme“ und „Nachfragezuwachs“ gemäß dem „Multiplikatorprinzip“ — realisiert.

IV

Die Wachstumstheorie *Domar's* beruht auf zwei Annahmen, auf der Annahme, daß das Multiplikatortheorem gegeben ist, also die Gleichung

$$(20)\quad \Delta Y = \frac{1}{s} \cdot \Delta I.$$

gegeben ist, wobei vorausgesetzt wird, daß marginale und durchschnittliche Sparneigung miteinander identisch sind und damit eine Konstanz der Sparquote im Zeitablauf gegeben ist, daß also auch gilt: $I = s \cdot Y$. Ferner beruht sie auf der Annahme eines konstanten Kapitalkoeffizienten, und damit auf der Annahme, daß marginaler und durchschnittlicher Kapitalkoeffizient identisch sind, so daß eine Konstanz des Kapitalkoeffizienten im Zeitablauf gegeben ist. Die zweite Annahme besagt, daß folgende Gleichung gilt:

$$(21)\quad \frac{K}{Y} = \frac{I}{\Delta Y} = k, \quad \text{wobei } I = \Delta K.$$

Aus den beiden Gleichungen (20) und (21) folgt, unter Berücksichtigung, daß $I = s \cdot Y$:

$$(22) \quad \frac{\Delta I}{I} = \frac{s}{k}.$$

und

$$(23) \quad \frac{\Delta Y}{Y} = \frac{s}{k}.$$

Da s und k konstante Größen sind, ist auch der Koeffizient $\frac{s}{k}$ eine konstante Größe. Demgemäß kann diese „Wachstumstheorie“ auf Grund der gemachten Voraussetzungen lediglich besagen:

Vollzieht sich das „gewünschte“ Sparen bei konstanter Sparquote und bleiben gleichzeitig das Verhältnis von „Kapitalausstattung zum Volkseinkommen“ und das Preisniveau konstant, dann ist das Wachstum der Wirtschaft gleichgewichtig, wenn das wirtschaftliche Wachstum (d. h. die Größe $\frac{\Delta Y}{Y}$) gleich dem konstanten Quotienten $\frac{s}{k}$ ist.

Nun engen schon die ausdrücklich gemachten Voraussetzungen von vornherein die Problembehandlung so ein, daß selbst dann, wenn die aus den gemachten Voraussetzungen gezogenen Folgerungen zutreffend sein würden, der Erkenntniswert eines solchen Wachstumstheorems sehr gering sein würde. Genau gesehen, besagt dieses Theorem nicht mehr als die schon von der klassischen Nationalökonomie aufgestellte These, daß dann, wenn das freiwillige Sparen zu einer entsprechenden Investition führt, sich kein Kaufkraftausfall in der Volkswirtschaft ergibt und demgemäß durch Sparen auch keine Arbeitslosigkeit auftritt. Die klassische Nationalökonomie belastet diese These jedoch nicht mit der willkürlichen Annahme, daß der Kapitalkoeffizient und die Sparquote unverändert bleiben, da sie die Lösung des Problems nicht im Rahmen der Zinseszinsrechnung vornahm.

V

Die Wachstumstheorie vom „Typ *Domar*“ ist ein Versuch, die keynesianische „kurzfristige“ Theorie der Bestimmung des Volkseinkommens als eine „Theorie der effektiven Nachfrage“ durch Hinzufügung einer „Angebotsseite“ zu einer „langfristigen“ Theorie des „gleichgewichtigen“ Wachstums des Volkseinkommens zu machen. Nach ihr ist das „langfristige“ Volkseinkommen nicht durch die „effektive“ Nachfrage im Sinne des Multiplikatorprinzips „bestimmt“, sondern das Multiplikatorprinzip gibt nach ihr nur noch die „Nachfrageseite“ für eine Bestimmung des Volkseinkommens her.

Die Voraussetzung eines konstanten Preisniveaus ist für eine *allgemeine* Theorie des wirtschaftlichen Wachstums ziemlich nichtssagend. Denn die gekennzeichnete Wachstumstheorie soll ja für *alle* Investitionen gelten, also auch für solche Investitionen, bei denen auch solche produktionstechnischen Fortschritte verwendet werden, die zur Produktion neuer, bisher nicht bekannter Güter führen. Für solche Fälle ist die Voraussetzung eines konstanten Preisniveaus gegenstandslos.

VI

Da sich ein Zuwachs an Produktionskapazität auch durch solche produktionstechnischen Fortschritte ergibt, die kein („Netto"-) Sparen erfordern — siehe dazu unsere vorhergehenden Darlegungen über die Wirkungen eines produktionstechnischen Fortschritts beim („Netto"-) Sparen von Null —, so ist die Annahme, daß ein Zuwachs an Produktionskapazität einen Zuwachs an Investitionen — und demgemäß ein Sparen — erfordert für den Fall, in dem eine Ausweitung der Produktionskapazität ohne („Netto"-) Sparen (bzw. ohne Netto-Investitionen) stattfindet, ebenfalls gegenstandslos. *Domar* macht zwar einen Versuch, auch diesen Fall in seine Gleichung des „gleichgewichtigen" Wachstums einzubeziehen. Er erklärt, daß man die produktionsbedingte Abschreibung nicht in historischen Kosten, sondern in Wiederbeschaffungskosten eines anderen Kapitalgutes der gleichen Produktionskapazität vornehmen müsse. Wenn ein Kapitalgut, das 1000 $ gekostet hat und 100 Mengeneinheiten produziert hat, durch ein anderes Kapitalgut, das auch 1000 $ kostet, aber 120 Einheiten produziert, ersetzt wird, dann dürfen nur 833,33 $ als Kapitalersatz für das alte Kapitalgut gerechnet werden, die verbleibenden 166,67 $ müssen jedoch als Netto-Investition aufgefaßt werden[4]).

Diese reichlich seltsame Konstruktion wird gemacht, um bei dieser „Wachstumstheorie" die keynesianische „Gleichgewichtsbedingung" S = I aufrechterhalten zu können. Durch die gekennzeichnete willkürliche Annahme *Domar's* läßt sich dann die These, daß Sparen, (Netto-) Investitionen und Volkseinkommen bei „Gleichgewicht" die gleiche Wachstumsrate haben, formal aufrechterhalten. Dieses Vorgehen widerspricht aber der Annahme eines konstanten Kapitalkoeffizienten, denn die Kapitalausstattung der Volkswirtschaft kann ja, wenn statt 1000 $ nur 833,33 $ amortisiert und reinvestiert werden und 166,67 $ gemäß *Domar* „neu" investiert werden, nicht auf 1166,67 $ gestiegen sein, so daß also in diesem Fall I und ΔK gleich Null sein müssen, wenigstens solange man annimmt, daß $I = \Delta K$. Auf die dargelegte Weise wird von *Domar* vorausgesetzt, daß jede Verbesserung der Kapitalausstattung der Volkswirtschaft eine (Netto-) Investition voraussetze und einer (Netto-) Investition zu verdanken sei.

Es ist wissenschaftlich nicht haltbar, eine Verbesserung der volkswirtschaftlichen Kapitalausstattung, die einem produktionstechnischen Fortschritt beim Netto-Sparen von Null zu verdanken ist, als Netto-Investition aufzufassen, um auf eine solche Weise die „Bedingung" S = I aufrechterhalten zu können. Wenn ein besseres (ergiebigeres) Kapitalgut mit unveränderten Kosten und zum unveränderten Preis produziert werden kann, so besagt das, daß eine Verbesserung der Kapitalausstattung und die Vergrößerung der Produktionskapazität der Volkswirtschaft *ohne* Sparen ermöglicht wird. Nehmen wir an, die Volkswirtschaft befinde sich im totalen Gleichgewichtszustand (stationären Zustand), so daß dann annahmegemäß das Netto-Sparen gleich Null ist. Läßt sich in dem vorausgesetzten totalen Gleichgewichtszustand nun ein besseres (ergiebigeres) Kapitalgut zu gleichen Stückkosten produzieren, so kann die Güterproduktion und damit das Volkseinkommen ohne Netto-Sparen erhöht

[4]) E. D. *Domar*, a.a.O., S. 137.

werden. Auch im Sinne des vom Keynesianismus verwendeten Überschußbegriffes des Sparens (Sparen gleich „Überschuß des Volkseinkommens der betreffenden Zeitperiode über die Konsumausgaben der betreffenden Zeitperiode“) findet dann kein Sparen statt. Die Wirtschaftssubjekte können bei Verwendung eines solchen produktionstechnischen Fortschritts, durch den sich eine Erhöhung der Produktionskapazität und damit des realen Volkseinkommens ergibt, fortlaufend ihre Einnahmen (also das Netto-Volkseinkommen) restlos konsumtiv verausgaben. Wenn wir unser Gut „Sägeleistung“ in unseren vorhergehenden Ausführungen sinngemäß als Konsumgut auffassen, dann kommt es — wir wir gesehen haben — zu einem wirtschaftlichen Wachstum ohne jedes Netto-Sparen. Demgemäß ist es logisch unhaltbar, den durch einen solchen produktionstechnischen Fortschritt sich ergebenden Zuwachs an Produktionskapazität als Netto-Investition (= Netto-Sparen) aufzufassen.

VII

Nehmen wir an, die Volkswirtschaft befindet sich im totalen Gleichgewichtszustand, so daß — da I und S bei *Domar* Netto-Investieren und Netto-Sparen bedeuten und demgemäß unter Y das Netto-Volkseinkommen zu verstehen ist — $I = S = 0$.

Wir nehmen nun an, daß es zu einem Netto-Sparen und Netto-Investieren kommt. Dann gilt — da bisher annahmegemäß $I = 0$ —:

(24) $I = \Delta I.$

Gemäß den Gleichungen (14) und (18) gilt dann:

(25) $$\frac{\Delta Y}{Y} = \frac{\Delta I}{I} = \frac{s}{k} = 1.$$

Gleichung (25) besagt, daß dann $s = k = 1$, aber auch $\Delta Y = Y$ gilt. Selbstverständlich hat es jedoch im totalen Gleichgewichtszustand auch vor dem angenommenen Eintreten des Netto-Sparens (bzw. der Netto-Investition) ein Netto-Volkseinkommen gegeben. Es wäre ohne jeden ökonomischen Sinn, zu behaupten, durch die Netto-Investition sei ein Zuwachs an Volkseinkommen eingetreten, der gemäß dem Multiplikatorprinzip gleich dem Netto-Volkseinkommen sei. Die Gleichung $s = k$ besagt also durchaus nicht, daß die Summe aller Netto-Investitionen gleich dem Kapital sein muß. Geht man von einem Zustand aus, in dem $K = 0$, und nimmt man an, daß der Wert jeder Investition im Zeitablauf unverändert in seiner Größe erhalten bleibt, dann kann man natürlich K als die Summe aller Netto-Investitionen auffassen[5]). Damit wirft man aber auch dann den für alle Kapitalprobleme fundamentalen Begriff der Brutto-Investitionen aus der Problembehandlung hinaus. Alle Investitionen in der Volkswirtschaft lassen sich jedoch zunächst nur als Brutto-Investitionen erfassen, da sich ja die Netto-Investition in einer Volkswirtschaft erst feststellen läßt, wenn man die produktionsbedingte Abnutzung erfaßt und von der Brutto-Investition entweder in Form von Abschreibungen oder in der Form der Reinvestition abgezogen hat.

[5]) E. D. *Domar*, a.a.O., S. 142.

Schon aus dem Gesagten ergibt sich, daß mit einer Gleichung $\frac{\Delta Y}{Y} = \frac{\Delta I}{I} = \frac{s}{k}$ ohne präzise Aussagen darüber, ob $\frac{s}{k} \gtreqless 1$ und ob $k \gtreqless 1$ — für s muß, will man kein Entsparen einführen, natürlich $s < 1$ gelten — wenig auszusagen ist. Unsere Darlegungen zeigen aber auch, daß der Kapitalkoeffizient in der Gleichung in keinerlei Beziehung zum Brutto-Volkseinkommen steht, was sich ja schließlich auch daraus ergibt, daß in der Gleichung $K = k \cdot Y$ unter Y bei *Domar* nur das Netto-Volkseinkommen verstanden werden kann. Demgemäß muß bei der Konstanzannahme von k entweder überhaupt kein ursprünglicher Zins oder ein ursprünglicher Zins in unveränderter Höhe (größer als Null) vorausgesetzt werden, was wiederum nur möglich ist, wenn man eine konstante Nutzungsdauer für die Kapitalgüter bzw. einen konstanten erwirtschafteten Tauschwert des Netto-Grenzprodukts der Kapitaleinheit voraussetzt.

Nehmen wir an, was ja durchaus möglich ist, da im Hinblick auf k bei *Domar* keinerlei Einschränkungen gemacht werden, daß $k = 1$. Dann gilt:

$$(26) \quad \frac{\Delta Y}{Y} = \frac{\Delta I}{I} = s.$$

Daraus folgt:

$$(27) \quad Y = \frac{1}{s} \cdot \Delta Y \quad \text{und}$$

$$(28) \quad I = \frac{1}{s} \cdot \Delta I.$$

Da (nach dem Multiplikatorprinzip) annahmegemäß $\Delta Y = \frac{1}{s} \cdot \Delta I$, so ergibt sich in Verbindung mit Gleichung (28):

$$(29) \quad \Delta Y = \frac{1}{s} \cdot \Delta I = I.$$

Aus Gleichung (29) folgt, daß dann — d.h. wenn $k = 1$ — die Investitionen einer Zeitperiode gleich dem Zuwachs an Volkseinkommen der betreffenden Zeitperiode sind. Demgemäß ist dann die Kapitalausstattung in jeder Zeitperiode gleich dem Netto-Volkseinkommen der betreffenden Zeitperiode. Der Zuwachs an Konsumausgaben in einer Zeitperiode ist dann gleich den Investitionen der vorausgegangenen Zeitperiode. Dieser Sachverhalt besagt zugleich, daß dann die Nutzungsdauer der Kapitalgüter einperiodig ist. Die Investitionen der betreffenden Zeitperiode schaffen in der gleichen Zeitperiode Volkseinkommen in der Höhe der Investitionen und erhöhen, da sie in der gleichen Zeitperiode auch amortisiert und reinvestiert werden müssen, soll der Kapitalkoeffizient $\frac{K}{Y}$, wobei Y das Netto-Volkseinkommen ist, konstant bleiben, das Brutto-Volkseinkommen um den doppelten Betrag der Investitionen.

VIII

Die aus der Annahme k = 1 folgenden Ergebnisse sind zwar mit der keynesianischen Liquiditätstheorie des Zinses, nicht aber mit den gesicherten Erkenntnissen der Allgemeinen Volkswirtschaftslehre vereinbar. Nach der Liquiditätstheorie des Zinses sind die Kapitalgüter (Realkapital) nicht wertproduktiv. Demgemäß kann nach dieser Auffassung auch bei einem ursprünglichen Zins von Null eine Produktion und Verwendung von Kapitalgütern erfolgen, d.h. es können Investitionen vorgenommen werden, die zu einem gleichen Zuwachs von sachlichen Nutzleistungen der Kapitalgüter und damit zu einer Erhöhung des Volkseinkommens in Höhe der zusätzlich in den Dienst der Produktion gestellten Kapitalgüter führen.

Ein Zuwachs an (Netto-) Investitionen kann jedoch tatsächlich nicht gleich dem Zuwachs an Güterangebot bei gleichbleibendem Preisniveau durch Erhöhung der Produktionskapazität, also gleich der Größe des Zuwachses an Volkseinkommen sein. Die Kapitalgüter (Realkapital) sind wertproduktiv, so daß das Einkommen aus zusätzlichem Realkapital nicht gleich dem „Kostenwert" des zusätzlichen Realkapitals, sondern gleich dem Kostenwert (Anschaffungskosten) des zusätzlichen Realkapitals plus den erwirtschafteten ursprünglichen Zinsen ist. Die von *Domar* aufgestellte Gleichung berücksichtigt auch nicht den Zusammenhang von Zinshöhe und Nutzungsdauer.

IX

Logisch nicht haltbar ist die Gleichsetzung der Nachfrageseite im Sinne der Multiplikatortheorie — also die Gleichsetzung des Ausdrucks $\frac{1}{s} \cdot \Delta I$ — mit der Erhöhung des Angebots durch Kapitalausweitung, wenn man, wie es im keynesianischen Schrifttum geschieht, das Multiplikatorprinzip in der Weise auslegt, daß man erklärt, die Investitionen würden ein Vielfaches ihrer Höhe an Volkseinkommen „herbeiführen". Auch *Domar* teilt diese Auffassung, da auch er der Ansicht ist, durch Investitionen müsse das „benötigte" Einkommen geschaffen werden, um das Wachstum gemäß der Rate $\frac{s}{k}$ aufrechtzuerhalten[6]). Der Ausdruck $\frac{1}{s} \cdot \Delta I$ besagt nur, daß bei der Produktion von Kapitalgütern (Investitionsgütern) und Konsumgütern die zusätzliche Produktion von Investitionsgütern als ein bestimmter Teil des Volkseinkommens aufgefaßt werden kann, der durch die Gesamtproduktion von Gütern, also durch die Produktion von Konsumgütern und Kapitalgütern entsteht. Das ergibt sich durch folgende Überlegung: Es gilt die Definitionsgleichung

$$(24) \quad \Delta Y = \Delta C + \Delta I.$$

Daraus ergibt sich durch Umformung:

$$(25) \quad \Delta Y - \Delta C = \Delta I.$$

---

[6]) E. D. *Domar*, a.a.O., S. 145.

Gleichung (25) kann in folgender Form geschrieben werden:

$$(26) \quad \Delta Y \left(1 - \frac{\Delta C}{\Delta Y}\right) = \Delta I.$$

Der Ausdruck $1 - \frac{\Delta C}{\Delta Y}$ ist die marginale Sparquote, die bei *Domar* gleich der durchschnittlichen Sparquote ist und damit im Zeitablauf konstant ist. Der genannte Ausdruck ist also gleich der Größe s. Demgemäß können wir die Gleichung (26) in folgender Form schreiben:

$$(27) \quad \Delta Y \cdot s = \Delta I.$$

Daraus ergibt sich durch Umformung:

$$(28) \quad \Delta Y = \frac{1}{s} \cdot \Delta I.$$

Da $s < 1$ (was zugleich besagt: $\frac{1}{s} > 1$), so bedeutet die Gleichung (28), daß der Zuwachs an Investitionen annahmegemäß ein bestimmter Bruchteil des Zuwachses an Volkseinkommen ist, bzw. daß der Zuwachs an Volkseinkommen ein bestimmtes Vielfaches des Zuwachses an Investitionen ist. Diese Aussage bezieht sich jedoch auf die *Produktion* von Investitionsgütern in der zugrundegelegten Zeitperiode. Es liegt dieser Aussage also die Verwendung einer bestimmten Arbeitsmenge und einer bestimmten Kapitalmenge zugrunde, über die in der genannten Gleichung jedoch überhaupt keine Angaben gemacht werden. Das zusätzliche Volkseinkommen, das sich aus der *Verwendung* zusätzlicher Kapitalgüter (Realkapital) im Produktionsprozeß ergibt, kann nicht gleichgesetzt werden dem Vielfachen an Investitionen, das dem Volkseinkommen bei der Produktion der betreffenden Kapitalgüter und der Konsumgüter entspricht. Das wäre nicht einmal dann möglich, wenn der Tauschwert der Summe aller sachlichen Nutzleistungen eines Kapitalgutes gleich den Kosten (Stückkosten) eines Kapitalgutes sein würde und der Lohnpreis bei zusätzlicher Verwendung von Kapitalgütern unverändert bleiben würde. Bei einer solchen Annahme wäre jede Kapitalgüterproduktion jedoch ökonomisch sinnlos, da die Kapitalgüter dann nicht mehr „einbringen" würden als sie gekostet haben[7]).

Nach der Gleichung $Y = \frac{1}{s} : I$ ist die wertmäßige Größe der Zunahme des Volkseinkommens durch die effektive Nachfrage bestimmt. Die Angebotsseite ist bei diesem System kein Bestimmungsfaktor für die Größe der Zunahme des Volkseinkommens, da bei dieser Gleichung — wenn sie nicht lediglich eine nichtssagende Aussage über Geldgrößen sein soll — bis zum Erreichen der Vollbeschäftigung gegebene Lohnpreise und eine unendliche Elastizität des Arbeitsangebotes vorausgesetzt werden müssen. Demgemäß kann man die genannte Gleichung nicht mit einem Zuwachs an Kapitalgütern für die Bestimmung der Größe des Volkseinkommens koppeln, da die genannte Gleichung keine Aussage enthält, welche Mengen an Produktionsfaktoren und welche Produktionsfunktionen gegeben sind.

---

[7]) Da die durchschnittliche Sparquote annahmegemäß gleich der marginalen Sparquote ist, so gilt auch die Gleichung: $Y = \frac{1}{s} \cdot I$.

Wenn wir gemäß einer „Verhaltensfunktion“ annehmen, daß von einem Zuwachs an Volkseinkommen $\frac{1}{4}$ „gespart“ (nicht für Konsumgüter verausgabt) und $\frac{3}{4}$ zusätzlich konsumiert werden, so können wir, wenn wir voraussetzen, daß alle Ersparnisse aus dem Einkommen der betreffenden Zeitperiode investiert werden, also $S = I$ gilt, beispielsweise sagen, daß bei einem Zuwachs an Investieren (= Sparen) von 20 Mill. DM ein Volkseinkommenzuwachs von 80 Mill. DM eingetreten sein muß. Wenn man unterstellt, daß ein einzelner Haushalt von seinem *eingetretenen* Zuwachs seines Einkommens $\frac{1}{4}$ für Wein und $\frac{3}{4}$ für die übrigen von ihm gekauften Güter zu verausgaben wünscht und auch verausgabt, so können wir die auf logisch gleicher Ebene stehende Aussage machen, daß bei einem Zuwachs der Ausgaben des betreffenden Haushaltes für Wein in Höhe von 20 DM sein Einkommen in der betreffenden Zeitperiode um 80 DM gestiegen sein muß (bzw. daß er dann zusätzlich 60 DM für andere Güter verausgabt hat). Aus den beiden Sachverhalten läßt sich jedoch keinerlei kausale Folgerung über die *Wirkungen* des Zuwachses der Investitionen bzw. der Weinausgaben des Haushaltes auf die Höhe des Zuwachses des Einkommens machen, da in beiden Fällen ein Zuwachs des Einkommens (Volkseinkommen bzw. Einkommen des Haushalts) bereits vorausgesetzt wird. Aus dem zuletzt dargestellten Sachverhalt läßt sich also nicht die Folgerung ziehen, daß dann, wenn sich die Ausgaben des betreffenden Haushaltes aus irgendwelchen Gründen für Wein um 20 DM erhöhen, sich dadurch als *Wirkung* dieser Ausgabenerhöhung ein Ansteigen des Einkommens des betreffenden Haushaltes um das Vierfache, also um 80 DM herbeiführen lasse. Denn in den beiden vorher gemachten Feststellungen wird ein Zuwachs des Volkseinkommens bzw. ein Zuwachs des Einkommens des Haushaltes *vorausgesetzt* und angenommen, daß die durch einen Zuwachs des Volkseinkommens (bzw. des Haushaltseinkommens) ermöglichten zusätzlichen Ausgaben sich in einem bestimmten Verhältnis auf Investitionen und auf Konsumausgaben (bzw. bei unserem Haushalt auf Wein und auf andere Güter) *verteilen*. Es wird vorausgesetzt, daß von einem Zuwachs an Volkseinkommen $\frac{1}{4}$ gespart — was bei der angenommenen Gleichung von Sparen und Investieren nichts anderes besagt, als daß dann auch zusätzlich $\frac{1}{4}$ des Volkseinkommenszuwachses investiert wird — und $\frac{3}{4}$ des Volkseinkommenszuwachses für Konsumausgaben verwendet werden. Genauso wenig wie behauptet werden kann, daß bei unserem Haushalt ein Zuwachs seiner Ausgaben für Wein sein Einkommen um das Vierfache seiner zusätzlichen Ausgaben für Wein erhöhen wird, genauso wenig kann erklärt werden, daß eine Zunahme der Investitionen kausal zu einer Zunahme des Volkseinkommens um das Vierfache der Zunahme der Investitionen führt. Sparen (= Investieren) aus dem Volkseinkommen und Konsumausgaben aus dem Volkseinkommen setzen ein Volkseinkommen voraus. Mit Hilfe von Verhaltensfunktionen, die ein Volkseinkommen bzw. einen Zuwachs an Volkseinkommen voraussetzen, kann das Volkseinkommen bzw. ein Zuwachs an Volkseinkommen nicht kausal bestimmt werden. Freiwilliges Sparen ist Sparen aus Einkommen. Wenn jemand $\frac{1}{4}$ seines Einkommens spart, dann entsteht durch dieses Sparen nicht sein Einkommen. Und wenn in der Volkswirtschaft $\frac{1}{4}$ des Volkseinkommens gespart werden, dann entsteht durch ein solches Sparen bzw. durch das wertmäßig gleiche Investieren nicht das Volkseinkommen. Betragen die Investitionen $\frac{1}{4}$ des Volkseinkommens, so entsteht durch die Investitionen $\frac{1}{4}$ des Volkseinkommens der betreffenden Zeitperiode, da die Investitionen dann ¼ des Wertes der Güterproduktion, die das Volkseinkommen repräsentiert, ausmachen. ¼ des Volkseinkommens ist dann durch die Investitionen (Produktion von Investitionsgütern) und ¾ des Volkseinkommens der betreffenden Zeitperiode sind durch die Produktion von Konsumgütern entstanden. Gemäß der gemachten Annahme kann man die beiden Gleichungen aufstellen:

$$(30) \quad s \cdot Y = S = I = \frac{1}{4} \cdot Y; \quad \text{bzw.} \quad s \cdot \Delta Y = \Delta S = \Delta I = \frac{1}{4} \cdot \Delta Y.$$

$$(31) \quad c \cdot Y = C = \frac{3}{4} \cdot Y; \quad \text{bzw.} \quad c \cdot \Delta Y = \Delta C = \frac{3}{4} \cdot \Delta Y,$$

wobei c die Konsumquote ist. Aus den beiden Gleichungen (30) und (31) folgt

$$(32) \quad s \cdot Y + c \cdot Y = Y; \quad \text{bzw.} \quad s \cdot \Delta Y + c \cdot \Delta Y = \Delta Y.$$

Und:

$$(33) \quad Y(s + c) = Y = C + I,$$

wobei $s + c = 1$.

X

Die keynesianische These, daß der Beschäftigungsgrad durch die Höhe der Investitionen bestimmt sei, ist eine unzutreffende Behauptung. Wie *Walras* und viele andere gezeigt haben, ist Vollbeschäftigung auch bei einem (Netto-) Sparen von Null und bei einer Netto-Investition von Null möglich. Das Volkseinkommen stammt aus der Produktion von Gütern, wobei es im Hinblick auf die durch die Güterproduktion entstehende Größe des Volkseinkommens einer Zeitperiode völlig gleichgültig ist, ob es sich um die Produktion von Konsum- oder Kapitalgütern handelt. Für *Keynes*, der die Unterscheidung zwischen Konsum- und Kapitalgütern auf Grund der *Verwendung* der produzierten Güter vornimmt, müßte das bei Wahrung der logischen Konsequenzen ohnehin selbstverständlich sein. Denn das Volkseinkommen stammt ja nicht aus der *Verwendung* der Güter, sondern aus der *Produktion* der Güter. Die Keynes'sche Redewendung, daß Unterbeschäftigung sich aus fehlenden Investitionen ergebe, ist nicht haltbar. Wenn der Lohnpreis die Höhe hat, die dem Tauschwert des Grenzprodukts der Arbeit entspricht, das sich bei Verwendung *aller* angebotenen Arbeitseinheiten ergibt, kann es keine Arbeitslosigkeit geben. Das besagt, daß die „Beschäftigung" eine Funktion des *Real*lohns ist. Das Sparen bzw. das Investieren in einer Zeitperiode hat nur insofern Bedeutung für die Beschäftigung, als Sparen bzw. Investieren darüber bestimmt, wie sich die Menge der insgesamt verwendeten Arbeitseinheiten (und der anderen Produktionsmittel) auf die Konsumgüterproduktion und die Kapitalgüterproduktion verteilt. Wenn Unterbeschäftigung besteht, so besagt das, daß die *Gesamtproduktion* von Gütern — wobei es für *diesen* Sachverhalt grundsätzlich gleich ist, ob es sich um die Produktion von Konsumgütern oder um die Produktion von Kapitalgütern handelt — nicht die Höhe erreicht, bei der alle angebotenen Arbeitskräfte verwendet werden können.

XI

Was besagt nun die Annahme eines Koeffizienten $\frac{K}{Y}$ (bzw. $\frac{I}{\Delta Y}$)? Diesen Koeffizienten pflegt man nicht sehr glücklich als makroökonomischen Kapitalkoeffizienten zu bezeichnen. Ein Produktionskoeffizient zeigt die Menge des betreffenden Produktionsfaktors an, die man zur Produktion einer *Mengen*einheit eines Gutes durchschnittlich benötigt. Der Koeffizient $\frac{K}{Y}$ zeigt jedoch die Kapitalmenge an, die man zur Produktion von Gütern, durchschnittlich gerechnet, *im Wert von einer Geldeinheit* (eine Einheit des nominalen Volkseinkommens) benötigt.

Nun ist ein solcher „wertmäßiger" makroökonomischer Kapitalkoeffizient schon an sich sehr problematisch. An sich ist er völlig nichtssagend, da ja Güter im Wert einer Geldeinheit, real gesehen, etwas ganz Beliebiges sein können, je nach der Höhe der Kaufkraft des Geldes. Um dem Koeffizienten $\frac{K}{Y}$ überhaupt eine Aussagefähigkeit zu geben, muß demgemäß eine bestimmte Annahme über die Größe der Kaufkraft des Geldes gemacht werden, also faktisch angenommen werden, daß die Kaufkraft des Geldes, mithin das Preisniveau, konstant bleibt. Daher kommen Wachstumstheorien, die mit einem Kapitalkoeffizienten $\frac{K}{Y}$ arbeiten, kaum daran vorbei, die Annahme eines *konstanten* Preisniveaus zu machen. Bei *Domar* bleibt darüberhinaus nicht nur das Preisniveau, sondern der Kapitalkoeffizient $\frac{K}{Y}$ konstant. Die sich bei vielen anderen Autoren findende Annahme eines konstanten Kapitalkoeffizienten $\frac{K}{Y}$ berücksichtigt nicht die Zusammenhänge (bzw. die Wirkungen der Zusammenhänge) zwischen Geldmengenänderung und realem Wachstum. $\frac{K}{Y}$ ist ein makroökonomischer Kapitalkoeffizient, der besagt, wieviel Kapital für Güter je „Volkseinkommenseinheit", also für Güter je Geldeinheit aufgewendet werden muß. Da die Geldeinheit annahmegemäß eine konstante Kaufkraft hat, so muß bei Änderungen der Kapitalausstattung, die lediglich einem produktionstechnischen Fortschritt zu verdanken sind — also ohne (Netto-) Sparen eintreten — angenommen werden, daß das Preisniveau durch Geldmengenausweitungen stabil gehalten wird und daß Verbesserungen durch produktionstechnische Fortschritte bei gleichbleibenden Kapitalgüterpreisen zusätzliche Netto-Investitionen darstellen. Dann müssen aber die Kapitalgüterpreise durch die Geldmengenausweitungen prozentual entsprechend dem Geldausdruck des Volkseinkommens steigen.

Um unsere Kritik an der Annahme eines konstanten Kapitalkoeffizienten $\frac{K}{Y}$ nicht mit der Problematik bzw. mit dem Problem der Aggregatbildung zu belasten, nehmen wir an, daß außer einem in der Volkswirtschaft verwendeten Kapitalgut nur ein einziges (Konsum-)Gut produziert wird. Will man über die Angebotsseite (also über die Produktionskapazität) etwas aussagen, so kommt man nicht daran vorbei, eine Produktionsfunktion von der Form $q = f(A, K)$

anzunehmen, wobei q die Produktmenge, A die Menge an Arbeitseinheiten und K die Menge an Kapitaleinheiten ist. Denn das Volkseinkommen kann *nicht* — wie wir noch darlegen werden — als Funktion des „Kapitalstocks" (Kapitalmenge) bzw. der „Kapitalstock" (Kapitalmenge) kann *nicht* als Funktion des Volkseinkommens aufgefaßt werden. Wir nehmen an, es sei für die Produktion unseres einzigen Gutes eine Produktionsfunktion gegeben, die homogen vom Grade 1 ist und die der Ertragsfunktion entspricht, die beim Gesetz vom abnehmenden Ertragszuwachs zugrunde gelegt wird. Dann gilt, wenn wir die Produktmenge mit q, den Preis des Gutes mit p, den (physischen) Grenzertrag der Arbeit mit A', den (physischen) Brutto-Grenzertrag der Kapitaleinheit mit K' bezeichnen:

$$(34) \quad q \cdot p = A' \cdot p \cdot A + K' \cdot p \cdot K.$$

Da nur ein einziges Gut produziert wird, so ist das (Netto-)Volkseinkommen unserer Volkswirtschaft gleich q · p, so daß also — wenn wir das (Netto-)Volkseinkommen mit Y bezeichnen — gilt

$$(35) \quad Y = A' \cdot p \cdot A + K' \cdot p \cdot K.$$

Durch Umformung erhalten wir:

$$(36) \quad 1 = A' \cdot p \cdot \frac{A}{Y} + K' \cdot p \cdot \frac{K}{Y}.$$

Da p als konstant vorausgesetzt wird, so kann $\frac{K}{Y} = \frac{K}{q \cdot p}$ bei einer Änderung von K nur konstant bleiben, wenn K und q in prozentual gleicher Weise zunehmen. Die Annahme eines konstanten Kapitalkoeffizienten $\frac{K}{Y}$ ist jedoch in manchen Fällen in sich widerspruchsvoll. Kommt es beispielsweise dazu, daß auf Grund eines kostensparenden produktionstechnischen Fortschritts ein Kapitalgut mit gleichen Stückkosten und damit zum gleichen Preis wie bisher hergestellt werden kann, aber bei der Kombination mit der gleichen Arbeitsmenge wie bisher eine größere Produktmenge liefert, so steigt bei gleichbleibendem K die Größe q, so daß $\frac{K}{Y} = \frac{K}{q \cdot p}$ bei gleichbleibendem p abnimmt. Dieser Sachverhalt kann auch nicht dadurch umgangen werden, daß man mit *Domar* erklärt, bei einem solchen technischen Fortschritt sei der Zuwachs an q einer Netto-Investition (und damit einem Netto-Sparen) in Höhe der Zunahme des Wertes der Produktmenge bei konstantem Preis zu verdanken. Es ist logisch nicht haltbar bei einem (Netto-)Sparen und (Netto-)Investieren von Null zu erklären, auch in solch einem Fall habe eine (Netto-)Investition und ein (Netto-)Sparen stattgefunden. Der Quotient $\frac{K}{Y}$ kann konstant gehalten werden, wenn das Sinken des Preises, das sich durch den produktionstechnischen Fortschritt durch die Vergrößerung von q ergibt, durch eine Vergrößerung der Geldmenge so kompensiert wird, daß p nicht sinkt, so daß es in der Volkswirtschaft zu einem Steigen der Kapitalgüterpreise kommt, das der prozentualen

Zunahme von q entspricht. In diesem Fall wird also mit Hilfe einer Geldmengenausweitung der Wert (Preis des Realkapitals) um den gleichen Prozentsatz steigen, um den q zunimmt. Dann ergibt sich die Vergrößerung von K jedoch nicht durch ein (Netto-)Sparen, sondern es handelt sich dann lediglich um eine Erhöhung des nominalen Geldausdrucks des Realkapitals in der Volkswirtschaft, die durch eine Geldmengenausdehnung herbeigeführt wird.

XII

Die Annahme eines konstanten „Kapitalkoeffizienten" $\frac{K}{Y}$ widerspricht der Produktionsfunktion im Sinne des Ertragsgesetzes, wenn man nicht voraussetzt, daß alle an der Produktion beteiligten Produktionsmittel in proportional gleicher Weise wachsen. Eine solche Annahme folgt jedoch nicht aus den von *Domar* gemachten Annahmen, sie ergibt sich nur dann, wenn man die *Domar*'sche Wachstumstheorie mit Hilfe der dem Keynesianismus widersprechenden Erkenntnisse der Grenzproduktivitätstheorie einer kritischen Prüfung unterzieht. Dann kommt man freilich zu dem Ergebnis, daß man unter Zugrundelegung der Grenzproduktivitätstheorie und bestimmter Annahmen — Gelten des Gesetzes der variablen Proportionen, Zunahme aller Produktionsmittel bei gegebener Produktionstechnik in gleicher Proportion und damit auch Zunahme der realen Gütermenge in gleicher Proportion (bei Annahme der Produktion mehrerer Güter: Voraussetzung des Gleichbleibens der Mengenrelationen der produzierten Güter), Konstantbleiben der Güterpreise (was in diesem Fall besagt: Voraussetzung der Neutralität des Geldes), Übereinstimmung von monetärem Angebot und monetärer Nachfrage — die Zinseszinsrechnung auf die Vergrößerung der Gütermenge anwenden kann. Aber um zu einer solchen Wachstumstheorie zu kommen, ist der Umweg über die keynesianische Multiplikatortheorie überflüssig. Es ist auch nicht nötig, den allen Nationalökonomen auch der ältesten Zeiten bekannten Tatbestand, daß Investitionen (also zusätzliche Kapitalgüter) die Produktionskapazität der Volkswirtschaft erhöhen, mit der hochtrabenden Bezeichnung „Kapazitätseffekt" der Investitionen zu belegen.

Nimmt K durch Sparen bzw. durch eine (Netto-)Investition bei gleichem Stand der Produktionstechnik — also bei gegebener Produktionsfunktion — und gleicher Arbeitsausstattung der Volkswirtschaft zu, so kann $\frac{K}{Y}$ bzw. $\frac{K}{q \cdot p}$ nicht gleichbleiben, da dann q nicht entsprechend der Kapitalzunahme steigen kann. Soll unter den gemachten Voraussetzungen q entsprechend dem Kapitalzuwachs steigen, so muß auch der Faktor Arbeit in prozentual gleicher Weise wie die Kapitalausstattung zunehmen, so daß die Relation $\frac{K}{A}$ unverändert bleibt. Aus der Annahme einer Konstanz durch $\frac{K}{Y}$ folgt jedoch keineswegs eine Konstanz von $\frac{K}{A}$. Natürlich kann man den Quotienten $\frac{K}{Y}$ mit jeder beliebigen

Größe, also auch mit jedem beliebigen A multiplizieren, ihn also in der Form $\frac{K \cdot A}{Y \cdot A}$ schreiben, so daß gilt:

$$(37) \quad \frac{K}{Y} = \frac{K \cdot A}{Y \cdot A} = \frac{K}{A} : \frac{Y}{A}.$$

Aber aus dieser Gleichung $\frac{K}{Y} = \frac{K}{A} : \frac{Y}{A}$ folgt nicht, daß $\frac{K}{A}$ konstant ist, wenn $\frac{K}{Y}$ als konstant vorausgesetzt wird. Die angeführte Gleichung gilt bei konstantem $\frac{K}{Y}$ für jeden beliebigen Wert von A. Nimmt man auch eine Konstanz von $\frac{K}{A}$ an, so besagt das, daß für das „gleichgewichtige" Wachstum nach *Domar* vorausgesetzt wird, daß Kapital und Arbeit prozentual in gleicher Weise zunehmen und daß — da von der Mitwirkung des Bodens abstrahiert worden ist — das (physische) Grenzprodukt des Kapitals und das (physische) Grenzprodukt der Arbeit bei „gleichgewichtigem" Wachstum unverändert bleiben müssen. Das würde zugleich bedeuten, daß dann auch $\frac{A}{Y}$ und damit $\frac{Y}{A}$ konstant bleiben müßte, was nichts anderes besagen würde, als daß bei „gleichgewichtigem" Wachstum das (Real-)Einkommen je Kopf unverändert bleibt. Bei „gleichgewichtigem" Wachstum wäre dann eine Erhöhung des (Real-)Einkommens je Kopf unmöglich.

Die Annahme eines konstanten Kapitalkoeffizienten, also die Gleichungen $\frac{K}{Y} = k$ und — da annahmegemäß $I = \Delta K$ — $\frac{I}{\Delta Y} = k$ können in einer allgemeinen Form nicht vorausgesetzt werden. Die Gleichung $I = \Delta K$ besagt zunächst lediglich, daß die Geldgröße der Kapitalausstattung um den Investitionsbetrag zunimmt. Die Annahme eines im Zeitablauf gleichbleibenden Kapitalkoeffizienten setzt voraus, daß nicht nur alles „zusätzliche" Kapital (ΔK) voll „beschäftigt" wird, sondern daß auch alle freiwerdenden Amortisationsquoten in dem Augenblick, in dem sie „freiwerden" auch schon wieder reinvestiert worden sind. Und sie setzt weiter voraus, daß in jedem Augenblick — also im Augenblick der Investitionen — auch schon von der „neuen" Investition Amortisationsbeträge in Höhe der Relation freiwerden, in der sie bei der schon vorhandenen Kapitalausstattung verdient und reinvestiert werden. Nimmt man an, daß die Nutzungsdauer der Kapitalgüter nur eine einzige Zeitperiode beträgt, so müssen die „Netto"-Investitionen in der gleichen Zeitperiode, in der sie vorgenommen werden, auch voll amortisiert und reinvestiert werden. Aber selbst, wenn man diese Annahme macht, gelten die Gleichungen $P_0 = Y_0$ und $\frac{1}{k} \cdot I = \frac{dP}{dt}$ (bzw. $\frac{1}{k} \cdot I = \Delta Y$) auch unter der ökonomisch nicht zutreffenden Annahme, daß der Zinssatz selbst dann unverändert bleibt, wenn bei gleichbleibendem Stand der Produktionstechnik die Arbeit mit immer mehr Kapital ausgestattet wird. Macht man jedoch noch zusätzlich die Annahme, daß die Arbeit in gleichem Prozentsatz wie das Kapital zunimmt, so braucht man den umständlichen mathematischen Apparat überhaupt nicht zu bemühen, da es zu den elementaren Erkenntnissen der Grenzproduktivitätstheorie gehört, daß dann, wenn die verwendeten Produktionsfaktoren prozentual in gleicher Weise zunehmen, der Stand der Produktionstechnik und die Bedürfnisstruktur unverändert bleiben und die Produktionsfunktionen homogen vom Grade 1 sind, die Gesamtausbringung im gleichen Prozentsatz wie die verwendeten Produktionsfaktoren zunimmt. Bei Annahme konstanter Preise und gleichen Mengenrelationen der produzierten Güter steigt dann natürlich auch das Volkseinkommen prozentual in gleicher Weise wie Arbeit und Kapital prozentual zunehmen. Eine solche Wachstumstheorie besagt dann nicht mehr als das, was sich aus dem Gesetz der variablen Proportionen (unter der Voraussetzung, daß das Angebot an Gütern gleich der Nachfrage nach Gütern zu konstanten Preisen ist) ohne weiteres folgern läßt.

XIII

Setzt man jedoch eine nicht einperiodige Nutzungsdauer der Kapitalgüter voraus, dann ist die Annahme $I = \Delta K$ in allgemeiner Form unhaltbar. Wird in einer Volkswirtschaft ein 5%-iger ursprünglicher Zins erwirtschaftet, dann ist eine Maschine mit 6-jähriger Nutzungsdauer, die bei konstanten Preisen jedes Jahr sachliche Nutzleistungen im Wert von 1000.— DM „abgibt", nach ihrem Ertragswert berechnet, zwischen 5070.— DM und 5320.— DM wert, je nachdem zu welchem Zeitpunkt man die sachlichen Nutzleistungen als angefallen voraussetzt (entweder gerechnet vom Anfall am Anfang oder vom Anfall am Ende jedes Jahres). Selbst wenn man für alle Kapitalgüter ein und dieselbe Nutzungsdauer annimmt, kann dann nicht $I = \Delta K$ gelten, weil mit einer solchen Annahme der von *Böhm-Bawerk* als „Staffelung" der Produktion bezeichnete Sachverhalt nicht berücksichtigt wird. Nur wenn mit einem Kapitalaggregat „staffelweise produziert" wird, also jeder der 6 Stufen das entsprechende Kapital zugeordnet wird, würde die Relation zwischen der Größe des Kapitals und der der sachlichen Jahresnutzleistungen unverändert bleiben. Der Sachverhalt der „staffelweisen Produktion" drückt sich in der Weise aus, daß dann, wenn der „Jahresbedarf" 5000 Mill. DM und das „Volksvermögen" 10000 Mill. DM beträgt, die durchschnittliche eingeschlagene Produktionsperiode bei staffelweiser Produktion nicht 2 Jahre beträgt[8]). Denn es gilt der Satz, daß bei n Zeitstufen nur ein „Vermögenswert" (Kapitalbetrag) von $n + \frac{1}{2}$ Zeitstufen benötigt wird. Nur bei einer „gut abgestuften Produktion"[9]) bzw. „vollkommener Staffelung"[10]) bleibt, wie schon *Böhm-Bawerk* gezeigt hat, kein Teil des vorhandenen Kapitals „müßig"[11]).

Die Wirkungen der „staffelweisen" Produktion sind — wenn man bei den Darlegungen *Böhm-Bawerk's* von den Eigenheiten seiner Zinsauffassung

[8]) Eugen v. *Böhm-Bawerk*, Kapital und Kapitalzins, 4. Aufl., Jena 1921, S. 396ff.
[9]) E. v. *Böhm-Bawerk*, a.a.O., S. 450.
[10]) E. v. *Böhm-Bawerk*, a.a.O., S. 450.
[11]) E. v. *Böhm-Bawerk*, a.a.O., S. 455.

absieht — die Sachverhalte, die man im angelsächsischen Schrifttum als „Domar-Effekt“ zu bezeichnen pflegt. Nur wenn man die Voraussetzung macht, daß bei jeder neuen Investition die „staffelweise“ Produktion im Sinne von *Böhm-Bawerk* aufrechterhalten bleibt, läßt sich bei mehrjähriger Nutzungsdauer der verwendeten Kapitalgüter ein konstanter Kapitalkoeffizient $\frac{K}{Y} = k$ annehmen.

Nun hat *Domar* — freilich in einer später erschienenen Abhandlung[12]) über makroökonomische Zusammenhänge zwischen Abnutzung bzw. Abschreibung und Reinvestition — selbst gezeigt, daß die „Ausklammerung“ der Bruttoinvestitionen für eine allgemeine Theorie des wirtschaftlichen Wachstums schwerwiegende Probleme aufwirft. Er hat den Versuch gemacht, in das „Wachstumsmodell“ die Reinvestitionen einzubeziehen. Die „Bruttoinvestition minus Abschreibung“ ist nicht ohne weiteres gleich der „Bruttoinvestition minus Reinvestition“, wenn die Nutzungsdauer der Kapitalgüter größer als eine Produktionsperiode ist. Läßt man jedoch den Kapitalkoeffizienten auch von der Nutzungsdauer der Kapitalgüter abhängen, dann läßt sich die einfache Gleichung bzw. eine eindeutige Lösung im Sinne der Zinseszinsrechnung für ein „gleichgewichtiges“ ökonomisches Wachstum nicht mehr aufrechterhalten[13]).

XIV

Die Wachstumstheorie von R. F. *Harrod* unterscheidet sich grundsätzlich nicht von der Wachstumstheorie *Domar's*. Die Gleichung — in der Gw das „befriedigende“ (warranted) Wachstum, Cr der Kapitalkoeffizient und s die Sparquote sind —, die das Wachstum eines „stetigen“ wirtschaftlichen Fortschritts ausdrückt, lautet bei Harrod:[14])

$$(38) \quad Gw \cdot Cr = s.$$

Daraus ergibt sich durch Umformung:

$$(39) \quad Gw = \frac{s}{Cr}.$$

Die Größe Cr ist bei *Harrod* gleich dem Koeffizienten k bei *Domar*. Es gilt also Cr = k. *Harrod* erklärt, Cr sei das „Symbol für Kapitalbedürfnisse“, sei der „erforderliche“ Kapitalkoeffizient[15]), nachdem er in vorhergehenden Ausführungen erklärt hat, das „Akzelerationsprinzip“ sei „wesentlich“ ein „dynamisches Prinzip“, da diesem Prinzip gemäß die Nachfrage nach „neuem“ Kapital eine Funktion der Wachstumsrate sei[16]). Da der „Akzelerationskoeffizient“ gleich dem marginalen Kapitalkoeffizienten ist, so liegt in diesen Darlegungen *Harrod's* natürlich kein Widerspruch. *Harrod* setzt einen konstanten Zins

[12]) E. D. *Domar*, Depreciation, Replacement, and Growth, in: Economic Journal, Bd. 63, 1953, S. 1ff.

[13]) Siehe dazu auch: J. S. *Duesenberry*, Business Cycles and Economic Growth, New York, Toronto, London 1958; R. *Eisner*, Depreciation, Allowances, Replacement Requirements and Growth, American Economic Review, Bd. 42, 1952, S. 821.

[14]) R. F. *Harrod*, Dynamische Wirtschaft, Wien-Stuttgart o.J. (1949), S. 101.

[15]) R. F. *Harrod*, a.a.O., S. 103.

[16]) R. F. *Harrod*, a.a.O., S. 34.

voraus, die Bevölkerung wächst bei gleichem Stand der Produktionstechnik wie der Kapitalbedarf (die Kapitalmenge). Demgemäß muß s ein konstanter Bruchteil des (jeweiligen) Volkseinkommens sein. Das Verhältnis „des Wertes des gesamten in Verwendung stehenden Kapitals zum Einkommen der Periode" ändert sich nicht, d.h. der Kapitalkoeffizient $\frac{K}{Y}$ bleibt im Zeitablauf unverändert. Da das Verhältnis des Kapitals zum Volkseinkommen konstant ist, bleibt nach *Harrod* die Länge des Produktionsprozesses unverändert. Da *Harrod* sich auf den Standpunkt der Liquiditätstheorie des Zinses stellt, muß dieser Sachverhalt bei ihm als Annahme gelten, da bei Annahme eines konstanten Kapitalkoeffizienten die Länge der Nutzungsdauer der Kapitalgüter nur unverändert bleibt, wenn man im Zins keinen bloßen „Preis für Geld" sieht. Sieht man mit der Liquiditätstheorie des Zinses im Zins einen „Preis für Geld", dann kann eine eindeutige Beziehung zwischen Zins und Nutzungsdauer der Kapitalgüter nicht abgeleitet werden. Dazu kommt, daß der Kapitalbegriff bei *Harrod* ein wenig unklar ist, da *Harrod* zum Kapital auch Konsumgüter rechnet[17]).

Das „befriedigende" Wachstum ist, wie bei *Domar*, ein stetiges Wachstum, das Vollbeschäftigung garantiert, die Gleichung (39) drückt die Wachstumsrate aus, bei der die Zunahme der gesamten Produktion in einer Zeiteinheit, ausgedrückt als Bruchteil der Gesamtproduktion, unverändert bleibt. Das reale Volkseinkommen wächst also in jeder Zeiteinheit um den gleichen Prozentsatz. Die Gleichung (39) drückt jenen Zustand aus, in dem „die Produzenten mit ihren Taten zufrieden sind"[18]). Sie verschafft „Befriedigung" und führt zu ihrer „eigenen Fortsetzung". Nach *Harrod* sind in der Volkswirtschaft zahlreiche Tendenzen vorhanden, die dazu führen, daß das „stetige Wachstum" nicht erreicht wird, so daß die Volkswirtschaft von einer Instabilität bedroht ist (Instabilitätsthese).

Da die *Harrod*'sche Wachstumstheorie im Grundsatz mit der Wachstumstheorie *Domar's* übereinstimmt, so sind gegenüber der *Harrod*'schen Wachstumstheorie grundsätzlich die gleichen Einwände zu erheben, die wir gegen die Wachstumstheorie *Domar's* vorgebracht haben[19]).

XV

Mit der Annahme eines konstanten Kapitalkoeffizienten wird behauptet, es gelte die Gleichung $K = k \cdot Y$ bzw. $Y = \frac{1}{k} \cdot K$. Damit wird also behauptet, daß $K = f(Y)$ bzw. $Y = f(K)$. Die Kapitalmenge ist nach dieser Auffassung eine Funktion des Volkseinkommens bzw. das Volkseinkommen ist eine Funktion der Kapitalmenge. Wächst die Kapitalmenge, so wächst das Volkseinkommen um den gleichen Bruchteil (Prozentsatz); einer Änderung des Volkseinkommens entspricht eine prozentual gleiche Änderung der Kapitalmenge.

[17]) R. F. *Harrod*, a.a.O., S. 106.
[18]) R. F. *Harrod*, a.a.O., S. 101.
[19]) Zur Kritik der Harrod'schen Wachstumstheorie siehe auch: Joan *Robinson*, Mr. Harrod's Dynamics, The Economic Journal, 1949, S. 68ff.

Das (reale) Volkseinkommen ist jedoch nicht eine Funktion der Kapitalmenge, sondern eine Funktion *aller* an der Produktion des Volkseinkommens beteiligten Produktionsfaktoren. Die Größe des Volkseinkommens hängt nicht nur von der Größe der verwendeten Kapitalmenge, sondern auch von Größe (und Qualität) der verwendeten Arbeit und des verwendeten Bodens ab. Und sie ist ferner davon abhängig, ob und inwieweit es einer Volkswirtschaft gelingt, die verwendeten Produktionsfaktoren optimal zu kombinieren.

Da die Produktionsfaktoren innerhalb eines bestimmten Bereiches substituierbar sind, so kann das Verhältnis von „Kapitalstock" (Kapitalmenge) zur Zahl der verwendeten Arbeitseinheiten (Arbeiter oder Arbeitsstunden) bei Vollbeschäftigung sehr verschieden sein. Sonst wäre es nicht möglich, daß sowohl in Volkswirtschaften mit relativ geringer Kapitalausstattung je Arbeitseinheit als auch in Volkswirtschaften mit relativ großer Kapitalausstattung je Arbeitseinheit Vollbeschäftigung gegeben sein kann und tatsächlich gegeben ist. Dieser Sachverhalt wäre unmöglich, wenn für die Vollbeschäftigung ein bestimmtes festes Verhältnis von Arbeit und Kapital gegeben sein müßte. Der Sachverhalt, daß bei verschiedener Kapitalintensität $(\frac{K}{A})$ Vollbeschäftigung gegeben ist, besagt zugleich, daß auch bei verschiedenen Kapitalkoeffizienten $\frac{K}{Y}$ Vollbeschäftigung verwirklicht ist. Sind beispielsweise 100000 Arbeitseinheiten mit 200000 Kapitaleinheiten kombiniert, so wird sich ein anderes (reales) Volkseinkommen als bei einer Kombination von 100000 Arbeitseinheiten und 300000 Kapitaleinheiten ergeben. In beiden Fällen werden alle 100000 Arbeitseinheiten „beschäftigt". K und Y sind aber in beiden Fällen sehr verschieden. Demgemäß ist auch der Kapitalkoeffizient $\frac{K}{Y}$ in beiden Fällen verschieden groß. Die Annahme, daß sich nur bei einem konstanten Kapitalkoeffizienten Vollbeschäftigung in der Volkswirtschaft ergibt, ist eine rein willkürliche Annahme, die der Produktionsfunktion im Sinne des Ertragsgesetzes widerspricht.

XVI

In der keynesianischen Wachstumstheorie wird für die „Angebotsseite" der konstante Kapitalkoeffizient verwendet, also die These vertreten, daß die Angebotserhöhung eine Funktion der Investitionen sei. Dabei bleibt weitgehend unklar, ob dem Produktionsfaktor Arbeit überhaupt ein Einfluß auf das wirtschaftliche Wachstum eingeräumt wird. Soweit das geschieht, wird die Annahme gemacht, daß die Arbeit in prozentual gleicher Weise wie das Kapital zunimmt. Diese Annahme kann man so interpretieren, daß bei der keynesianischen Wachstumstheorie eine Limitationalität der Produktionsfaktoren vorausgesetzt wird. Setzt man jedoch bei der Annahme eines gleichen prozentualen Wachsens von Arbeit und Kapital — bei Abstraktion von der Verwendung des Produktionsfaktors Boden — die Grenzproduktivitätstheorie voraus, dann muß man eine Produktionsfunktion (Ertragsfunktion) homogen vom Grade 1 im Sinne der dem „Gesetz vom abnehmenden Bodenertrag" zugrundeliegenden Ertragsfunktion oder im Sinne der einfachen Form der sogenannten Cobb-

Douglas-Funktion voraussetzen. Da das Angebot an Gütern von der Mitwirkung aller drei Produktionsfaktoren Arbeit, Boden und Kapital abhängt, so ist die Behauptung, das Angebot und der Zuwachs an Angebot an Produkten hingen von einem konstanten Kapitalkoeffizienten ab, einfach falsch. Daher ist es nicht verwunderlich, daß — ähnlich wie in unseren zum ersten Mal Anfang 1950 erschienenen vorhergehenden Ausführungen — sich in der Literatur seit Mitte der 1950er Jahre die Versuche mehren, eine Wachstumstheorie auf der Grundlage der Grenzproduktivitätstheorie, also auf der Grundlage einer Produktionsfunktion von der Form $q = f(A, K)$ zu entwickeln[20]).

Wir sind in unseren vorhergehenden Ausführungen davon ausgegangen, daß in der Volkswirtschaft nur ein einziges (Konsum-)Gut „Sägeleistung", produziert wird, abgesehen von der Produktion eines einzigen Kapitalgutes, das bei der Produktion des Gutes „Sägeleistung" benötigt wird. Wir sind dabei davon ausgegangen, daß der produktionstechnische Fortschritt erst wirksam wird, wenn er im Produktionsprozeß verwendet wird. Dieser Tatbestand ist zunächst in der sonstigen Wachstumsliteratur, die zum Ausgang ihres Erklärungsganges eine Produktionsfunktion von der genannten Art voraussetzt, nicht beachtet worden. Im Gegensatz zu unserer Annahme, daß in der Volkswirtschaft — außer dem in der Konsumgutproduktion verwendeten Kapitalgut — nur ein einziges Gut produziert wird, pflegen die meisten Autoren jedoch von einer makroökonomischen Produktionsfunktion auszugehen. Manche Autoren sind der Ansicht, daß es methodisch, aber auch für das Ergebnis ziemlich gleichgültig sei, ob man die Annahme der Produktion eines einzigen Gutes mache oder ob man mit einer makroökonomischen Produktionsfunktion arbeite, da man ja in beiden Fällen nur mit einer einzigen Produktionsfunktion operiere. In *formaler* Hinsicht stimmen beide Arten des Vorgehens weitgehend überein. Sie unterscheiden sich jedoch erheblich im Hinblick auf ihren Erkenntniswert und auf die Folgerungen, die sich aus den gewonnenen Ergebnissen ziehen lassen. Bei einer makroökonomischen Produktionsfunktion von der Form $Q = f(A, K)$, wobei Q ein Güteraggregat darstellt, muß die Menge Q, die eine Funktion der beiden unabhängigen Variablen A und K ist, durch *Summierung* von Mengen einzelner Güter gewonnen werden. Um die „individuellen" Produktionsfunktionen, d.h. die Produktionsfunktionen für die einzelnen Güter horizontal addieren zu können, muß aber eine bestimmte Verteilung der Produktionsfaktoren Arbeit und Kapital auf die Produktion der verschiedenen Güter vorausgesetzt werden. Eine solche Voraussetzung kann nur willkürlich sein, da sie bei *gegebenen* „individuellen Produktionsfunktionen" je nach der angenommenen Verteilung der Produktionsfaktoren Arbeit und Kapital auf die Produktion der verschiedenen Güter zu einer unübersehbaren Zahl von makroökonomischen Produktionsfunktionen führt, von denen eine nach Belieben ausgewählt werden muß[21]). Die Annahme eines konstanten Preisniveaus

[20]) Siehe R. M. *Solow*, A Contribution to the Theory of Economic Growth, The Quarterly Journal of Economics, 70, 1956, S. 65ff.; *Ders.*, Technical Change and the Aggregate Production Function, Review of Economic Studies, 1957, S. 312ff. J. H. *Power*, Capital Intensity and Economic Growth, American Economic Review, 1955, S. 197ff.; A. *Smithies*, Productivity Real Wages and Economic Growth, The Quarterly Journal of Economics, 74, 1960, S. 189ff.

[21]) Zur Problematik einer Aggregat-Produktionsfunktion (makroökonomische Produk-

ist bei Annahme einer Aggregat-Produktionsfunktion (makroökonomische Produktionsfunktion) ohne Erkenntniswert. Setzt man lediglich die Produktion *eines* Gutes in der Volkswirtschaft voraus, so vermeidet man alle Willkürlichkeiten, die mit der Bildung einer makroökonomischen Produktionsfunktion verbunden sind. Es besteht dann auch die Möglichkeit, bei Annahme mehrerer Betriebe einen evolutionären (dynamischen, nicht-stationären) Zustand der Volkswirtschaft zu untersuchen. Das ist bei Annahme einer Aggregat-Produktionsfunktion schon deshalb nicht möglich, weil man ja bei der horizontalen Addition der „individuellen Produktionsfunktionen" nicht feststellen kann, ob bei Annahme einer gegebenen Menge von A und gegebenen Menge von K die addierten Mengen der einzelnen Güter eine Mengenkombination produzierter Güter darstellen, die ein Gütermaximum ist. Daher kann der Fall eintreten, daß man mit einer makroökonomischen Produktionsfunktion „operiert", die auf Grund einer Annahme von Mengenkombinationen produzierter Güter gewonnen worden ist, die gar kein Gütermaximum darstellen, aber trotzdem unter Zugrundelegung einer solchen makroökonomischen Produktionsfunktion ein solches „gleichgewichtiges Wachstum" ableitet, das eine Aufeinanderfolge von totalen Gleichgewichtszuständen darstellt, die sich dadurch unterscheiden, daß die absoluten Größen (Gütermenge Q, Produktionsfaktoren A und K) um den gleichen Prozentsatz größer sind. „Schreibt" man eine makroökonomische Produktionsfunktion „hin", so unterscheidet sich ein solches Vorgehen daher formal nicht von dem Hinschreiben einer beliebigen Produktionsfunktion für ein einziges Gut. Mit der Bezeichnung „makroökonomische Produktionsfunktion" täuscht man jedoch dann etwas als gegeben vor, was tatsächlich gar nicht vorhanden ist.

Sofern bei der Wachstumstheorie, die mit einer makroökonomischen Produktionsfunktion arbeitet, die Annahme eines konstanten Kapitalkoeffizienten gemacht wird oder Voraussetzungen gemacht werden, für die ein konstanter Kapitalkoeffizient Bestandteil des Erklärungsganges ist, gelten gegen eine solche Wachstumstheorie alle Einwände, die wir bereits gegen die Annahme eines konstanten Kapitalkoeffizienten gemacht haben.

Die Erfassung der Zusammenhänge des wirtschaftlichen Wachstums erfordert eine klare Trennung der Zunahme der Gütermenge und der Produktivität durch einen produktionstechnischen Fortschritt von der Zunahme der Gütermenge und der Produktivität durch Sparen (zusätzliche Kapitalbildung) bei gleichbleibendem Stand des technischen Wissens. Will man die Wirkungen des technischen Fortschritts auf das wirtschaftliche Wachstum klar erfassen, dann muß man — wie wir es in den Untersuchungen dieses Buches getan haben — der Analyse den produktionstechnischen Fortschritt in „voller Reinheit" — also ohne eine Vermischung mit einer Änderung der Kapitalmenge durch Sparen bzw. Entsparen — zugrundelegen. Das besagt nichts anders, als daß man ein Nettosparen und Entsparen von Null voraussetzen muß.

tionsfunktion) siehe beispielsweise: A. C. *Pigou*, Employment and Equilibrium, 1941; F. W. *Dresch*, Index Numbers and the General Economic Equilibrium, Bulletin of the American Mathematical Society, Vol. 44, 1948, S. 134ff.; R. L. *Klein*, Macroeconomics and the Theory of Rational Behavior, Econometrica, Vol. 14, 1946, S. 93ff.; Shou Shan *Pu*, A Note on Macroeconomics, Econometrica, Vol. 14, 1946, S. 299ff.